新媒体营销丛书

中国新媒体营销理论与实践

2023

主编　戴鑫　朱立

副主编　杜鹏　邬金涛　李纯青　孙洪庆

中国经济出版社
CHINA ECONOMIC PUBLISHING HOUSE
·北京·

图书在版编目（CIP）数据

中国新媒体营销：理论与实践：2023/戴鑫，朱立主编；杜鹏等副主编．--北京：中国经济出版社，2023.7

（新媒体营销丛书/窦文宇，费显政主编）

ISBN 978-7-5136-7356-3

Ⅰ.①中… Ⅱ.①戴…②朱…③杜… Ⅲ.①网络营销-中国 Ⅳ.①F713.365.2

中国国家版本馆 CIP 数据核字（2023）第 111176 号

责任编辑　闫明明
责任印制　马小宾
封面设计　任燕飞

出版发行　中国经济出版社
印 刷 者　北京富泰印刷有限责任公司
经 销 者　各地新华书店
开　　本　710mm×1000mm　1/16
印　　张　20.5
字　　数　283 千字
版　　次　2023 年 7 月第 1 版
印　　次　2023 年 7 月第 1 次
定　　价　88.00 元
广告经营许可证　京西工商广字第 8179 号

中国经济出版社 **网址** www.economyph.com **社址** 北京市东城区安定门外大街 58 号 **邮编** 100011
本版图书如存在印装质量问题，请与本社销售中心联系调换（联系电话：010-57512564）

新媒体营销丛书学术委员会

新媒体营销丛书主编简介

窦文宇：教授，美国威斯康星大学营销学博士。法国 SKEMA 商学院中国校区学术校长，数字营销及中国社交媒体讲座教授，全球可持续发展 DBA 项目主任及 SKEMA－南京审计大学国际联合审计学院法方副院长。曾任香港城市大学商学院副院长，EMBA 课程主任及市场营销学教授。主要研究领域为电子商务、广告学及新媒体营销。作为一名国际知名学者，窦教授在 *MIS Quarterly*，*Journal of International Business Studies* 等国际著名期刊上发表多篇学术论文，出版专著《内容营销：数字营销新时代》。曾任 *Journal of Interactive Advertising* 杂志的副主编，现任 *Journal of Advertising* 杂志编委。

费显政：中南财经政法大学工商管理学院教授、副院长、博士生导师，中国高等院校市场学研究会副会长，中国高等院校市场学研究会新媒体营销专业委员会主任。研究兴趣为移动互联网背景下的消费者行为。先后主持国家自然科学基金项目、教育部人文社科等项目，在《管理世界》、《南开管理评论》、《营销科学学报》、*Journal of Consumer Psychology* 等期刊发表多篇学术论文。主讲《市场营销学》、《市场调研》等课程。

本书副主编简介

杜鹏：教授，中南财经政法大学工商管理学院营销管理系主任，MBA 教育中心学术主任，MBA、EMBA 导师；湖北省市场营销学会常务理事、中国高等院校市场学研究会新媒体营销专业委员会秘书长；新西兰 Canterbury 大学、香港城市大学访问学者。市场营销国家一流本科专业负责人、《市场营销学》国家级一流本科课程（线上线下混合课程）负责人、国家级精品视频公开课《人人学点营销学》负责人，国家级视频公开课《价值营销概说》、《市场营销学》主讲；国家级规划教材《市场营销教程（第四版）》主编，首届全国 MBA 百篇优秀案例获得者，获湖北省第八届教学成果奖一等奖。主持国家社会科学基金项目 1 项、省部级课题 6 项，在 *Journal of Research in Interactive Marketing* 等发表学术论文 20 余篇。

邬金涛：管理学博士，中山大学管理学院副教授、博士生导师，中国高等院校市场学研究会理事，新媒体营销专业委员会副主任，玄武云（02392. HK）独立董事。主要研究顾客创新、社会交互理论，在 *The Service Industries Journal*，*Journal of Interactive Marketing*，*European Journal of Marketing*，*Journal of Service Theory and Practice*，*Journal of Marketing Management*、《南开管理评论》、《营销科学学报》等国内外期刊发表论文多篇。

李纯青：西北大学经济管理学院教授（二级）、博士生导师，清华大学博士后、西安交通大学博士，中国高等院校市场学研究会常务理事/新媒体营销专业委员会副主任委员，中国管理现代化研究会营销管理专委会常务理事/案例研究专委会委员，《营销科学学报》编委、陕西省高校教学指导委员会工商管理类副主任委员。研究方向：关系营销、品牌管理。主持国家自然科学基金面上项目5项、教育部后期资助重大项目1项，获省哲学社会科学一等奖2项、全国百篇优秀管理案例23篇，在*Industrial Marketing Management*、《管理科学学报》、《南开管理评论》等期刊上发表论文百余篇。

孙洪庆：德国经济学博士，美国工商管理博士后，中南财经政法大学新媒体营销研究中心主任，中国高等院校市场学研究会新媒体营销专业委员会副主任。2011年入选湖北省楚天学者资助计划，主要研究方向为新媒体营销、商业模式创新和无形资产评估，主持完成国际合作项目和省部级课题多项，发表中英文学术论文70多篇。曾获中国国家奖学金、德国政府奖学金及德国学术交流中心Research Award。曾为多个知名企业提供各种专业知识服务（战略咨询、品牌管理、营销策划、资产评估、项目可行性研究等），拥有丰富的知识应用经验。

序
Preface

在过去的几年内，新媒体营销（包括社交媒体营销、视频营销、内容营销等形式），已成为全球领域最重要、最活跃的营销方式。历经大半年的准备，在中国高等院校市场学研究会新媒体营销专业委员会八位新媒体营销领域专家的共同努力下，首部《中国新媒体营销：理论与实践（2023）》蓝皮书终于与读者见面。这本全面、翔实、前沿的新书面市，填补了中国新媒体营销在研究、教育与实战交叉领域的空白。它通过全面分析、梳理2022年中国乃至全球的新媒体营销呈现出的关键因素与发展趋势，既对新媒体营销的学术研究领域做出了综合阐释，也通过对新媒体前沿企业实战的审视，提炼出了新媒体营销教学的鲜活营销素材，还在深度分析中为企业的新媒体营销实战给出了方向与指引。无论从选题的全面性、代表性，还是分析的深入性、立意的前沿性等方面来看，本书都堪称2022年度中国新媒体营销宝典。阅读它的过程，就是一段发现学术宝藏之旅。

在开启这段寻宝之旅之前，我们需要一张清晰的路线图。恰好，由戴鑫、朱立团队撰写的总报告《责任、理性、文化、体验与规范——中国新媒体营销发展报告（2021—2022）》，通过提纲挈领、缜密翔实地分析，为读者清晰地描绘了中国新媒体营销全景。通过提炼整理，阐述其中的关键要素、机理和边界条件，勾勒出完整的因果关系链，让读者对中国新媒体营销的本质一目了然。

新媒体营销的寻宝之旅，如果只知其然而不知其所以然，则难免有隔靴搔痒之嫌。为避免落入这个认知的陷阱，从严谨的学术研究出发是必经之道。在新媒体营销学术前沿部分，邬金涛在《新媒体营销国际学术研究前沿报告》中，通过对2022年发表在国际英文期刊上的重要新媒体营销论文进行梳理，总结归纳出本年度重要研究发现与理论突破。同时，费显政在《新媒体营销国内学术研究前沿报告》中，对2022年度新媒体营销研究领域中的中文文献进行了总结与归纳。可以肯定的是，中国有着全世界较为活跃的新媒体营销实践，正是这些实践为中国新媒体营销研究提供了丰富多元的素材，而国际国内研究的理论总结对此也有充分的反映。

在新媒体营销寻宝之旅中，最吸睛的内容当属当年的前沿热点问题研究分析。此部分包含5篇文章：在《内容营销及媒体规划的特点与趋势（2022）》中，窦文宇阐述了如何把具有不同特色的内容，精准发布在不同的社交媒体平台上，从而扩展内容营销的效能。对于诸多只关注内容创造而不注重内容传播的企业而言，运用本文提供的建议与方案，可以弥补内容营销有时“叫好不叫座”的缺憾。费显政在《扩展现实营销理论与实践》中，详细介绍了扩展现实（Extended Reality）在新媒体营销诸多领域的具体运用，包括品牌、销售、顾客关系维护等方面。李纯青在《从数字化赋能下的企业品牌内化到社交媒体下的虚拟文化适应》中，分析了在数字化营销的场景下，企业如何通过创造虚拟文化以适应打造数字化品牌。费显政在《留心你的顾客是在“观世界”还是在“省自身”》中，从消费者心理行为的角度，审视了在社交媒体时代对于用户非常重要的一个心理变量，研究发现企业营销沟通策略需要与社交媒体使用场景（即用户的自我意识状态）匹配，才能达到最佳营销效果。在《人工智能的发展对于消费者体验感的影响》中，朱立团队全面梳理了人工智能技术（AI）的发展历程，并指出人工智能如何能被运用于营销中，特别是如何提升消费者的体验感——无论是在虚拟世界还是在现实世界。

在新媒体营销寻宝之旅中，了解这个行业的新概念有助于帮助读者真正“看到门道”。在《新媒体营销十大新概念盘点》中，戴鑫团队通过总结年度重要学术会议、研讨会及期刊信息，提炼出诸如数字感官营销、数字化服务体验、网络社会易感性等新概念。这些概念反映了新媒体营销研究的新动向，也给业界带来了启发和借鉴。

本书除了关注学界的研究趋势与特点，还关注行业实践。杜鹏在《中国露营行业新媒体营销专题报告》及《中国新式茶饮行业新媒体营销专题报告》中，分析了两个行业的特点、用户特征、新媒体营销环境及新媒体营销的成功因素，从而给这两个行业，乃至其他行业的新媒体营销带来思考与启迪。

当然，新媒体营销寻宝之旅不能没有企业实战，接下来的新媒体营销实战案例精彩纷呈。在《元宇宙营销：国际前沿案例的启迪》中，窦文宇收集整理并深入分析了一系列国际前沿的元宇宙营销案例，通过描述案例细节，为读者呈现国际前沿元宇宙营销的规律。在《马应龙：传统药企如何借力新媒体营销》案例中，杜鹏对马应龙新媒体营销活动做了全面总结，并指出传统企业在转型新媒体营销过程中可能遇到的主要挑战及应对策略。戴鑫团队聚焦2022年炙手可热的新媒体营销实践，在《中国新媒体营销十大案例盘点》中，从精彩纷呈的中国新媒体营销案例中，精选了十个兼具代表性及影响力的经典案例，通过对案例细节的梳理，给我们呈现了一个完整的、有活力的中国新媒体营销实战图景。

最后，在《中国新媒体营销政策盘点》中，戴鑫、朱立团队收集整理了2022年中国新媒体营销领域出台的重要相关政策。对这些政策的了解与掌握，可以帮助企业树立法规意识、规范经营行为，找到最适合发挥政策红利的新媒体营销场景及模式。

本书内容翔实，重点突出，分析缜密，兼具学术性及实战性，从国际前沿的高度，为读者呈现了一场中国新媒体营销的学术盛宴。相信各位读者一定能有所收获。

窦文宇

2023年7月

目录
Contents

总报告

新媒体营销学术前沿

行业专题研究报告

新媒体营销实战案例

附　录

总报告

责任、理性、文化、体验与规范

——中国新媒体营销发展报告（2021—2022）

本报告课题组[①]

1 引言

1.1 新媒体营销概念界定

新媒体（new media）是相对传统媒体（traditional media）的一个概念。回顾互联网发展历史，20世纪90年代中期，互联网被称为相对传统平面媒体、电波媒体的新媒体。20多年过去了，早期的互联网已经成为“传统”媒体，取而代之的是“新新媒体”（new newmedia），这些“新新媒体”包括Facebook、Twitter、博客、微博、微信等。时至今日，互联网已经过web3.0阶段，以大数据、人工智能、云端、虚拟现实等为内核的“新新新媒体”又涌现出来。所以，随着互联网及周边技术的发展，不断会有更新的媒体形态出现。新媒体营销也与之相适应，有不断迭代更新的内涵。

本课题组认为，新媒体营销（new media marketing）有广义与狭义之分。狭义上，新媒体营销是业界主体（如品牌商、广告主等）应用新媒体工具的一种营销方式。广义上，新媒体营销是市场各方为满足各自需要，

① 负责人：戴鑫：华中科技大学管理学院教授、博士生导师、副院长；朱立：云南财经大学经济研究院教授、博士生导师、院长。

成员：华中科技大学管理学院：黄子业、但昭杰、张佳龙、严晨峰、马永超、陈怡然、金子越等。

或参与创建新的新媒体生态，或适应已有的新媒体生态，进而实现价值发现、创造、传播、传递、交换、增值和维护的一系列动态过程，是传统营销和互联网营销逐渐走向融合的新阶段[1]。本报告所涉及的新媒体营销概念以后者为主。

1.2　新媒体营销价值链地图

为描述新媒体营销价值链全程，本课题组研究绘制了新媒体营销价值链地图（如图 1 所示）。地图包含宏观、中观和微观三个层面。

宏观层面，是指影响新媒体营销的外部环境，如国际环境、政策法规、经济、社会文化、技术、自然环境等。中观层面，是指影响新媒体营销演化发展的行业因素，如产业投资、空间布局、产业发展、市场竞争、行业规制等。微观层面描绘了新媒体营销全链条和价值传递过程，包括营销者、内容、媒体、终端、产品/服务、交易、配送、用户、效果九个部分。价值的流动从营销者出发，分为内容—媒体—终端和产品/服务—交易—配送的两个分支链条，两链相互作用传递到用户，最终产生效果。同时，各个部分的互动在价值链每个环节都会产生，促进营销者调整迭代产品、更新营销策略。以下内容是对微观层面价值链各部分及其特征的进一步描述。

1.2.1　营销者

营销者类型主要有：①企业，如瑞幸、钉钉等；②个人，如罗永浩等；③地区，如三星堆文化遗址等；④非营利组织，如麦田教育基金会等；⑤政府，如各级地方政府等。所属行业包含住宿和餐饮业，批发和零售业，房地产业，教育行业，文化、体育和娱乐行业，信息传输、软件和技术服务业，汽车制造业等。

企业内承担新媒体营销工作的组织设置包含：①市场部内设营销组模式。应用此类组织模式的企业在市场部内设新媒体组、用户运营组、营销策划组和终端推广组等相关职能小组。一些传统家电企业便采用此模式。

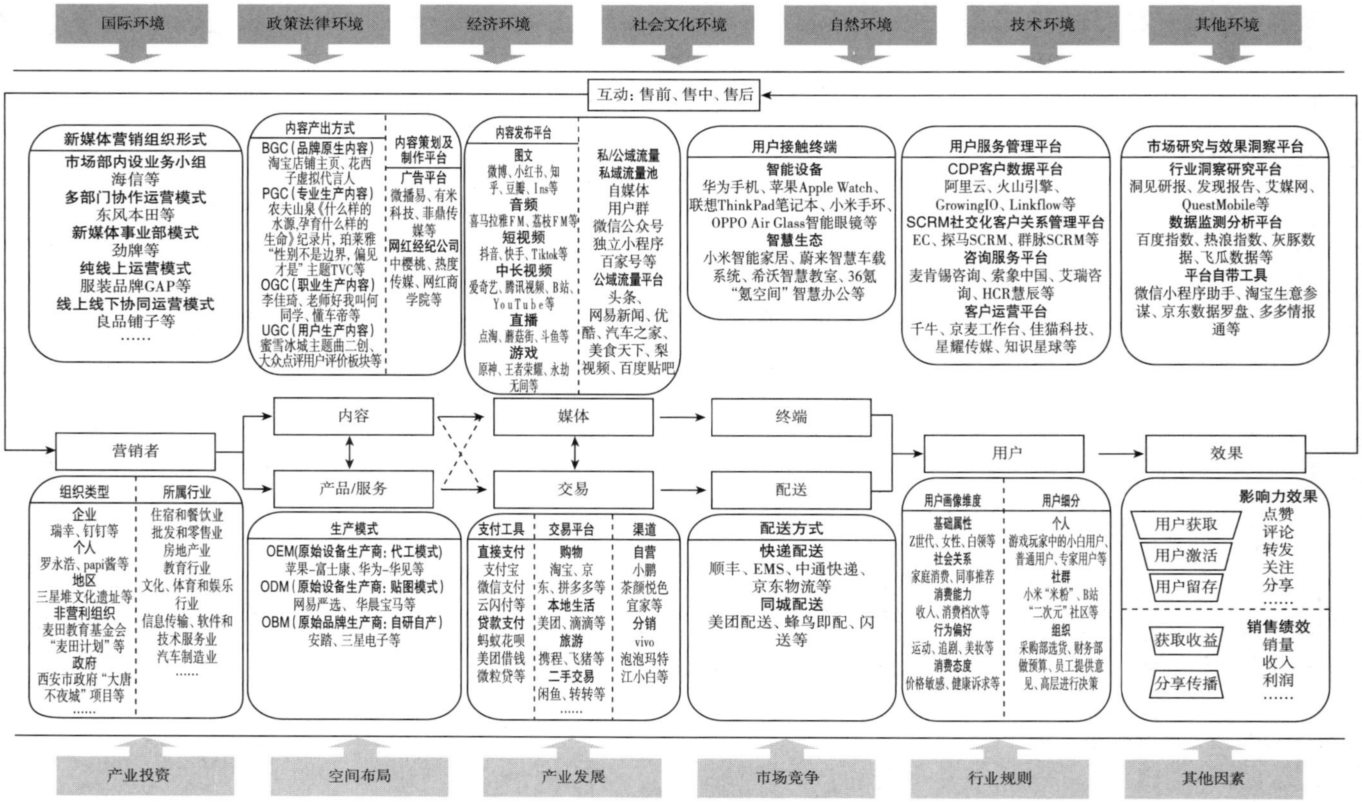

图 1　新媒体营销价值链地图

资料来源：由戴鑫、黄子业、张佳龙、但昭杰绘制。

②多部门协作运营模式。应用此类组织模式的企业成立整合营销传播部并下设品牌管理科、产品策略科、市场推广科、广告管理科、公共关系科和数字营销科等科室完成新媒体营销的策划、推广与评估流程。一些国际企业采用此模式。③事业部模式。应用此类组织模式的企业以用户为中心，成立互联网事业部，按照交互＋交易＋交付的体系，下设互联网交互部、互联网销售部和互联网支持部，多渠道开展新媒体营销活动。一些快速消费品企业采用此模式。④纯线上运营模式。应用此类模式的企业会停止线下投入，高度重视电商平台运营销售。一些服装企业采用此模式。⑤线上线下协同运营模式。应用此类模式的企业下设本部、中心和分公司三类一级机构。本部类机构负责为前端单位提供通用支持，中心类机构负责为前端单位提供资源供给和能力建设，分公司类机构直接负责一线业务市场经营，直接产生利润。一些零食销售企业采用此模式。此外还有多种新媒体营销组织形式，受地图版面限制，不再一一列举。

1.2.2 内容

内容部分从产出方式、策划及制作平台两个方面展开并举例。

内容产出方式包含 BGC、PGC、OGC、UGC 四类。具体来说：①BGC 是由营销者自主创作的品牌原生内容，如淘宝商铺主页内容、花西子推出的虚拟代言人形象等；②PGC 是由拥有相关专业知识和有一定权威性的内容创作者创作的专业生产内容，如农夫山泉《什么样的水源，孕育什么样的生命》纪录片、珀莱雅“性别不是边界，偏见才是”主题 TVC 等；③OGC 是以生产内容为盈利方式的内容创作者或机构创作的职业生产内容，如种草关键意见领袖（KOL）李佳琦的种草内容、测评类机构懂车帝的测评内容等；④UGC是由新媒体用户创作并在平台上分享传播的用户生产内容，如蜜雪冰城主题曲在网络上的二次创作内容、大众点评的评论板块等。

内容策划及制作平台包含广告平台、网红经纪公司两类。具体来说：①广告平台是协助营销者制作广告内容与投放的企业，如微播易、有米科技、菲鼎传媒等；②网红经纪公司是帮助创作者进行内容产出并提供服务与技术支持的企业，如中樱桃、热度传媒、网红商学院等。

1.2.3 媒体

媒体部分从内容发布平台和私、公域流量两个角度进行划分。

内容发布平台包含图文、音频、短视频、中长视频、直播和游戏六类。具体来说：①图文平台以文字与图片为主要发布内容，如微博、小红书、知乎等；②音频平台以电台、录音等为主要发布内容，如喜马拉雅 FM、荔枝 FM 等；③短视频平台以高频推送、时长在 1 分钟以下的短视频为主要发布内容，如抖音、快手等；④中长视频平台以大于 1 分钟的中长视频为主要发布内容，如爱奇艺、腾讯视频等；⑤直播平台以具有实时性、互动性等特点的直播内容为发布内容，如点淘、蘑菇街、斗鱼等；⑥游戏平台以游戏内场景或推送内容为主要内容，如王者荣耀、原神、永劫无间等。

私、公域流量包含私域流量池和公域流量平台两类。具体来说：①私域流量池中营销者可以通过低成本、可重复的方式获得流量，如自媒体、用户群、微信公众号、独立小程序、百家号等传播媒体；②公域流量平台中营销者需要通过所在平台分配获得流量，如今日头条、网易新闻、汽车之家等。

1.2.4 终端

终端部分从用户接触设备的角度划分。

用户接触设备包含智能设备与智慧生态两类。具体来说：①智能设备是具有小型化、高集成等特征并且可以帮助用户快速接入互联网的产品，如华为手机、Apple Watch 等；②智慧生态是一系列配合使用以营造用户场景体验为目的的产品系统，如小米智能家居、蔚来智能车载系统等。

1.2.5 产品/服务

产品/服务部分从生产模式角度展开和举例。

生产模式包含 OEM、ODM 和 OBM 三类。具体来说：①OEM 是委托方提供产品设计，被委托方生产产品的代工模式，如苹果—富士康、华为—华见等生产模式；②ODM 是委托方提供商标、品牌等信息，被委托方设计并生产产品的贴牌模式，如网易严选、华晨宝马的生产模式等；③OBM 是生产方自己研发、设计、生产产品的自研自产模式，如安踏、三星电子的生产模式等。

1.2.6 交易

交易部分从支付工具、交易平台和渠道三个角度进行划分。

支付工具包含直接支付与贷款支付两类。具体来说：①直接支付方式即直接使用用户资产或现金进行支付，如支付宝、微信支付、云闪付等；②贷款支付方式以用户信用为担保，用信用额度进行支付，如蚂蚁花呗、美团借钱、微粒贷等。

交易平台包含购物、本地生活、旅游、二手交易等多种平台。具体来说：①购物平台以商品购买为主要功能，如淘宝、京东、拼多多等；②本地生活平台以方便日常生活为主要功能，如美团、T3 出行等；③旅游平台以销售旅游服务、提供旅游信息为主要功能，如携程、飞猪等；④二手交易平台以交流、促成二手交易为主要功能，如闲鱼、转转等。此外，还有多种类型的交易平台，受版面限制，在地图中不再列举。

渠道包含自营与分销两类。具体来说：①自营渠道中营销者自己筹划经营销售，如小鹏汽车、茶颜悦色、宜家等；②分销渠道中营销者通过建立传统分销关系进行产品销售，如 vivo、泡泡玛特、江小白等。

1.2.7 配送

配送部分从配送方式的角度进行划分。

配送方式包含快递配送与同城配送两类。具体来说：①快递配送以规范化的物流配送系统为依托对商品进行运输，如顺丰物流、EMS、京东快递等；②同城配送以骑手人工运送为主要方式，如美团配送、蜂鸟即配、闪送等。

1.2.8 用户

用户部分从用户服务管理平台与用户分类方法两个方面进行拆解。其中用户分类方法分为用户画像维度与用户细分两类。

用户服务管理平台包含CDP客户数据平台、SCRM社交化客户关系管理平台、咨询服务平台、客户运营平台。具体来说：①CDP客户数据平台支持营销者在内部汇集用户信息，如阿里云、火山引擎、GrowingIO、Linkflow等；②SCRM社交化客户关系管理平台支持营销者社会化管理客户关系，如EC、探马SCRM、群脉SCRM等；③咨询服务平台为营销者提供商业信息并且协助企业运作，如麦肯锡咨询、索象中国、艾瑞咨询、HCR慧辰等；④客户运营平台帮助营销者对用户进行管理划分、信息分析并提供技术支持，如千牛、京麦工作台、佳猫科技、星耀传媒、知识星球等。

用户分类一方面可以通过用户画像维度归纳为基础属性、社会关系、消费能力、行为偏好和消费态度五个方面，另一方面可以通过用户细分归纳为个人、社群和组织三类。用户画像维度具体来说包括：①基础属性，如Z世代、女性、白领等；②社会关系，如家庭消费、同事推荐等；③消费能力，如收入、消费档次等；④行为偏好，如运动、追剧、美妆等；⑤消费态度，如价格敏感、健康诉求等。用户细分具体来说包括：①个人，如游戏玩家中的小白用户、普通用户、专家用户等；②社群，如小米“米粉”、B站“二次元”社区等；③组织，如供应管理部中的采购组、互联网销售部中的采销组等。

1.2.9 效果

效果部分从市场研究与效果洞察平台、效果评估模型两个方面进行划分。

市场研究与效果洞察平台包含行业洞察研究平台、数据监测分析平台和平台自带工具三类。具体来说：①行业洞察研究平台，如洞见研报、发现报告、艾媒网、QuestMobile等；②数据监测分析平台，如百度指数、热浪数据、灰豚数据、飞瓜数据等；③平台自带工具，如微信小程序助手、淘宝生意参谋、京东数据罗盘、多多情报通等。

课题组参考互联网营销漏斗模型（AARRR 模型），将效果划分为影响力效果与销售绩效两个方面。影响力效果分为点赞、评论、转发、关注、分享等，销售绩效包括销量、收入、利润等。

1.2.10 反馈

新媒体营销的价值在以上九个部分之间进行传递，但是价值的传递并不是一个孤立的、单向的过程。在价值链的各个环节中，都会产生各个部分之间的互动，这些互动会通过各类市场表现反映在营销者的售前、售中和售后过程中。营销者可以通过分析、把控这些数据，调整产品研发与营销策划。

1.3 主要研究视角与关注内容

1.3.1 研究视角

新媒体营销研究主要有三个视角，分别是政府视角下的公共政策制定与新媒体治理，媒体视角下的新媒体生态打造、商业模式创新与运营管理，营销者视角下的围绕营销者的价值发现、创造、传播、传递、交换、增值和维护等。

本研究报告主要从营销者视角展开，重点回答四个方面的问题：①本年度（2021—2022 年）出台了哪些具有重要影响的国家政策？②本年度出现了哪些可能具有革新意义的前沿技术？③本年度用户在各种因素作用下显现出哪些新消费趋势？④综合上述三个方面发现，新媒体营销的总体趋势有哪些，能够为新媒体营销实践者提供哪些借鉴和启示？

1.3.2 关注内容

本研究报告主要关注以下四个方面。

（1）本年度中央政府（含各相关部委）出台的与新媒体营销相关的政策法规

本年度政策法规主要分为两类：一是支持鼓励新媒体营销发展的相关

政策法规；二是规范新媒体营销行业发展的相关政策法规。为了便于阅读，课题组对政策法规按照主题进行了分类整理，形成三个模块，分别是：①针对产业数字化和电子商务升级，促进新媒体营销产业发展；②针对农村电商发展与消费升级，促进新媒体营销在乡村振兴中的应用；③针对营商环境维护与消费者权益保护，加强新媒体营销产业监管。

（2）本年度与新媒体营销相关的新技术

本年度涉及的新技术发展主要体现在以下三方面：①沉浸式交互体验相关技术的发展；②人工智能自动化相关技术的发展；③网络及运算能力优化相关技术的发展等。

（3）本年度与新媒体营销相关的用户和消费新趋势

本年度出现的与新媒体营销相关的用户和消费新趋势主要包括：①用户人群结构的新变化；②用户使用的主流应用新变化；③线上年轻用户的线下娱乐方式新变化；④用户消费形态的新变化；⑤用户维权意识与能力的新变化等。

（4）本年度与新媒体营销相关的业界新趋势

本年度出现的与新媒体营销相关的业界新趋势主要包括：①营销者（品牌商）角度所发生的新趋势；②营销的内容所发生的新趋势；③产品和服务角度所发生的新趋势；④营销的媒体角度所发生的新趋势；⑤媒体与交易互动角度所发生的新趋势；⑥营销效果的角度所发生的新趋势。

1.4 资料来源及撰写过程

本研究报告资料收集及撰写过程如下：①资料收集准备。由课题组和资料收集团队全体成员，分头检索各类会议、期刊、报纸、电子资源库，以及新媒体账号、公众号等，初步确定资料检索来源范围。②撰写提纲论证。由撰写小组提出初步写作提纲，请中国高等院校市场学研究会新媒体专委会推荐部分专家参与论证，结合前期资料初步收集情况，确定基本写作大纲。③资料正式收集。根据写作大纲和前期确定的资料检索范围，收集自2021年1月1日至2022年10月31日的与新媒体营销相关的新政策、新技术、新消费趋势。以上述信息为线索，进一步通过多个渠道进行资料收集完善。④资料阅读筛选。邀请新媒体营销专家对上述各类资料的相关性和重要程度进行评定，筛选出若干重点政策、技术、消费、业界趋势资料。⑤资料梳理。对新政策、新技术、新消费、新业界趋势相关文本资料进行深入阅读，按照一定逻辑顺序进行整理。⑥未来趋势的梳理论证。撰写小组在上述过程的基础上，总结归纳新媒体营销的若干趋势，并站在营销者视角提出对策建议。然后邀请学界和业界专家对趋势进行论证。⑦统稿、论证与修订。课题组在完成初稿后，由中国高等院校市场学研究会新媒体专委会组织部分专家进行会议研讨，提出修订意见，最终完善形成正式稿。

虽然课题组在文后列出部分参考文献，但由于资料来源广泛，无法逐一列出，在此一并向原始出处的媒体致谢。因作者团队水平和时间有限，本报告难免出现疏漏，敬请读者批评指正。

2 政策环境

2021—2022年，政策的总体趋势为更加支持产业数字化发展，更加突出对农村电商和消费的扶持，完善行业监管和消费者权益维护生态。

2.1 针对产业数字化与电子商务升级的相关政策

2.1.1 推进行业与企业的数字化转型

（1）推进全行业数字化转型，发展新型消费形式

①促进新型消费，加快线上线下消费有机融合，扩大升级信息消费，培育壮大智慧产品和智慧零售、智慧旅游、智慧广电、智慧养老、智慧家

政、数字文化、智能体育、“互联网 + 医疗健康”、“互联网 + 托育”、“互联网 + 家装”等消费新业态[2]。②加强商业、文化、旅游、体育、健康、交通等消费跨界融合，积极拓展沉浸式、体验式、互动式消费新场景[2]。③畅通制造企业与互联网平台、商贸流通企业产销对接，鼓励发展反向定制（C2M）和个性化设计、柔性化生产[2]。④鼓励生产资料市场探索交易模式创新，依法合规发展电子交易[3]。⑤大力推动丝绸电商平台建设，支持企业开展电视购物、直播营销、内容营销、社群营销，通过线上主动引流促进线下现场消费[4]。⑥举办“老字号嘉年华”，线上线下同步开展系列宣传推广和消费促进活动，促进国潮消费。引导老字号企业将传统经营方式与大数据、云计算等现代信息技术相结合，升级营销模式，发展新业态、新模式，营造消费新场景。推动电商平台设立老字号专区[5][6]。

（2）推进企业运营管理数字化转型，提升行业服务标准

①引导企业强化数字化思维，提升员工数字技能和数据管理能力，全面系统推动企业研发设计、生产加工、经营管理、销售服务等业务数字化转型[7]。②支持有条件的大型企业打造一体化数字平台，全面整合企业内部信息系统，强化全流程数据贯通，加快全价值链业务协同，形成数据驱动的智能决策能力，提升企业整体运行效率和产业链上下游协同效率[7]。③实施中小企业数字化赋能专项行动，支持中小企业从数字化转型需求迫切的环节入手，加快推进线上营销、远程协作、数字化办公、智能生产线等应用，由点及面向全业务全流程数字化转型延伸拓展[7]。④鼓励和支持互联网平台、行业龙头企业等立足自身优势，开放数字化资源和能力，帮助传统企业和中小企业实现数字化转型[7]。⑤推行普惠性“上云用数赋智”服务，推动企业上云、上平台，降低技术和资金壁垒，加快企业数字化转型[7]。⑥推动企业创新生产服务和商业模式，通过线上线下融合实现全域营销，支持开展品牌价值评价和专业化服务[8]。

2.1.2 推进电子商务的新技术应用和新业态打造

（1）推进电子商务新技术的应用，深入拓宽新媒体营销渠道

①加快电子商务技术产业化，优化创新成果快速转化机制，鼓励电商平台企业拓展产学研用融合通道[5]。②鼓励平台企业加快人工智能、云计算、区块链、操作系统、处理器等领域技术研发突破[9]。③推动5G、大数据、物联网、人工智能、区块链、虚拟现实/增强现实等新一代信息技术在电子商务领域的集成创新和融合应用[5]。

（2）推进电子商务新业态的打造，构建新型电子商务运行方式

①深入开展国家电子商务示范基地和示范企业创建[2]。②培育一批商品经营特色突出、产业链供应链服务功能强大、线上线下融合发展的全国商品市场示范基地[2]。③鼓励工业消费品市场创新营销方式，通过设立消费体验馆、新品发布中心、创意设计坊、电商直播基地等，推动跨界融合发展[2]。④推进建立实施电子商务与产品质量分级制度共融互促机制，引导、保护企业质量创新和质量提升的积极性[5]。⑤培育"小而美"网络品牌，建设一批地方性、行业性电子商务公共品牌，打造公共品牌引领、企业品牌支撑的品牌互助新生态[5]。

2.2 针对农村电商发展与消费升级的相关政策

2.2.1 推进农村电商中销售贸易渠道、产品服务内容与物流配送保障水平的提升

（1）拓宽销售贸易渠道，发展农村电商新模式

①统筹政府与社会资源，加强农村电商新型基础设施建设，发展订单农业[5]。②建立县域电商服务机构，打造电商产业集聚区，辐射带动农村电商产业发展[10]。③鼓励农村电商服务站点、益农信息社、村邮站、供销

社等多站合一、服务共享[11]。④鼓励运用短视频、直播等新载体，宣传推广乡村美好生态，创新发展网络众筹、预售、领养、定制等产销对接新方式[5]。⑤创新农产品电商销售机制和模式，培育快递服务现代农业项目[11]。⑥强化县级电子商务公共服务中心统筹能力，为电商企业、家庭农场、农民合作社、专业运营公司等主体提供市场开拓、资源对接、业务指导等服务，提高农村电商应用水平[11]。

（2）优化产品服务内容，促进农村电商新业态发展

①提高农产品标准化、多元化、品牌化、可电商化水平，提升农产品附加值[5]。②推动电子商务与休闲农业、乡村旅游深度融合，深入发掘农业农村的生态涵养、休闲观光、文化体验、健康养老等多种功能和多重价值，发展乡村共享经济等新业态[5]。③支持农村居民立足农副产品、手工制品、生态休闲旅游等农村特色产业，开展多种形式的电子商务创业就业，促进特色农产品电子商务发展[5]。④完善农村生活性服务业支持政策，发展线上线下相结合的服务网点，推动便利化、精细化、品质化发展，满足农村居民消费升级需要，吸引城市居民下乡消费[12]。

（3）加强物流配送保障，改善农村电商经营环境

①加快完善县、乡、村三级农村物流体系，改造提升农村寄递物流基础设施，深入推进电子商务进农村和农产品出村进城，推动城乡生产与消费有效对接[12]。②发展县、乡、村共同配送，降低物流成本[10]。③推进"互联网+高效物流"，健全农村寄递物流体系，深入发展县、乡、村三级物流共同配送，打造农村电商快递协同发展示范区[5]。④深入推进"互联网+"农产品出村进城工程，建立健全适应农产品网络销售的供应链体系、运营服务体系和支撑保障体系[10]。⑤创新物流支持农村特色产业品质化、品牌化发展模式，提高农村产业化水平[5]。

2.2.2 推进商品服务下乡工程

实施商品服务下乡工程，提升农村消费水平。①鼓励和引导大型商贸

流通企业、电商平台和现代服务企业向农村延伸，推动品牌消费、品质消费进农村[2]。②深入实施“数商兴农”“快递进村”和“互联网+”农产品出村进城等工程，进一步盘活供销合作社系统资源，引导社会资源广泛参与，促进渠道和服务下沉[2]。③促进农村居民耐用消费品更新换代[12]。④优化工业品下乡网络，引导电商平台投放更多种类工业品下乡，弥补农村实体店供给不足等问题[10]。⑤以汽车、家电为重点，引导企业面向农村开展促销，鼓励有条件的地区开展新能源汽车和绿色智能家电下乡，推进充电桩（站）等配套设施建设[2]。

2.3 针对营销环境维护与消费者权益保护的相关政策

2.3.1 推进业界监管新模式的探索

探索业界新模式下的有效监管，维护新媒体营销环境。①加强新技术应用的规范和监管，完善市场准入规则，细化反垄断和反不正当竞争规则[5]。②推动建立覆盖全社会的信用体系，加强电子商务诚信体系建设，建立健全失信惩戒和守信激励机制，引导激励多方市场主体参与信用共建[5]。③构建适应电子商务高质量发展要求的数字化监管机制，坚持包容审慎监管，以监管促规范、以规范促发展[5]。④优化监管方式，探索线上闭环监管、非接触监管、信用监管等新型方式，强化政企联动，推动政企间数据合法有序共享机制建设[5]。⑤改革监管手段，推进防假打假技术创新迭代，实现对侵权违法行为的精准、快速打击[5]。⑥深化“互联网+监管”，加快构建全国一体化在线监管平台，积极运用大数据、物联网、人工智能等技术为监管赋能，探索形成市场主体全生命周期监管链[13]。⑦对新产业新业态实行包容审慎监管，建立健全平台经济治理体系[13]。⑧坚持依法办网、依法治网，准确把握网络直播行业特点规律和发展趋势，科学规范行业运行规则，构建良好产业生态，为广大网民特别是青少年营造积极健康、内容丰富、正能量充沛的网络直播空间[14]。

2.3.2 推进个人数据的保护与维权渠道的打通

（1）严格个人数据的使用和管理，从企业出发维护消费者权益

①统筹推进电子商务相关法律法规制定修订，加快数据立法进程，探索建立数据产权制度，统筹数据利用和数据安全[5]。②App不得因为用户不同意提供非必要个人信息，而拒绝用户使用其基本功能服务[15]。③公众账号信息服务平台应当加强对本平台公众账号信息服务活动的监督管理，及时发现和处置违法违规信息或者行为[16]。④任何组织、个人不得非法收集、使用、加工、传输他人个人信息，不得非法买卖、提供或者公开他人个人信息；不得从事危害国家安全、公共利益的个人信息处理活动[17]。⑤开展数据处理活动，应当遵守法律、法规，尊重社会公德和伦理，遵守商业道德和职业道德，诚实守信，履行数据安全保护义务，承担社会责任，不得危害国家安全、公共利益，不得损害个人、组织的合法权益[18]。

（2）畅通消费者维权渠道，从消费者出发提升权益保护意识

①强化知识产权保护，提高执法效能，探索建立新领域新业态知识产权保护制度和监管框架[5]。②强化消费者权益保护，在新型消费领域开展消费教育和消费警示，建立健全消费纠纷多元化解机制，加大行政执法和司法保护力度[5]。③推进在线争议解决机制的发展，进一步提高电子商务纠纷解决效率、降低维权成本[5]。

3 技术发展

2021—2022年，技术发展的总体趋势是基于人机交互的数字体验导向技术开发更加明显。

3.1 沉浸式交互体验相关技术的发展

沉浸式交互体验相关技术是以提高用户的体验感为导向，创造逼真的

沉浸感的相关技术。典型技术包括扩展现实和非同质化通证。

3.1.1 扩展现实（Extended Reality，XR）

（1）技术描述。扩展现实是指通过计算机将现实与虚拟相结合，打造一个可人机交互的虚拟环境，是虚拟现实（Virtual Reality，VR）、增强现实（Augmented Reality，AR）、混合现实（Mediated Reality，MR）等多种仿真交互技术的统称。XR 关键技术主要包括近眼显示技术、感知交互技术、网络传输技术、渲染计算技术、云内容制作与分发技术。XR 目标是提高视觉、听觉、嗅觉、触觉、意念及味觉等体感实现程度，为体验者提供逼真的沉浸式体验，因而被称为“元宇宙入口”[19]。

（2）应用前瞻。全球商用 5G、新冠疫情、新消费需求的发展，催生了 XR 技术的高速发展，未来在工作、教育、生活、医疗等领域有广泛且深入的运用场景，如高度定制化的线上会议、“面对面”身临其境的互动教学、增强体验感的游戏、提供实时诊疗的手术和医疗培训等。但是在技术层面，XR 仍面临使用环境限制、设备兼容性差、便携性差等问题。

3.1.2 非同质化通证（Non－Fungible Token，NFT）

（1）技术描述。非同质化通证的本质是一种存储于区块链上的数字资产所有权。目前 NFT 已被广泛应用于加密艺术品、艺术收藏、人机交互与虚拟游戏之中。在元宇宙中，基于区块链技术而生成的 NFT 艺术品，是数字艺术的新表现形式，亦作为具备资产属性的数字收藏品。

（2）应用前瞻。NFT 的技术特征，赋予其不可分割、独一无二、高度透明等特性。首先，NFT 类似于现实世界中的收藏品，最小单位为 1，而基于区块链的数字加密货币，如比特币、以太币则可以在 1 的基础上进行细分。其次，区块链技术赋予了 NFT 唯一数字标识，通过铸造（minting），NFT 所对应的虚拟财产在智能合约中被链接到单个通证，这使得该通证唯一且特定，从而确认了个人对该虚拟财产的所有权；其他人即使拥有相同内容的虚拟载体，也只是副本。最后，区块链作为分布式的记账系统，具有去中心化、不可修改的特征。NFT 的交易信息被记录在公共账簿中，这使得所有人都可以了解交易信息与所有权归属。

3.2 人工智能自动化相关技术的发展

人工智能自动化技术是指在算法支持下强调高仿真互动，高效生产内容的相关技术。典型技术包含数字孪生和元学习。

3.2.1 数字孪生（Digital Twin）

（1）技术描述。数字孪生，也被称为数字映射、数字镜像，是指充分利用物理模型、传感器更新、运行历史等数据，集成多学科、多物理量、多尺度、多概率的仿真过程，在虚拟空间中完成映射，从而反映相对应的实体装备的全生命周期过程。数字孪生关键技术主要包括 3D 仿真技术、空间地理信息技术、数据可视化、物联网接入。简单来说，数字孪生体最大的特点是依据实体对象的物理设计模型、传感器反馈的数据以及运行的历史数据对其进行动态仿真[20]。

（2）应用前瞻。随着 5G“万物互联”时代的到来，数字孪生将加速与人工智能（AI）等新生技术的融合，广泛应用于工业制造、智慧城市、车联网等领域。下面以智慧城市的应用举例。现实中的城市布满了传感器、摄像头，借助物联网技术，这些终端采集的数据可以很快被提取出来并根据城市模型来构建数字孪生城市。通过对数字孪生城市中的基础设施运行状态、市政资源调配情况等多方面的分析决策，可以助力现实世界中城市的数字化转型和优化升级。

3.2.2 元学习（Meta－learning）

（1）技术描述。元学习是一种学习“如何学习”的机器学习算法，旨在提高机器学习算法的学习效率与泛化能力。以往的机器学习算法在构建模型的过程中需要大量数据作为支撑，多数机器学习算法在实际应用层面可能会出现数据稀疏问题。数据稀疏极大地影响了机器学习算法的准确性与科学性。元学习可以从相对较少的数据中，发掘出隐藏的依赖关系，能在极大程度上解决数据稀疏问题。

（2）应用前瞻。元学习的特性与推荐系统有很高的契合度。近年来，推荐系统作为缓解信息过载的过滤系统被广泛应用于各种网络应用中。目前推荐系统大多基于深度学习构建，而基于深度学习的推荐系统的性能在很大程度上依赖于大量训练数据和足够的计算量。在推荐系统启动初期，数据不足以支持模型的形成，此时元学习的泛化能力能够对推荐系统的构建起到关键的支撑作用。

3.3 网络及运算能力优化技术的发展

网络及运算能力优化技术是能实时处理大量信息运算和传输大规模信号的相关技术。典型技术为多接入边缘计算。

（1）技术描述。多接入边缘计算（Multi - access Edge Computing，MEC）是指利用移动数据、WLAN 等无线接入网络就近提供电信用户 IT 所需服务和云端计算功能的运算技术。该技术能满足用户在低时延、高带宽、个性化、高安全性、高隐私性等要求下的应用场景。经过边缘计算、移动边缘计算发展，行业将其内涵扩展为多接入边缘计算，即包括移动接入、Wi - Fi 接入、固定接入等 3GPP 和非 3GPP 接入方式。

（2）应用前瞻。随着其应用的研究进程，MEC 在多场景下能提供更高性能的服务。首先，借助 MEC，可以提升物联网的智能化，促进物联网在各个行业中的落地，从而带动智能家居、智慧城市等领域的发展。其次，基于 MEC 低延时的特性，自动驾驶的实时路况诊断和分析功能得到大幅提升，大面积家用化得以实现。未来通过对 MEC 的深入研究，它的其他特性可以得到进一步开发，如用户数据信息安全保护和基于生活场景的私人定制购物体验等。

4 用户洞察

2021—2022 年，用户的总体趋势为用户的群体构成更加多元、媒介选择上更偏好即时互动类应用，消费场景上更注重参与性与体验性，消费理念上更注重产品文化属性，消费行为更加理性，消费维权意识和能力提升明显。

4.1 用户人群结构的新变化

用户中农村、老年群体占比扩大。以往被互联网边缘化的群体正在加入新媒体用户大军。

2021 年，我国网民总体规模持续增长，其中两类人群上网比例在扩大。①农村网民规模达 2.84 亿人，农村地区互联网普及率为 57.6%。城乡地区互联网普及率之间的差距在不断缩小。②我国 60 岁及以上老年网民规模达 1.19 亿人，互联网普及率为 43.2%。老年群体与其他年龄群体共享信息化发展成果。能独立完成出示健康码/行程卡、购买生活用品和查找信息等网络活动的老年网民比例已分别达 69.7%、52.1% 和 46.2%[21]。

4.2 用户使用的主流应用新变化

用户使用的主流应用中，即时通信、短视频、网络新闻、网络直播等类型的应用使用比重不断上升。

截至 2022 年 6 月，四类应用的使用规模全网最高，分别是：①即时通信。用户规模已达 10.27 亿人，占网民整体的 97.7%。②短视频。用户规模年度增长最快，达 9.62 亿人，占网民整体的 91.5%。③网络新闻。用户规模已达 7.88 亿人，占网民整体的 75.0%。④网络直播。用户规模达 7.16 亿人，占网民整体的 68.1%[21]。

4.3 线上年轻用户的线下娱乐方式新变化

线上年轻用户偏好五类线下场馆，体现了线上用户对线下消费场景中参与、体验的重视。

受年轻互联网用户欢迎的线下娱乐休闲场所有五种：①剧本杀馆。剧本杀是一种玩家扮演剧本中的角色，通过解开剧本中的谜题，从而达成游戏目的的角色扮演游戏。[22]据统计，2021 年中国剧本杀行业市场规模达 170.2 亿元，同比增长 45.0%[23]；2022 年预计达到 238.9 亿元，2025 年将达到 448.1 亿元[24]。②萌宠馆。萌宠是指用来观察、陪伴人们，缓解精神压力、给人们带来幸福的动物。预计 2022 年中国宠物市场规模将达到 4936 亿元，2025 年将达到 8114 亿元[25]。剥离陪伴价值与养育成本的萌宠馆，开始成为年轻群体的选择。③电竞馆。随着民众对电竞认可度的提升，电竞人口规模在国内不断扩大。2022 年国内电竞爱好者的群体下沉明显，四线城市的用户占比从 2019 年的 23% 暴涨至 2022 年的 36%[26]。近年来，新兴的电竞馆集电影、游戏、电竞、商城、简餐于一体，成为新时代电竞人口的线下聚会场所。④小酒馆。以“美食 + 美酒 + 音乐 + 其他服务项目”为代表的“下午茶 + 晚餐 + 夜场”连续消费模式开始流行，促进了“餐 + 酒”模式的快速发展。年轻用户对这类餐饮模式偏好明显。2022 年中国小酒馆行业市场规模约 1380.4 亿元，到 2025 年，小酒馆市场规模将达到近 1500 亿元[27]。⑤自拍馆。该类店铺以服务消费者自拍为主，为顾客提供服装与主题场景。国内注册在营自拍馆相关企业数量，自 2019 年以来迅速增多，当年增幅达 4 倍。截至 2021 年，中国共拥有自拍馆门店 2673 家，市场规模突破 31 亿元。其中到店的顾客超八成为青年人，年龄集中在 22 ~ 40 岁[28]。

4.4 用户消费形态的新变化

用户消费受圈层影响明显，“泛圈层化”显著，表现出用户对产品文化属性的关注。此外，以储蓄比例上升和“双 11”聚集性消费增速减缓为代表的诸多现象，反映出人们对待网络消费更加谨慎和理性。

4.4.1 圈层消费影响明显

圈层是根据社会心理学的方法，按照人的行为偏好进行划分的群体，可以分为核心圈层、泛圈层。该趋势主要包括两个方面：①消费者的个性化需求突出，各圈层中核心用户逐渐释放购买力。例如，二次元手游玩家虽然是小众化类别玩家，但具有较强参与性与高消费倾向：2021 年，在全球用户使用渗透率小于 3% 的情况下，二次元手游玩家的用户支出占应用商店移动游戏总支出的 20%[29]；对于发展迅速的虚拟偶像圈，2021 年我国虚拟偶像带动周边市场规模为 1074.9 亿元，核心产业超 60 亿元[30]。②泛圈层化影响显著。例如，彩妆品牌花西子深植核心国风圈，在此基础上触达多元圈层用户。2021 年“双 11”期间，花西子天猫旗舰店销售额达 5 亿元，同比增长 159%，全年成交总额达 54 亿元，在多个电商平台美妆榜单上名列第一。手机游戏《原神》通过角色 PV、宣传 TVC 等方式拓展非游戏玩家用户的知名度，打造其 IP 价值。新角色“云堇”的预告视频《神女劈观》发布当天哔哩哔哩（B 站）单平台播放量超 900 万次，吸引大量海内外创作者进行二次创作。

4.4.2 用户消费增速放缓

该趋势主要体现在以下两个方面：①储蓄规模上升，消费意愿下降。据央行统计数据，2022 年前三季度住户存款增加 13.21 万亿元[31]，超过 2021 年与 2020 年全年数值。②网络聚集性消费增速放缓。例如，2021 年“双 11”，天猫交易总额（GMV）达到 5403 亿元，同比增长 8.45%，低于 2020 年 26% 的增幅，京东交易总额达到 3491 亿元，同比增长 28.58%，低于 2020 年 32.83% 的增幅。

4.5 用户维权意识与能力的新变化

针对网购投诉的大幅上升现象与在线纠纷解决广泛应用体现了用户更加重视互联网消费维权。

具体体现为：①针对网购投诉大幅增长。例如，2021 年全国 12315 平台共受理网购投诉举报 483.4 万件，同比增长 25.8%，占平台受理总量的 38.8%。网购投诉主要涉及质量问题（117.5 万件）、售后服务（95.8 万件）、合同问题（37.9 万件），分别占网购投诉量的 41.0%、33.4%、13.2%；网购举报主要涉及广告违法行为（110.3 万件）、侵害消费者权益行为（29 万件）、产品质量违法行为（13.1 万件），分别占网购举报量的 56.1%、14.7%、6.6%[32]。②用户维权效率提升，政府协助维权效果良好。政府针对网上消费争议构建的在线纠纷解决（以下简称 ODR）机制不断完善。截至 2021 年底，企业直接与消费者使用 ODR 解决在线纠纷 158 万件，参与 ODR 机制的城市覆盖率达 94.1%，8.7 万家企业入驻全国 12315 平台。与传统调解方式相比，该平台和解成功率高出 16 个百分点，平均处理时长缩短 7 天[33]。

5 业界趋势

2021—2022 年，业界的总体趋势为新媒体营销从业者增多，内容生产和产品/服务的产出更加贴合用户的个性化需求，由此更加重视私域流量的投入，同时更注重数字化工具的应用。

5.1 营销者（品牌商）

5.1.1 越来越多的行业开始入驻新媒体平台

新媒体营销的火热，带动了许多行业进入新媒体平台，其利用自身优势，制作极具特色的视频内容，以期获得大众关注的同时提高知名度。代表性行业有：①工程机械企业深耕新媒体领域营销内容以提高品牌知名度。比如，国内工程机械企业徐工集团，进入2022年后，发力新媒体营销领域，结合互联网热梗“琪琪恰恰舞”拍摄多个上百万播放量的爆款视频。②工业品制造企业利用新媒体平台拉近与用户之间的距离。例如，传统车企五菱集团，在多个社交平台开设官方账号，通过趣味的表达、互动方式收获大量用户喜爱与关注。③地方政府主动利用新媒体平台宣传地方农产品以及特色风光。例如，广西乐业县政府原副县长曹文飞，开创了“网红县长带货模式”，通过直播为乐业县卖出了大量当地特色农产品，如砂糖橘、沃柑、红心猕猴桃等，累计价值900万余元。新疆伊犁昭苏县副县长贺娇龙，通过古装扮相宣传当地文旅资源，视频播放量达5.2亿次。

5.1.2 新媒体营销服务企业获益明显

传统行业进入新媒体营销领域往往会面临缺少相关运营经验人才的困境，为解决这一难题，企业通常会选择外包或与运营服务类公司合作。例如，后市场服务企业“机械之家”致力于帮助工程机械企业实现新媒体的良好运营，发展迅速。目前，已覆盖全国34个省市及地区，服务近20万个设备机主及租赁公司，成为国内机械工程后市场商业对商业（B2B）第一平台。

5.2 营销内容

5.2.1 品牌联合生产内容（Brands Co – generated Content，BCGC）

本年度品牌联合生产内容成为热门营销模式，品牌方更多地通过联合IP或其他品牌进行营销推广。

一般地，作为品牌原生内容（BGC）的一种形式，品牌联合生产内容是指两个或多个品牌整合原有品牌价值进行宣传的内容，主要分为两种类型，即IP联名和品牌联动。①在IP联名方面，联名IP由于自带高热度和固定消费群体，成为品牌青睐的对象。一方面品牌方仍然看好哆啦A梦、小黄人、Hello Kitty等经典IP，另一方面三星堆博物馆、《原神》、Nanci等内容新颖、形式独特的新IP逐步成为联动热门[34]。例如，手机品牌OPPO联名日漫《名侦探柯南》，推出系列产品，上线当日10000台手机半小时售罄[35]；食品企业白家阿宽联名手游《王者荣耀》推出系列产品，其联动话题#阿宽出击，热辣开局#持续曝光量达8.2亿次[36]；男士个护品牌蓝系联名国漫《灵笼》推出新包装和系列宣传活动，其在2021年“618”购物节期间销量同期对比增长900%[37]。②在品牌联动方面，品牌方趋于更多地利用这一方式来整合现有资源，扩大用户群体。例如，奢侈品牌Burberry与Supreme合作推出一系列标志性单品，发售当日Burberry伦敦旗舰店品牌专享单品即全部售罄[38]；食品企业周黑鸭联名护肤品牌御泥坊推出“小辣吻咬唇膏”，并以购买产品赠送口红的形式发售，推出不久，其天猫官方旗舰店便断货[39]；日化品牌霸王联合酒精饮料品牌推出联名礼盒，其联动话题下贴纸视频作品播放量超4.7亿次[40]。

5.2.2 职业生产内容（Occupationally Generated Content，OGC）

2022年度，企业更加追求职业生产内容，通过内容领域的专业生产商提供推广。职业生产内容，即交付给具有一定知识和专业背景的行业人士生产内容。

在互联网渗入生活各个方面的背景下，人们获取信息更加简单、快捷，导致接收的信息量极大地增加，这对企业来说需要创作出更有吸引力的宣传内容，才能吸引用户群体。职业生产内容主要包括两个层面：①个体方面，种草达人、测评类博主等专业KOL掀起又一波趋势[41]。例如，智能升降家居品牌乐歌联合B站测评博主“老师好我叫何同学”宣传其智能升降桌产品，单平台视频播放量超2300万次，次日公司股价市值增幅超5亿元[42]；美妆品牌欧莱雅通过带货博主李佳琦、美妆测评博主小酒窝伊森等宣传产品，其话题在微博单平台获得14亿的阅读量和100万的讨论量。②MCN机构（网红经纪公司）方面，随着其爆发式增长，众多企业与MCN机构方建立品牌整体宣传合作关系[43]。三只松鼠依托无忧传媒进行店铺直播和达人宣传，2021年直播累计销售额超1.6亿元[44]；西藏大学和工布江达县同糖豆MCN签约合作，成立西藏大学直播电商孵化基地、电商产业园基地[45]。

5.3 产品和服务

5.3.1 潮流玩具

据不完全统计，手办/兵人/扭蛋、盲盒、卡通/动漫周边等类型产品位列网购潮流玩具销量前三，可达鸭的热销便是典型。该产业链上下游代表性企业有泡泡玛特、十二栋文化、九木杂物社等。2021年中国潮玩市场规模达到350亿元[46]。

5.3.2 国风文创

2021年，融入三星堆青铜面具、武汉黄鹤楼、敦煌月牙泉等国家宝藏元素的文创雪糕、文创口红、考古盲盒成为爆款。蚂蚁、腾讯等公司与国家博物馆、故宫博物院、湖南省博物馆、湖北省博物馆合作，相继推出数字藏品发行平台鲸探和幻核，打造数字文创IP[47][48]。2021年，电视剧《觉醒年代》热播期间，周边产品如“新青年”胸针、笔记簿、帆布包、手机壳、剧中人物同款青衫长袍等出现热销。

5.3.3 传统汉服

据统计，2021年汉服爱好者数量规模达689.4万，市场销售规模达

101.6 亿元[49]。山东菏泽曹县成为“宇宙的中心”，一个小县城有 2000 多家汉服企业，向全国市场输出了近 1/3 的汉服产品。

5.4 营销媒体

5.4.1 社群是私域流量管理的重点

企业微信是最受营销者（品牌商）关注的私域流量管理核心工具。屈臣氏 4000 多家门店，3 万多名店员使用企业微信，利用多样化的福利活动提升用户的转化率和复购率，使某月线上用户消费额是纯线下用户消费额的 2.7 倍；百果园某门店某月通过私域社群运营，提高服务效率，取得了 3 倍复购、7 倍消费金额、30% 客单增长的好成绩。

5.4.2 越来越多行业布局私域流量

在互联网流量增长放缓与公域流量市场竞争日趋激烈的背景下，越来越多的行业布局私域流量。2022 年，私域流量管理市场可达 4187 亿元，近 5 年复合增长率达 24.52%，市场增长可期[50]。有报告显示，有近六成广告主把私域流量作为社会化营销重点[51]。新式茶饮乐乐茶专注于私域流量的精细化运营，一年组建了 100 多个社群，社群粉丝超过 2 万[52]；快消品企业宝洁通过私域流量对用户进行分层，让用户有更好的体验感，使某月私域客单提升 59%。

5.5 媒体与交易互动

5.5.1 企业自身价值追求发生转变，对直观收益越发重视

企业早期侧重在新媒体平台上对企业形象、品牌进行宣传，对盈利的期待不高；如今则对线上宣传与实际销售的结合产生了要求，开始探索有效的转化方式。例如，企业更青睐直播带货这类宣传与销售结合密切的营销方式，并愿意对产品加大优惠力度。2022 年，中国直播电商市场规模超

过3.4万亿元，年增长率为53%，预计2023年规模将超4.9万亿元。

5.5.2 新媒体平台在技术方面的支持进一步推动二者的融合

平台的技术支持提供了便捷的转化方式，方便用户在产生购买意愿时第一时间提供购买渠道。例如，知乎、小红书等图文平台，抖音、快手、B站等视频平台以及斗鱼、虎牙等直播平台均上线了橱窗功能。这使企业方在内容平台上进行营销投放的同时，极大程度地降低了同潜在用户达成交易的成本。更进一步，平台针对其内容特点也做出了更契合的功能，如知乎、小红书等图文平台上线了好物推荐功能，即在图文浏览过程中可直达购买页面并购买该商品。2021年第三季度，快手小店（橱窗）对平台总GMV的贡献率从2020年同期的71.4%增长到2021年的90.0%。12月，小店贡献率达到98.8%。

5.6 营销效果

企业更看重基于数据对用户的消费行为进行实时、精准洞察，以优化品牌营销模式，实现精准营销，具体表现在以下三个方面。

5.6.1 行业洞察研究平台的专业化

洞见研报、发现报告、QuestMobile、TalkingData等知名行业洞察研究平台通过多元数据基础编撰相关研究报告，洞察招聘、母婴、滑雪、胶原蛋白等各细分行业的市场动态、用户行为等，助力营销者了解行情，优化品牌营销模式。

5.6.2 数据监测分析平台的实时化

飞瓜的特色功能“星图热榜”，根据达人的有效视频数、涨粉等情况进行综合评估打分，为营销者（品牌方）商业投放提供参考。例如，卡思的特色功能“品牌追踪”，针对品牌动态、品牌舆情、品牌用户画像等进行分析，方便企业基于数据对用户的消费行为进行实时洞察，深入了解营销效果。

5.6.3 平台自带工具的精准化

以京东商智为例。京东商智作为京东面向商家的一站式运营数据开放平台，多维度展示实时商品明细、成交转化等运营数据，提供完整专业的数据分析方案，有利于为品牌方实现精准洞察，制定下一阶段营销决策提供合理的科学依据。

6 结束语

著名学者约翰·R. 麦克尼尔曾经在《人类之网：鸟瞰世界历史》这本书中指出："在人类历史上处于中心位置的，是各种相互交往的网络。一个网络，正如我们所看到的，就是把人们彼此连接在一起的一系列的关系。"从上述视角出发，新媒体营销的本质，就是在新媒体所链接的各个主体之间的价值发现、创造、传播、传递、交换、增值和维护的一系列动态关系生态。

基于新媒体营销生态中各个主体的视角来鸟瞰，前文所梳理的2021—2022年中国新媒体营销的发展情况，凸显了"责任、理性、文化、体验、规范"五大关键特征。从新媒体营销的主体来看，企业社会责任更加受到关注；从新媒体营销的客体来看，用户的思想和行为更加理性；从新媒体营销的本体来看，产品与服务的文化属性更加突出；从新媒体营销的技术基础来看，基于人机交互的数字体验导向更加明显；从新媒体营销的治理来看，政府对行业的监管与发展支持政策更加规范。上述五个特征也是今后一段时间，中国新媒体营销发展的重要趋势。我们期待各类营销主体能够顺应时代，把握趋势，实现变中求新、变中求进、变中突破。

[致谢]

感谢多位学术界专家和业界新媒体营销企业家参与“中国新媒体营销发展报告”的研讨和宝贵建议。他们是，中南财经政法大学费显政教授、杜鹏教授、孙洪庆博士；法国SKEMA商学院中国校区学术校长窦文宇教授；西北大学李纯青教授；中山大学郃金涛副教授；陈克明食品股份有限公司陈宏总经理；陈克明食品股份有限公司副总经理杨波；武汉攀升鼎承科技有限公司陈孝军董事长；武汉攀升鼎承科技有限公司刘立鑫总经理；上海久爱传媒创始人卫志勇博士；深圳智慧零售协会执行副会长谢永明先生；零一数科（深圳）科技有限公司CEO魏鉴锋先生。

参考文献

[1]戴鑫．新媒体营销:网络营销新视角[M]．北京:机械工业出版社,2017.

[2]国务院办公厅．关于进一步释放消费潜力促进消费持续恢复的意见[EB/OL]．(2022－04－20)[2022－12－20]．https://www. gov. cn/zhengce/zhengceku/2022－04/25/ content_5687079. htm.

[3]商务部 发展改革委 工业和信息化部等．商品市场优化升级专项行动计划(2021—2025)[EB/OL]．(2021－05－11)[2022－12－20]．http://topic. mofcom. gov. cn/article/ghjh/202105/20210503060834. shtml.

[4]商务部．关于茧丝绸行业“十四五”发展的指导意见[EB/OL]．(2021－09－15)[2022－12－20]．http://shangwutousu. mofcom. gov. cn/article/guihua/202109/20210903198754. shtml.

[5]商务部 中央网信办 发展改革委．“十四五”电子商务发展规划[EB/OL]．(2021－10－09)[2022－12－20]．http://topic. mofcom. gov. cn/article/zcfb/zcwg/202202/20220203282001. shtml.

[6]商务部等8部门．关于促进老字号创新发展的意见[EB/OL]．(2022－01－25)[2022－12－20]．http://file. mofcom. gov. cn/article/zwgk/gkzcfb/202203/

20220303286657. shtml.

[7]国务院.“十四五”数字经济发展规划[EB/OL].(2021 - 12 - 12)[2022 - 12 - 20]. https://www. gov. cn/zhengce/zhengceku/2022 - 01/12/content_5667817. htm? eqid = 949eca6e0003154e00000006645b7bbd.

[8]工业和信息化部等5部门. 关于印发数字化助力消费品工业“三品”行动方案(2022—2025年)的通知[EB/OL].(2022 - 06 - 30)[2022 - 12 - 20]. https://www. gov. cn/zhengce/zhengceku/2022 - 07/06/content_5699437. htm.

[9]国务院. 关于印发扎实稳住经济一揽子政策措施的通知[EB/OL].(2022 - 05 - 24)[2022 - 12 - 20]. https://www. gov. cn/zhengce/zhengceku/2022 - 05/31/content_5693159. htm.

[10]商务部等12部门. 关于提振大宗消费重点消费促进释放农村消费力若干措施的通知[EB/OL].(2021 - 01 - 05)[2022 - 12 - 20]. https://www. gov. cn/xinwen/2021 - 01/05/content_5577324. htm.

[11]商务部等17部门. 关于加强县域商业体系建设促进农村消费的意见[EB/OL].(2021 - 06 - 11)[2022 - 12 - 20]. http://file. mofcom. gov. cn/article/zcfb/zcwg/202108/20210803185673. shtml.

[12]中共中央 国务院. 关于全面推进乡村振兴加快农业农村现代化的意见[EB/OL].(2021 - 02 - 21)[2022 - 12 - 20]. https://www. gov. cn/zhengce/2021 - 02/21/content_5588098. htm.

[13]国务院. 关于开展营商环境创新试点工作的意见[EB/OL].(2021 - 10 - 31)[2022 - 12 - 20]. https://www. gov. cn/zhengce/zhengceku/2021 - 11/25/content_5653257. htm? ivk_sa = 1023197a.

[14]国家互联网信息办公室等7部门. 关于加强网络直播规范管理工作的指导意见[EB/OL].(2021 - 02 - 09)[2022 - 12 - 20]. http://www. cac. gov. cn/2021 - 02/09/c_1614442843810295. htm? ivk_sa = 1024320u.

[15]国家互联网信息办公室秘书局等4部门. 常见类型移动互联网应用程序必要个人信息范围规定[EB/OL].(2021 - 03 - 22)[2022 - 12 - 20]. http://

www. cac. gov. cn/2021－03/22/c_1617990997054277. htm.

［16］国家互联网信息办公室．互联网用户公众账号信息服务管理规定［EB/OL］.（2021－01－22）［2022－12－20］. http://www. cac. gov. cn/2021－01/22/c_1612887880656609. htm.

［17］全国人民代表大会常务委员会．中华人民共和国个人信息保护法［EB/OL］.（2021－08－20）［2022－12－20］. http://www. npc. gov. cn/npc/c30834/202108/a8c4e3672c74491a80b53a172bb753fe. shtml.

［18］全国人民代表大会常务委员会．中华人民共和国数据安全法［EB/OL］.（2021－06－10）［2022－12－20］. http://www. npc. gov. cn/npc/c30834/202106/7c9af12f51334a73b56d7938f99a788a. shtm.

［19］德勤．元宇宙综观——愿景、技术和应对［R/OL］.（2022－03－04）［2022－12－20］. https://www. 2deloitte. com/cn/zh/pages/technology－media－and－telecommunications/articles/metaverse－report. html.

［20］中通服设计．元宇宙技术全景白皮书［R/OL］.（2022－06－16）［2022－12－20］. https://www. waitang. com/report/105099. html.

［21］中华人民共和国国家互联网信息办公室．第50次中国互联网络发展状况统计报告［R/OL］.（2022－08－31）［2022－12－20］. http://www. cnnic. cn/n4/2022/0916/c38－10594. html.

［22］维基百科．剧本杀［EB/OL］.［2022－12－20］. https://zh. wikipedia. org/wiki/%E5%89%A7%E6%9C%AC%E6%9D%80,2022.

［23］艾媒咨询．2022—2023年中国剧本杀行业发展现状及消费行为调研分析报告［R/OL］.（2022－07－25）［2022－12－20］. https://report. iimedia. cn/repo13－0/43264. html.

［24］中研普华．2022—2027年全球与中国剧本杀行业市场调研及发展趋势分析报告［R/OL］.（2022－10－20）［2022－12－20］. https://www. chinairn. com/hyzx/20221020/160335700. shtml.

［25］艾媒咨询．2022—2023年中国宠物产业发展及消费者调研研究报告

[R/OL].(2022-07-06)[2022-12-20].https://www.iimedia.cn/c400/86479.html.

[26]企鹅有调.2022年亚洲电竞运动行业发展报告[R/OL].(2022-07-26)[2022-12-20].https://mp.weixin.qq.com/s/ObJ9XI1xPgtX9JIpLZcBlw.

[27]中研普华.2022—2026年中国酒吧行业竞争格局及发展趋势预测报告[R/OL].https://www.chinairn.com/report/20220525/112302753.html? id=1836853&name=guomeng,2022-05.

[28]艾媒咨询.2021—2022年中国自拍馆市场发展报告[R/OL].(2022-03-21)[2022-12-20].https://www.iimedia.cn/c400/84214.html.

[29]Data ai.2022年二次元手游市场洞察报告[R/OL].(2022-05-12)[2022-12-20].https://www.data.ai/cn/insights/mobile-gaming/state-of-anime-gaming.

[30]艾瑞咨询.2022年中国虚拟偶像行业研究报告[R/OL].(2022-09-29)[2022-12-20].https://report.iresearch.cn/report/202209/4071.shtml.

[31]中国人民银行.2022年前三季度金融统计数据报告[R/OL].(2022-10-11)[2022-12-20].http://www.pbc.gov.cn/diaochatongjisi/116219/116225/4679613/index.html.

[32]国家市场监督管理总局.2021年消费者投诉举报呈现七大特点[EB/OL].(2022-03-16)[2022-12-20].https://www.samr.gov.cn/xw/zj/202203/t2022 0316_340521.html.

[33]央视新闻.市场监管总局推进在线消费纠纷解决(ODR)机制建设[EB/OL].(2021-03-22)[2022-12-20].https://baijiahao.baidu.com/s? id=16949367 67420049207&wfr=spider&for=pc.

[34]Quest Mobile.2021年营销热点事件盘点[R/OL].(2022-01-05)[2022-12-20].https://www.questmobile.com.cn/research/report-new/186.

[35]中关村在线.开售半小时线上售罄OPPO柯南联名销量火爆[EB/OL].(2021-07-30)[2022-12-20].https://www.163.com/dy/article/

GG613PB605118 9P5. html.

[36]财讯界. 新消费品牌营销金奖得主——白家阿宽的营销破局之路[EB/OL]. (2022 - 03 - 24) [2022 - 12 - 20]. https://tech. china. com/article/20220324/20220 3241036585. html.

[37]36 氪. 男士个护品牌"蓝系"获千万元 Pre - A 轮融资,为 Z 世代男性提供"潮男妆备"[EB/OL]. (2021 - 07 - 12) [2022 - 12 - 20]. https://36kr. com/p/1306217549138560.

[38]人民资讯. Burberry 与 Supreme 联名系列引发抢购[EB/OL]. (2022 - 03 - 15) [2022 - 12 - 20]. http://k. sina. com. cn/article_7517400647_1c0126e47059033op3. html.

[39]雪球. 新年星运鸭先知周黑鸭携手陶白白打造梦幻联动[EB/OL]. (2022 - 01 - 10) [2022 - 12 - 20]. https://xueqiu. com/2286699816/208467760? page = 2.

[40]数英网. RIO × 霸王礼盒"秃"然上市,祝你熬出头不熬秃头[EB/OL]. (2021 - 12) [2022 - 12 - 20]. https://www. digitaling. com/projects/190273. html.

[41]Quest Mobile. 2022 跨平台 KOL 生态报告[R/OL]. (2022 - 06 - 14) [2022 - 12 - 20]. https://www. questmobile. com. cn/research/report - new/241.

[42]第一财经. "何同学"视频火出圈,这只 A 股总市值暴涨 5 亿,发生了什么? [EB/OL]. (2021 - 10 - 18) [2022 - 12 - 20]. https://www. yicai. com/news/101201288. html.

[43]艾媒咨询. 2022—2023 年中国 MCN 行业发展研究报告[R/OL]. (2022 - 07 - 20) [2022 - 12 - 20]. https://www. iimedia. cn/c400/87027. html.

[44]无忧传媒. 无忧传媒 2021 年度关键词[EB/OL]. (2022 - 01 - 14) [2022 - 12 - 20]. https://mp. weixin. qq. com/s/eoJ5V_bPpQ8Iu7XcgzZo1w.

[45]36 氪. 以 MCN 模式打造藏区特色,"糖豆"完成百万天使轮融资[EB/OL]. (2022 - 10 - 31) [2022 - 12 - 20]. https://36kr. com/p/1981253190468873.

[46]前沿产业研究院. 2022 年中国潮玩行业全景图谱[R/OL]. (2022 - 08 -

23）［2022 - 12 - 20］. https://www. qianzhan. com/analyst/detail/220/220823 - 6001084e. html.

［47］观潮新消费. 舌尖上的博物馆、考古盲盒、网文出海……2021 文创百花齐放丨国潮大盘点［EB/OL］.（2022 - 01 - 21）［2022 - 12 - 20］. https://view. inews. qq. com/k/20220121A03NNQ00？ web_channel = wap&openApp = false.

［48］艾媒咨询.2020—2021 年中国国潮经济发展专题研究报告［R/OL］.（2021 - 01 - 28）［2022 - 12 - 20］. https://www. iimedia. cn/c400/76766. html.

［49］艾瑞咨询.2022 年中国新汉服行业发展白皮书［R/OL］.（2022 - 09 - 30）［2022 - 12 - 20］. https://report. iresearch. cn/report/202209/4072. shtml.

［50］亿欧智库.2022 中国私域流量管理研究报告［R/OL］.（2022 - 02 - 25）［2022 - 12 - 20］. https://www. iyiou. com/research/20220225975#pdf - tips.

［51］秒针营销科学院.2021 中国数字营销趋势报告［R/OL］.（2020 - 12 - 08）［2022 - 12 - 20］. https://mp. weixin. qq. com/s/hB8DuA5N_WLq2PhsctPyOg.

［52］界面新闻. 新茶饮赛道爆火的底层逻辑［EB/OL］.（2021 - 08 - 23）［2022 - 12 - 20］. https://www. jiemian. com/article/6513330. html.

新媒体营销学术前沿

新媒体营销国际学术研究前沿报告（英文文献综述）

邬金涛①

摘要：与传统媒体相比，新媒体具有更强的交互性、跨时空性、感官性和内容性，成为年轻消费者的新宠，因而企业的营销活动与新媒体的融合也日趋紧密。本文通过回顾国际学术界近期的相关文献，整理出社交媒体营销、内容营销、网红营销、直播营销、人工智能营销和元宇宙营销6个相关专题的最新研究成果，涉及新媒体营销的影响因素、内容、形式、绩效、与社会环境的互动以及未来发展趋势等话题，兼顾企业微观视角和社会宏观视角，希望对致力于新媒体营销的企业有所启发。

我们用社交媒体营销（social media marketing）、内容营销（content marketing）、网红营销（influencer marketing）、直播营销（live streaming marketing）和人工智能营销（AI marketing）等关键词，在社会科学引文数据库（Social Science Citation Index，SSCI）里搜索从2020年1月1日到2022年9月5日的文章，合计10522篇，其中，高被引文章合计141篇。我们分6个专题逐一介绍这些文献中有趣的研究结果。

① 邬金涛：中山大学管理学院副教授，博士生导师；研究方向：内容营销、网红营销和顾客创新。

1 社交媒体营销研究

互联网、社交媒体、移动应用程序和其他数字通信技术已经成为全球数十亿人日常生活的一部分。根据 2022 年 4 月的统计数据，50 亿人是活跃的互联网用户，占全球人口的 63%①。其中社交媒体的活跃用户有 46.5 亿，预计到 2027 年，这一数字将增加到 60 亿②。数字和社交媒体营销使公司能够以相对较低的成本实现其营销目标。Facebook 页面有超过 5000 万家注册企业，超过 88% 的企业使用 Twitter 进行营销。互联网和社交媒体的使用已经改变了消费者的行为和公司开展业务的方式。社交和数字营销通过降低成本、提高品牌知名度和增加销售额为企业提供了重要的机会。具体而言：

1.1 社交媒体对营销环境的影响

数字技术的引进和社交媒体的发展对公司的经营环境产生了重大影响。这一主题的研究主要集中在通过网络媒体和在线口碑（eWOM）传播改变消费者行为和消费者互动。由于技术创新和手持设备的普遍采用，消费者的行为发生了显著的变化，直接影响了我们社交互动、决策和在线购物的方式。数字营销和社交媒体的使用越来越多，对消费者的在线购物态度产生了积极的影响，购物渠道数量的增加也影响了消费者的行为，创造了更分散的消费者购物体验。移动渠道已经成为常态，现在使用的移动工具、购物应用程序、基于位置的服务和移动钱包，已经嵌入消费者的日常生活中——所有这些都影响着消费者的体验。同传统营销一样，组织寻求识别在线社区成员的需求，创造满足这些需求的特殊产品，并有效地与成

① https://www.statista.com/statistics/617136/digital-population-worldwide/.

② https://www.statista.com/statistics/278414/number-of-worldwide-social-network-users/.

员沟通，以提高在线社区的满意度水平。消费者对社交媒体的态度反过来会影响他们对品牌的态度。比如，消费者对 Instagram 广告内容的有用性、娱乐性、可信度和缺乏刺激性的感知会影响态度；侵入性、隐私控制、感知有用性和消费者创新性直接影响与隐私问题相关的消费者行为意向；消费者的认知、情感、体验和个性等方面可以影响消费者的决策过程和对在线供应商的信任。在企业的社交媒体营销活动中，应该考虑不同细分市场之间在人口统计、文化、地理和行为等方面的差异。

随着社交媒体的发展，消费者的声音变得越来越大，能被很多人听到。研究人员关注消费者参与、潜在特征、动机和 eWOM 传播的影响，其中包括品牌参与、品牌形象、自我品牌形象一致性等对消费行为的影响。自尊、生活满意度、自恋和归属感等消费者的个人特征和心理驱动因素，在提升消费者在社交媒体平台上分享意愿方面发挥着重要作用。eWOM 传播对信息采纳、消费者态度、购买意愿、品牌忠诚和信任有显著影响，特别是“千禧一代”，同行推荐显著影响客户信任和品牌忠诚意愿；在线评论中表达自己个人的见解可以增加消费者的购买意愿；而负面的 eWOM 传播可能会给公司带来可怕的后果，导致声誉受损、消费者态度消极以及销量下降。

1.2 社交媒体平台的选择

公司使用大量的社交媒体平台进行社交媒体营销，如 Facebook、Snapchat、Twitter 等。平台的选择取决于目标消费者和营销策略。有学者调查了 Snapchat 在针对年轻消费者进行社交媒体营销时的情形。研究结果表明，Snapchat 被认为是为用户提供信息、社交和娱乐的最亲密、休闲和动态的平台。研究发现，年轻消费者似乎对 Snapchat 持积极态度，他们对平台上的购买意愿和品牌广告有着类似的感受。还有学者研究发现，互动品牌帖子比单纯传递信息的内容得到的回应更频繁。Twitter 适合发布信息性诉求，Facebook 更适合互动娱乐帖子，而 Instagram 更适合兼具资讯和娱乐的互动内容。具有多种诉求的互动品牌帖子在 Facebook 和 Instagram 上获得了最多的回应，而具有信息性诉求的自我导向型信息获得了最少的关注。

内容营销对营销传播的成功起着重要作用。一些文献认为，在信息中使用情感会显著影响消费者行为。比如，在内容营销中使用情感可以带来竞争优势和增加品牌资产；而以直播为导向的策略通过增加消费者的搜索和订阅意愿，在消费者眼中比预先录制的视频更真实。

社交媒体信息特征对广告商来说很重要。论点的完整性、相关性、灵活性、及时性和可信性对用户满意度有积极影响。这反过来又会影响用户意愿，包括对品牌的态度、企业信任和购买意愿。企业在制定社交媒体营销策略时面临许多挑战。

1.3 企业对社交媒体营销的态度

企业在使用数字和社交媒体营销时采用了许多不同的方法，对社交媒体战略表现出不同的态度。根据公司规模和类型的不同，企业对社交媒体的态度也有所不同。B2B 公司倾向于认为社交媒体作为营销渠道的整体有效性较低，建立关系的重要性也低于其他沟通模式。组织使用各种工具来分析和获取来自社交媒体的数据，并管理多渠道沟通。然而，企业往往缺乏 AI 等新兴技术的足够知识，许多组织对机器学习分析工具的采用和利用水平较低。

虽然社交媒体营销在企业成功中的作用越来越大，但中小企业的采用率普遍偏低，感知相对优势、感知成本、高管支持、感知竞争对手压力和感知供应商压力对中小企业社交媒体营销采用有显著影响。此外，行业的竞争激烈程度调节了竞争压力和客户压力对社交媒体营销采用的影响。越来越多的中小企业希望利用社交媒体与不同的利益相关者建立联系，因为在这些平台上建立影响力的计划正成为高层战略的一部分。一项专门针对印度中小企业采用社交媒体营销的研究表明，感知有用性、感知易用性和兼容性对中小企业采用社交媒体营销后的绩效有正向影响。英国酒店行业的数据分析结果表明，社交媒体使用与企业绩效之间存在积极而显著的关系；营销能力，即品牌和创新，在社交媒体使用和企业绩效之间发挥着积极、显著的中介作用。意大利中小企业的研究表明，社交媒体营销有助于商业模式的创新，创造新的分销渠道和新的方式，为目标客户创造并交付价值。此外，社交媒体多样性（从不同的社交媒体渠道收集大数据）和大数据分析（分析收集到的大数据）对市场绩效有正向的影响，而且中小企业比大企业表现得更明显。

1.4　社交媒体营销绩效

社交媒体营销可以给组织带来一些积极和消极的影响。研究发现，在酒店、奢侈时尚品和大学等领域，社交媒体营销对客户保留率和购买意愿具有积极影响。社交媒体营销可以对公司品牌产生积极影响，包括品牌意义、品牌资产、品牌忠诚度和品牌可持续性。社交媒体的使用强度对品牌知名度和参与网络口碑传播的意愿有积极影响。研究发现，社交媒体可以对品牌忠诚度、可持续性和商业效率产生显著影响。

在社交媒体上做广告，可以根据消费者的数字追踪数据量身定制，但消费者对广告产品的态度并没有一致的影响，人格匹配的作用也是有限的。越来越多的国家和地区要求受赞助的社交媒体帖子应明确披露与品牌的商业联系。研究结果表明，披露赞助信息（与不披露相比）会通过增强广告认知度对品牌态度产生负面影响，从而激活广告怀疑，进而对广告的可信度产生负面影响。此外，信息源的可信度存在显著的调节效应，当信息是片面的时候，品牌态度才会受到负面影响，而当信息是双面的时候，品牌态度就不会受到负面影响。

有研究认为，消费者参与是社交媒体营销的结果。消费者参与可以是包括点赞、评论和转发等在内的互动行为，也可以被视为一种心理状态。营销研究人员和从业者几乎一致认为，消费者参与具有重大的经济效益和社会效益。有研究分析了 Twitter 粉丝数量最多的前 15 个奢侈品牌的 378 万条推文，结果表明，奢侈品品牌在社交媒体营销中的娱乐、互动和时尚维度显著提高了客户参与度，而在定制维度上则没有。另外一项研究探讨社会支持和社区因素对社交商务网站客户参与的影响及其对客户忠诚度的后续影响，通过分析 437 名 Facebook 社交商务网站用户的数据，发现客户参与是社交商务网站客户忠诚度的关键预测因子，社会支持和社区因素显著影响客户参与。还有研究专门探讨有图片的社交媒体帖子比没有图片的更受欢迎吗？为什么具有某些特征的图片比其他一些图片更容易吸引用户？利用从 Twitter 和 Instagram 收集的关于主要航空公司和运动型多功能车品牌的社交媒体帖子数据集，研究发现在 Twitter 上的两种产品类别中，图片内容对用户参与度有显著而稳健的正面影响；高质量和专业拍摄的照片在两个平台上都能带来更高的用户黏性；色彩的影响因产品类别而异；人脸的存在和图片—文本匹配可以在 Twitter 上诱导更高的用户黏性，而在 Instagram 上则不然。在零售行业，越来越多的证据表明，一些消费者选择不参与社交媒体营销内容，而不同的社交媒体，消费者参与的深度也不同。社交媒体情境因素（媒体丰富性和内容可信度）对参与行为有显著影响。

企业需要考虑数字和社交媒体营销的负面结果和导致的后果。如果由不熟练的服务提供者执行数字营销，可能会产生负面影响。如果营销发展和管理不当，将无法提供效益，破坏价值，增加交易成本和协调成本，对长期效益产生负面影响。

1.5 新冠疫情与社交媒体营销

新冠疫情给豪华酒店带来了一项艰巨的任务，即如何确保生存。中国五星级酒店的应急措施之一就是通过进入线上线下（O2O）外卖平台来获得收入，通过对中国最大的O2O外卖平台上的客户评论分析，发现口感、新鲜度和品牌可信度的重要性依然突出，就像在就餐体验中一样，而包装和配送质量则因O2O平台的整合而显得重要，卫生程度则因COVID－19大流行而成为消费者关心的重点之一。有趣的是，餐厅员工和顾客之间的互动质量仍然在在线渠道中扮演着重要的角色。

还有一项研究在旅游行业探讨COVID－19大流行环境下社交媒体对消费者品牌参与的影响及其对共同创造和重游意愿的影响。研究结果表明，社交媒体对消费者品牌参与产生了积极而显著的影响，进而影响了新冠病毒时代的共同创造和重游意愿；消费者品牌参与对共同创造和重访意愿有正向影响；社交媒体对共同创造和重游意愿的间接影响通过消费者品牌参与来传导；消费者对COVID－19的恐惧和感知风险负向调节社交媒体、消费者品牌参与和共同创造/重新访问意愿之间的联系。

1.6 未来趋势

未来，消费者生活在这样一个世界里，社交媒体通过数字化的社交互动与他们生活的大多数方面交叉，如旅行（如猫途鹰）、工作（如领英）、食物（如Yelp）、音乐（如Spotify）等领域。与此同时，传统社交媒体公司扩大了自己的平台，以提供更广泛的功能和服务，如Facebook的市场，微信的支付系统。这些双向趋势表明，现代消费者生活在一个日益“全社会”的世界。

从营销的角度来看，当前环境的“全社会”性质表明，消费者决策过程的几乎每一部分都容易受到社交媒体的影响。当消费者在YouTube上看到他们最喜欢的美妆网红尝试新产品时，需求可能会被激活。购买汽车的消费者可能会通过询问Facebook好友推荐的车型来搜索信息。饥肠辘辘的员工可能会通过Yelp的评论来选择不同的午餐。旅行者可能会使用Airbnb

预订未来的住宿。非常不满（或非常高兴）的航空乘客可能会在 Twitter 上痛陈（或分享）他们的悲惨（或愉悦）经历。这些独立的场景说明，社交媒体有从开始到结束影响整个消费者决策过程的倾向。

最后，也许“全社会”现象的最大标志是社交媒体似乎正在塑造文化本身的方式。YouTube 网红现在是文化偶像，拥有自己的电视节目和产品线。电视和电影中的创意内容通常被刻意设计成“可打赏的”和友好型表情包。“专为 Instagram 设计的博物馆”鼓励自拍和发布优化的艺术内容和体验。这些例子表明，社交媒体的影响并不局限于“在线”世界，而是不断地塑造超越传统边界的文化产品（电视、电影、艺术）。这种“全社会”的趋势为未来的研究带来了许多问题。例如，社交互动将如何影响传统非社交领域的消费者行为？从从业者的角度来看，探索营销人员如何策略性地解决社交媒体所带来的扁平决策，以及研究服务提供商如何在预测社交媒体分享行为时更好地改变体验性消费，可能也是很有趣的。

利用具有很高社会价值的名人（在消费市场）或知名意见领袖（在商业市场）影响他人的想法是众所周知的营销策略。赛琳娜·戈麦斯（Selena Gomez）在 Instagram 上有超过 1.44 亿的粉丝，她的每一条博文都有超强的吸引力。2018 年，她分享的一张照片的曝光价值为 340 万美元。然而，她也要投入较高的费用：赛琳娜为一个品牌赞助的一篇帖子可能要花费 80 万美元以上。对仅仅在线曝光或为特定帖子收集“赞”进行高估值可能有些投机，因为学术研究表明，在社交媒体上获得“赞”可能对消费者的态度或行为并没有影响。虽然赛琳娜·戈麦斯这样的名人可能会成为大品牌的影响者，但这些传统的名人身价“太昂贵”了，以至于小品牌已经开始并将继续利用所谓的“小网红”的流行和成功进行营销，这代表了一种新形式的网红营销。“小网红”是指不像名人那么有名，但拥有强大而热情的追随者的网红，他们通常更有针对性，粉丝数量在几千到数十万。一般来说，这些类型的网红被认为比传统名人更值得信赖、更真实，这是网红营销对品牌越来越有吸引力的一个主要原因。这些人通常被视为他们发布的内容的可信“专家”，鼓励其他人想要查看他们创建的内容并与他们互动。此外，利用这些网红可以让品牌通过第一人称叙事（与广告相比），这被认为是更温暖、更个性化的，并被证明能更有效地吸引消费者。

考虑到有影响力的人在社交媒体上可能的影响力和参与度，公司要么开始在社交媒体上接纳有影响力的人，要么计划进一步加大在这一领域的努力，最近大品牌的网红营销支出持续上升。

相比观看预先录制的视频，消费者更喜欢观看直播，观看时间也更长。因此，我们认为网红的直播规模将继续增长，无论是在广泛领域还是在小众领域。例如，在亚马逊（Amazon）旗下的 Twitch 平台上玩视频游戏的流媒体可能仍然是小众的，但没有放缓的迹象。然而，由于网红是人，需要在线下睡觉和做其他活动，所以直播平台受到了限制。另外，虚拟网红（看起来像人类，但不是）没有这样的限制。他们从不疲倦或生病，他们甚至不吃东西（除非为了一场战役）。一些品牌已经开始探索虚拟网红的使用，我们相信在未来几年，随着更强大的计算能力和人工智能算法的出现，虚拟网红将在社交媒体上变得更加普遍，能够始终代表和执行品牌价值，并随时与关注者互动。

消费者对数据隐私开始担忧。市场营销和相关学科的研究从多个角度考察了隐私和信任问题，并使用了不同的隐私定义，消费者、品牌、政策制定者和社交媒体平台都在调整和适应中，没有明确的解决方案。随着对隐私问题的担忧日益加剧，消费者看待品牌和社交媒体的方式也变得越来越消极。消费者正在减少他们在社交媒体上的曝光，研究显示，近 40% 的人承认，由于担心个人数据被不当处理，他们删除了至少一个社交媒体账户。这不仅对社交媒体平台是一个负面趋势，对依赖这些渠道接触消费者的品牌和广告商也是如此。近一半的受访消费者认为，品牌与社交媒体上的负面内容（如仇恨言论、不恰当的内容或假新闻）有关联。考虑到社交媒体已经成为品牌与消费者接触、建立关系和提供客户服务的最佳场所之一，在监管内容方面“做得更好”不仅符合社交媒体平台的最佳利益，而且品牌承担了保护隐私、增强信任和删除虚假或仇恨内容的责任。

因此，为了对抗这些消极的消费者观念，每个从社交媒体的消费者参与中受益的人都需要做出改变。社交媒体平台和品牌需要考虑三个正在侵蚀消费者信任的主要问题：个人信息、知识产权和信息安全。品牌和机构需要社交媒体为他们在消费者数据方面的行为负责，让消费者感到“安全”和“在掌控之中”。此外，品牌公司需要建立关于消费者数据的透明政策。

社交媒体使人与人接触变得更容易。Facebook 在 2004 年成立时，其使命是“给人们建立社区的力量，让世界更紧密地联系在一起……使用 Facebook 与朋友和家人保持联系，发现世界上正在发生的事情，并分享和表达对他们来说重要的事情”。尽管有这样的使命，而且用户与他人之间的“联系”比以往任何时候都要紧密，但孤独感和孤立感正在增加。社交媒体在这场“孤独流行病”中的作用正在引发热议。一些研究表明，社交媒体对消费者的健康有负面影响。具体来说，大量使用社交媒体与较高的社会孤立感、孤独感和抑郁相关。此外，使用 Facebook 已被证明与消费者幸福感呈负相关。

我们知道，通过数字渠道提供的客户服务在不久的将来也会发生重大变化。到目前为止，许多品牌都利用社交媒体平台为客户提供服务，解决客户的具体问题。在未来，基于社交媒体的客户服务有望变得更加个性化和无处不在。客户将能够随时随地与公司接触，客户问题的解决方案将更易得、更直接，甚至可能先发制人地使用预测方法（在客户注意到问题或在他们脑海中弹出一个问题之前）。

公司将大大提高的另一个领域是数据收集和分析。虽然社交媒体上的数据收集在今天已经非常普遍，但它也受到严格审查。然而，大多数学者认为，公司将适应最新的监管变化，并改进收集和分析匿名数据。此外，即使在新规定下，个性化的数据收集仍然是被允许的，但严重限制了公司利用消费者数据的权利，并需要经过消费者的同意才能收集数据。

在早期，大多数社交媒体帖子（如 Facebook 和 Twitter）是文本内容。很快，这些平台允许发布图片，然后是视频，独立的平台专注于这些特定的媒体形式（例如，Instagram 和 Pinterest 发布图片，Instagram 和 Snapchat 发布短视频）。这些变化对社交媒体的使用产生了明显的影响，一些学者认为，基于图像的帖子比单纯的文本更能传达社会存在感。增强现实（AR）技术已经开始渗透到社交媒体中。这方面最知名的例子或许是 Snapchat 的滤镜，它利用设备的摄像头在人们的脸上叠加实时视觉和/或视频（包括化妆、狗耳朵等功能）；Facebook 旗下的 Oculus VR 公司推出 Oculus Rooms，用户可以在虚拟世界中与其他用户共度时光（一起玩游戏，一起看媒体，或者只是聊天）。同时，Facebook 空间允许朋友们在虚拟现实中在线见面，并以类似的方式彼此交流，还增加了分享来自 Facebook 的他们个人资料（如照片）的功能。在这两种情况下，虚拟化身都是定制的，以代表 VR 创建的空间中的用户。随着虚拟现实技术变得越来越经济、主流，我们相信社交媒体将不可避免地在该技术的使用中发挥作用。

社交媒体在未来可能真的会给人带来不一样的体验。随着手机被拿在手里，可穿戴技术被绑在皮肤上，公司和品牌正在探索通过触摸与用户沟通的机会。事实上，触觉反馈（通过施加力、振动或运动给用户重建触觉的技术）正越来越多地集成到接口和应用程序中，其目的不仅仅是调用或消息通知。例如，一些公司正在尝试将触觉技术整合到媒体内容［例如，在斯托利伏特加（stoli vodka）的手机广告中，当一个女人摇晃鸡尾酒时，用户会感到手机在晃动］、手机游戏和人际聊天中（例如，一款名为 Mumble！的设备，将文本信息翻译成触觉输出）。

未来，我们相信机器人在社交媒体上的存在将更加常态化，但也会受到更多监管。此外，消费者和企业都将对机器人在人类参与之外如何相互沟通和互动越来越感兴趣。这为学者和从业者提出了有趣的潜在研究问题。非人类的存在将如何改变社交媒体中内容创造和对话的本质？公司应该如何评判非人类在其营销绩效中发挥的作用？

2 内容营销研究

社交媒体上的内容一般分为五种：资讯（如提供有关公司服务和产品的资讯）、娱乐、个人表达（如表明个人自尊和需求的内容）、交易诉求（如与销售相关的内容）和情感诉求（如唤起浪漫感觉的内容）。在大多数研究中，旨在娱乐大众的内容（如搞笑视频）已被证明对顾客参与行为有积极的影响；表达特定需求或愿望的内容容易诱发顾客的参与；交易诉求的内容，特别是销售或促销的公告（如折扣、赠品等），也会激发顾客的互动参与；但与竞争对手进行比价的内容会对用户黏性产生负面影响；情感诉求（如恐惧、幽默、浪漫等），无论是在文本内容还是在视频内容中出现，对消费者的参与行为都会产生显著影响。

对于特定内容组成部分的使用（如链接、文本、视频等），对消费者的参与行为有不同的影响。比如，一些研究发现，有图片或视频的内容会产生更强的用户黏性；在内容中添加视频会增强点赞和分享行为，但对用户评论帖子的可能性没有任何显著影响。研究发现，对于更特定于社交媒体上下文的组件，如话题标签的使用和提及，可以提升顾客的参与度。对内容长度方面的研究表明，与适量的文本相比，完全缺乏文本或过多的文本在唤起顾客参与方面效果较差。

有关互动性方面的研究表明，至少包含一个互动性元素（如一个问题或要求用户反馈）可以增强内容参与。然而，这些因素的影响强度是不同的。例如，虽然发动竞赛更有可能影响“点赞”行为，但提出问题更有可能通过评论使顾客参与。

至于社交媒体内容是原创还是转发，之前的研究表明，转发其他用户原创的内容也能对顾客参与产生积极的影响，但一般来说，原创内容还是比转发内容更容易唤起参与行为。

对于时点的研究，在周末以外的日子发布内容会产生更多的用户黏性，但也有研究表明时点对顾客参与度没有显著影响。

还有研究聚焦新冠疫情期间餐馆网上菜单的视觉吸引力和信息性以及消费者 COVID－19 风险感知对购买意愿的间接影响。消费者对食物的欲望和他们对网上订餐便利性的感知显著地调节了这种因果关系。

JUUL 是一款流行的高科技电子烟设备，是第一个将社交媒体纳入其营销策略的大型电子烟品牌。越来越多的年轻人使用 JUUL 和其他电子尼古丁输送装置，以及它们可能使新一代尼古丁成瘾，这引起了人们越来越多的关注。有研究分析了青少年和年轻人经常使用的社交媒体平台 Instagram 上与 JUUL 相关的帖子的数量和特征。这些帖子的特征是都有与产品推广、尼古丁和成瘾、青年文化和生活方式相关的内容。超过 1/3 的帖子是宣传产品的（如链接到商业网站），包含尼古丁和上瘾相关的信息占 11%。大约一半的帖子内容与年轻人（55%）或生活方式（57%）有关。与青年有关的内容或生活方式呼吁也分别出现在产品宣传帖子和与尼古丁及成瘾有关的帖子中。尼古丁和成瘾相关的帖子有表情包、标签（如#nichead，#juulbuzz）和标签线（如“味道越多，话题越多”）。调查结果显示，Instagram 上与 JUUL 相关的内容激增，这些内容主要集中在产品推广、尼古丁和成瘾等方面，包括年轻人的文化和生活方式诉求。监管行动应侧重限制电子烟产品的促销活动，尤其是在以年轻人为主要受众的社交媒体平台上。

3　网红营销研究

网红或社交媒体影响者（social media influencer），是普通人依靠在社交媒体上创造内容、不断自我品牌化演变而来的。网红通过内容展示其专业性和品位，持续为粉丝分享信息、提供情感支持和连接感、营造亲密关系、提升自我价值等，容易被粉丝认为是相似的、真实的、亲近的、可信的、相关的，其内容营销的说服效果比品牌广告和明星代言更显著，因而逐渐成为当下品牌代言的新宠，不少品牌通过与网红的合作，获得了年轻消费群体的青睐与追捧。

同时，网红的成长又跟品牌代言交织在一起，密不可分。网红通过在内容中植入相关品牌的信息，扩大社交平台覆盖率和加大吸引力的劳动投入，提升媒体可见度和积累明星资本，从而吸引品牌方的关注；一旦获得品牌代言的机会，网红可以借助品牌的力量，进一步提升媒体可见度和明星资本，从单纯的促销者转变为公司产品开发和传播策略制定的积极参与者或主导者，甚至推出自己的专属品牌和产品线。

3.1 选择网红

网红与品牌的相互促进，引发了网红数量的爆炸性增长。据统计，中国目前仅专业直播带货的网红人数已经超过 100 万，专业的网红经纪公司（Multi – Channel Networks，MCN）至少有 29000 个；许多品牌还大力推行“店铺播”的模式，从现有员工里培养出大量的网红。面对如此庞大的网红群体，如何开展识别有潜力、有价值的网红，遴选与品牌匹配度高的网红，激活网红、最大化扩大其影响力等网红管理工作，对品牌方而言越发显得重要且迫切。

在管理网红的过程中，品牌方看重的并不是网红所拥有的粉丝数量，而是网红与粉丝之间的关系质量。粉丝数量较少但和粉丝保持着密切关系的小网红，品牌代言效果比粉丝众多但关系不亲密的超大网红的说服力更强，因为前者的真实感更强，从而赋予他们代言的品牌更强的真实性。

社交媒体大数据的日益普及给营销决策者带来了独特的挑战：将这些数据转化为有用的信息。数字营销的一个重要机遇是网红营销，但从大数据集中识别这些网红是一个持续的挑战。一项研究收集了 370 名活跃 Twitter 用户的 556150 条推文，提出并测试了一系列基于社交媒体的指标，以确定市场专家。研究结果显示，市场专家（与非专家相比）拥有更多的关注者，更频繁地发表文章，其文章可读性更差，使用更多大写字母，使用更少不同的单词，更频繁地使用话题标签。这些指标可以从公开的 Twitter 账户中获得，并可以集成到一个广泛的营销和信息系统经理的决策支持系统中。这些发现有可能提高网红识别的有效性和效率，从而改善影响者营销。

网红即意见领袖，是其他消费者获得建议的重要来源。Instagram 是时尚界意见领袖使用最多的平台，预计这一趋势在不久的将来还会继续。有研究表明，如果一个用户想要在 Instagram 上被视为意见领袖，独创性和独特性是关键因素。此外，意见领袖影响消费者对网红的行为意向（在账号中互动并推荐的意向）和时尚行业的行为意向（关注发布的时尚建议的意向）。最后，账户与消费者个性的感知契合强化了意见领袖对遵循公开建议意愿的影响。这些结果对时尚行业有着有趣的启示。

3.2　网红与粉丝之间的关系

以往多数学者借鉴戏剧学和广告学的理论，将网红与粉丝之间的关系描述为拟社会关系或准社会关系（parasocial relationship），即网红借助社交媒体与关注的粉丝之间建立的持久、单向、虚拟的人际关系，一旦这种拟社会关系成型，粉丝就会将网红视为可信赖的信息源，相信其对某个产品或品牌的推荐是真实的、真诚的、可靠的，购买意愿会显著提升。

但也有学者指出，网红与粉丝之间的关系并不是传统意义上的拟社会关系，不少网红会积极组织线下或线上见面会，促进彼此的互动交流；有的网红会有意识地披露自己的个人生活故事和生活场景，凸显自己的真实性和亲和力；更多的网红会通过点赞和评论粉丝的观点、留言，或在内容中提及粉丝，或通过回赠粉丝样品和其他福利，来表达对粉丝支持的感谢与感激，建立互惠式的亲密关系；还有网红会对粉丝在内容创作和交流话题等方面的要求做出积极回应。总之，网红与粉丝之间的关系比传统意义上的拟社会关系更加互动、双向、共创、亲密，是一种“超拟社会关系”（Trans - parasocial Relationship）。我们认为超拟社会关系更能贴切描述网红与粉丝之间的关系，是品牌方管理网红的核心变量，值得进一步深入研究。

网红借助品牌代言与粉丝建立和维护良性的超拟社会关系并得到扩散，并非易事。超拟社会关系与一般的社会关系有显著差异，但也遵循关系构建的一般规律，需要经历一个持续互动的过程。从一开始的认同、产生兴趣，逐渐过渡到归属和依恋，网红和品牌方需要长期投入资源、稳步推进，才能培养出有吸引力、有活力的持久关系联结。网红多数情况下只是通过在社交媒体上的自我呈现来增强粉丝对其感知的真实性、信任度和亲密感，因此，网红在品牌代言时需要精心设定角色、设计沟通脚本，运用各种手段增强粉丝的社会临场感，打破时间和空间的限制，提高粉丝和网红围绕品牌互动的频率，推动良性持续的超拟社会关系形成。另外，网红还需要在发展中构建和巩固超拟社会关系，通过与品牌的长期合作，构建好网红与角色之间的关系、网红与粉丝之间的关系、粉丝与粉丝之间的关系，提高群体的凝聚力、吸引力和活跃度，不断扩散超拟社会关系，推动专属社群的形成。由此可见，网红和品牌方需要将超拟社会关系的形成上升到战略层面，前摄性地根据自身的特点、优势和资源来设计对粉丝的影响战略，持续实施和调整，密切关注超拟社会关系的形成质量与绩效。

3.3 网红营销绩效

越来越多的社交媒体网红正在日益影响旅游行业的消费者行为。在网红和旅游营销中，信任是一个至关重要的话题，它负责在组织和消费者之间建立和维持成功的长期关系。有研究运用顾客旅程理论解释顾客旅程信任对顾客旅程决策的影响，重点探讨顾客旅程建构（包括欲望、信息搜索、选择评估、购买决策、满意度和体验分享）在顾客旅程信任与顾客旅程各维度之间的中介作用，发现消费者对网红的信任对出行决策的各个阶段都有正向影响。此外，决策旅程的每一步都介入了信任对下一步决策的影响，并对整个决策旅程产生溢出效应，这意味着网红营销的投入应该是持续的。旅游营销人员被建议使用网红营销来明确地增加和刺激旅游的欲望，消费者通过它来搜索关于他们下一次旅行的信息。除了作为一种营销工具，网红的可信度也是成功影响游客目的地决策的一个非常重要的方面。

如今，社交媒体网红通过向他们的受众介绍产品在营销中扮演着重要角色。有研究调查了 YouTube 和 Instagram 上的美和时尚网红的说服线索，发现态度同质性与准社会交互呈正相关，但令人惊讶的是，外表吸引力与准社会交互呈负相关或没有关系。网红的可信度与准社会交互均与购买意愿呈显著正向关系。

越来越多的公司利用 Instagram 作为品牌管理、消费者服务和社交商务的渠道。还有研究探讨了在 Instagram 上发布的与品牌相关的用户生成内容（UGC）、基于社交媒体的与 Instagram 名人的品牌交流（准社会互动和嫉妒）以及消费者特征（社会攀比倾向、强迫购买倾向和物质嫉妒）之间的互动动态。研究结果表明，Instagram 网红的照片类型和性别调节了嫉妒和准社会交互对消费者购买 Instagram 网红产品意愿的影响；内容生成者类型和性别调节了嫉妒和准社会交互对来源可信度知觉的影响；品牌内容类型和内容生成工具类型调节了消费者外表、社会比较倾向、强迫购买倾向和物质嫉妒对品牌信任的影响。

4 直播营销研究

互动性是直播商业环境的一个关键特征，它培养了用户在交流和交易中积极的态度和行为。然而，关于直播商务的研究文献很少，很少有研究从动态的角度探索互动性如何影响客户的非交易行为。在此背景下，基于刺激—生物体—反应（S－O－R）框架，有研究利用实时数据建立了一个研究模型，研究直播商业（社交商业的一个较新的衍生品）中互动性通过联结强度对客户参与行为的动态影响。实证研究发现，交互性对直播商务平台的客户参与行为具有非线性效应。更确切地说，增加客户与直播网红之间的互动，会促使客户主动点赞送礼物。但是，当互动超过一定程度时，就会导致客户回避。互动性作为直播商务的一个重要特征，对客户来说是有利的，也是麻烦的。

首先，互动性分为响应性互动和个性化互动。响应性互动与客户参与行为呈非线性（倒U形）关系，通过响应客户的需求而交换的信息会激发他们在网络社区中的行为意愿，对多个客户的虚假需求做出回应可能会导致客户的抗拒和回避。个性化互动与客户参与行为之间存在非线性关系。与响应性相比，客户参与行为更容易受到个性化的影响。这说明与互动的次数或频率相比，互动的内容更能引起客户的反应。

其次，联系强度在互动和客户参与行为之间起着关键作用。互动性对直播商业中的社会关系强度具有倒U形的影响，这意味着互动性并不总是对关系强度有积极的影响。当互动性超过一定的阈值时，它就阻碍了亲密社区关系的形成。响应性互动与连接强度呈倒U形关系，响应客户的需求可以增加客户的满意度和信任度，促进密切的社会关系；但过度响应客户的需求可能不利于吸引新客户。同样地，个性化互动与联系强度之间存在倒U形关系，个性化交流可以增强客户对信息源的积极态度，但使用个人信息可能会导致侵入感，这将阻碍亲密社区关系的建立。

关于直播商业中的联系强度和客户参与行为，联系强度与客户参与行为呈正相关，当社区关系由弱变强时，客户点赞、发送电子口碑和产品推荐的意愿逐渐增强。社交关系的强度在互动性和客户参与行为之间起着完全的中介作用。这个结果证明了创造和谐的社区关系的重要性。

最后，会员任期显著强化了互动性与纽带强度之间的倒U形关系，会员的任期可能会诱导或强或弱的关系，这取决于客户对公司的态度（由互动性引起）是积极的还是消极的。会员任期强化了响应性和互动强度之间的倒U形关系，有经验的客户比新客户对响应能力的变化更敏感。同样，会员任期放大了个性化和联系强度之间的倒U形关系。

直播网红受欢迎程度缓解了互动性与纽带强度之间的倒U形关系。这表明，在直播商业情境中，人气同时缓解了互动性对联系强度的正向和负向影响。这解释了受欢迎程度不仅代表感知价值，而且会导致羊群行为，可能会促使直播网红利用人气来减轻互动对联系强度的负面影响。人气不仅削弱了响应性与关系纽带强度之间的倒U形关系，而且缓解了个性化与纽带强度之间的倒U形关系。这些发现解释了响应性和个性化都被认为是服务质量的重要指标的原因。

流媒体直播服务（如Facebook Live），即实时播放视频，已经被许多小型个人卖家作为直销工具采用。还有研究借鉴了零售、采用行为和电子商务方面的文献，提出了一个全面的框架来检验客户对直播的感知价值、客户信任和参与之间的关系。研究发现，符号价值是唯一对客户参与有直接积极影响的价值——事实上，在影响客户参与方面，符号价值的影响比信任更大。这一发现与之前关于在线参与的研究一致，这些研究发现，客户感觉到与刺激物（产品/品牌）兴趣、需求、价值联系越多，就越有可能表现出高水平的投入。

功利主义和享乐主义价值观对客户参与度没有直接影响。这可能是因为功利主义和享乐主义价值观暗示了消费者可以从卖家那里获得的当前价值，而象征价值是暗示了基于感知到的客户和卖家/其他客户之间的相似性的未来利益。对社交媒体的有用性及乐趣的感知和消费者通过社交媒体与零售品牌接触的意愿无关。另外，粉丝页面的参与度是由社交/品牌互动价值驱动的，而功利/享乐价值会影响粉丝页面的强度，进而影响粉丝页面的参与度。功利主义和享乐主义价值观通过客户对产品的信任以及随后对卖家的信任对客户参与度产生间接影响。以真实性和形象化来操作的功利价值使客户能够评估产品是否符合他们的生理/心理需求，有助于增加客户对产品的信心，进而分别影响对卖家的信任和客户参与度。响应性互动的作用相对较小，因为客户可能有其他渠道，可以不受时间限制地与卖家联系和互动。同样，直播的享乐价值通过对产品呈现方式和想象方式的愉悦和享受体现出来，引发了对产品的信任，后来又引发了对卖家的信任。没有对产品的信任，享乐/功利价值不会影响客户投入，但仅对产品的信任不足以影响客户投入。相比之下，符号价值通过对卖家的信任，而不是通过对产品的信任，直接或间接地影响客户参与。这突出了由实时视频实现的社会识别的作用，它可以影响客户与电子商务卖家的交互和参与。

符号价值通过对卖家的信任直接和间接影响客户参与，而功利价值和享乐价值通过客户对产品的信任和对卖家的信任间接影响客户参与。这些发现阐明了直播在增加销售和忠诚度方面的作用，表明在线小卖家可以通过不同途径，以两种类型的信任作为中介来建立客户黏性。

5　人工智能营销研究

越来越多的关于市场营销中智能系统/人工智能（AI）的研究表明，AI能够模仿人类，并以“智能”的方式进行活动。目前人工智能在营销领域的应用研究主要包括以下几个方面：

5.1 AI与营销渠道

营销渠道旨在弥合生产者和消费者之间的差距，是买卖双方交换的一个重要环节。鉴于营销渠道的目的是确保效率，大量关于营销渠道的文献承认，通过人工智能技术和应用（如机器人、语音辅助设备等）在这一领域有无限的改进机会。从本质上说，人工智能以正确的方式收集和解释现有数据，从中学习并以智能的方式使用数据的无与伦比的能力，主要依赖于人工智能技术的使能因素（如机器学习、深度学习和神经网络等）。最近的技术发展影响了营销渠道，并吸引了学者和从业者的注意。诸如 North Face、亚马逊、1－800－Flowers. com 等零售商和许多其他零售商已经在整合基于 AI 的最新创新：从社交媒体到零售分析（如 Pepper 机器人、Conversica 销售代理、IBM Watson 认知计算）。这些投资背后的原因在于，这些公司确信，对客户人口统计和心理特征的认识将有助于营销人员分析客户，并使他们能够更好地预测消费者的选择，特别是在购买和商品的实物分配方面。

COVID－19 大流行增加了营销渠道优化的需求，因为客户被限制在家中，很少有能力进入实体商店。考虑到这一新的现实，以及消费者在通过多种渠道进行搜索和分析方面的偏好正在发生变化，而不是与传统的销售助手进行互动，AI 解决方案被认为是了解客户的额外的、在某种程度上是替代的营销助手。就语言处理、图像识别以及强大工具和算法的整体利用而言，AI 的能力可以从内部和外部来源访问数据，为更好地动态归因和在线定位提供了基础。因此，人工智能通过使用语义识别生成数据库，营销人员可以从中提取信息并了解客户。这种方法在 COVID－19 大流行引发的“新常态”环境中提供了丰富的见解，不同寻常的客户行为和业务行动证明了这一点。

5.2 AI与营销战略

用于营销战略的智能系统最终正在改变企业的商业模式。在这个意义上，人工智能帮助企业认识到大众化的优势和定制的优势，将奢侈/高端品牌的优点与大众市场的优点联系起来，以及通过电子商务将小众市场与大市场的好处结合起来。AI技术的不断进化影响着未来的营销战略。例如，一些最相关的问题，如战略导向与市场潜力的匹配，如今都是使用人工智能解决方案解决的。通过这种方式，基于人工智能的营销解决方案的执行者注意到在商业模式决策、新产品开发、沟通、定价、销售管理、广告和个性化移动营销策略等方面的改进。此外，在服务行业，不同类型的AI（机械、分析和思维）正被视为创新的来源和提高生产率的推动者，导致对工作场所和任务分配的重新定义。因此，对于基于常规和涉及更多标准化的简单交易的服务任务（如运输、交付和支付），应该通过机械类型的AI追求成本领先优势。对于依赖数据学习的服务任务（如新市场或服务的识别、个性化），应该通过分析能力更强的AI类型追求质量领导优势。对于依赖经验学习的任务（如与客户接触），应该通过思维型的AI追求关系优势。总之，不同类型的AI可以根据提供的产品、策略和流程逐步提高服务任务的绩效。

考虑到商业模式、销售流程、客户服务选项和营销信息系统的变化，认识到道德问题和数据保护问题是很重要的。因此，通过语音识别收集数据（客户在与语音机器人交流时的语调，以及用于改进营销策略的其他数据）需要符合相关规定并获得客户的批准。为了减少消费者对AI的怀疑，避免物种歧视，从业者需要重视道德规范和数据保护。

5.3 AI与营销绩效

关于人工智能和市场营销的学术文献从两个不同的视角考察业绩。第一个视角聚焦于AI工具和技术相对于传统工具和方法在绩效预测方面的表现。人工智能在其预测能力方面表现更好，因为它可以适应输入和输出之间高度非线性和复杂的关系。

第二个视角将绩效视为结果变量。它关注人工智能如何以及是否能够在竞争优势效率、销售预估、销售业绩和为客户创造价值等方面对业绩做出贡献。公司可以通过将大数据转化为信息和知识，从AI中受益，制定更有效的营销和销售策略，这往往能够转化为可持续的竞争优势。营销人员使用决策支持系统，充分利用所有可用的数据库和通过客户的购买行为估计净客户终身价值，提高营销方案的效率。此外，AI应用已经在许多情况下用于支持客户价值创造。在酒店行业，一项关于凯悦酒店集团如何使用AI改善对客户的交叉销售和升级销售的研究发现，通过这些技术，客房收入增加了60%。通过使用人工智能驱动的营销工具，公司还可以预测客户可能想买什么，从而改善他们的销售渠道。人工智能会影响公司的销售流程，进而影响其销售业绩。除了当前的销售业绩，企业还希望从AI中受益，包括对需求趋势和变化的预测。对未来趋势的计算和预测，可以通过开发精确的工具，如自适应神经—模糊推理系统和模块化模糊预测系统，由人工智能来促进。

5.4 AI与STP

市场细分、目标定位和定位（STP）研究的最新进展主要解决了通过人口统计学、心理学、地理因素和行为细分等变量处理企业客户群的相关问题，这些领域似乎都是人工智能提供重要帮助的领域。因此，如何获取客户、客户偏好和由此产生的聚类，以及在他们的目标定位中获得销售效率是市场营销学者和从业者非常关注的问题。

该领域的进步可以更好地服务于不同的细分市场和不同年龄段的人群，从而实现对客户资料变化以及消费的预期。由于急于实现“先发货后购物”模式，在合适的细分市场确定合适的定位一直是研究人员关注的问题。通过涉及复杂选择的机制的帮助，企业增强了品牌定位，允许以智能的方式建模和评估品牌决策。一个最好的例子是谷歌的算法可以根据数百万个无意识的错误条目生成正确的推荐。

人工神经网络是一种基于非线性、非参数回归模型的人工智能计算，该模型模拟了大脑的结构和功能。神经网络的主要优势是它们可以估计非常复杂的关系。因此，与判别分析和逻辑回归相比，神经网络在将潜在客户分组进行市场细分方面更准确，在品牌份额估计方面优于多项 logit。例如，神经网络的预测能力已被用于预测移动电信行业的客户流失，使用用户合同信息和呼叫模式的变化；使用神经网络来分析和预测市场增长，促进 B2B 环境中的客户获取。

5.5 AI 与 CRM

尽管人工智能被大肆宣传，但学术界对人工智能在客户关系管理（CRM）方面的潜力仍未充分挖掘。一项实验研究了消费者使用人工智能聊天机器人建立的关系类型（虚拟协助与虚拟友谊）对品牌个性感知、准社会互动（PSI）和 CRM 的影响。关系类型对品牌人格知觉的主要影响体现在胜任型品牌人格上，而对真诚型品牌人格知觉的影响不明显。消费者—聊天机器人关系类型通过胜任的品牌个性对 CRM 相关结果（行为意向、满意度和信任）产生影响。与好友聊天机器人互动的消费者对聊天机器人体验到更强的 PSI，关系类型通过 PSI 影响品牌个性感知。PSI 对品牌个性——能力和真诚——都有中介作用。

物联网（IoT）、增强现实（AR）、虚拟现实（VR）、混合现实

（MR）、虚拟助手、聊天机器人等新技术中通常由人工智能驱动的机器人正在极大地改变客户体验。在未来，人工智能可能会从根本上改变营销策略和客户行为。

5.6 消费者对AI的采纳意愿

引进实体机器人、虚拟聊天机器人等服务机器人为客户提供服务的企业越来越多。一些公司使用外形和行为都像人类的机器人来增加客户对这项技术的使用意图，而另一些公司则使用像机器的机器人来避免恐怖效应，因为他们认为非常像人类的机器人可能会引起诡异的感觉。客户对机器人的拟人化是否会促进或限制他们的使用意图？研究发现客户特征和倾向（如计算机焦虑）、社会人口统计特征（如性别）和机器人设计特征（如物理的、非物理的）被确定为拟人化的触发因素。机器人特征（如智能）和功能特征（如有用性）被认为是重要的中介，尽管关系特征（如融洽）作为中介得到的支持较少。研究结果阐明了拟人化影响客户使用机器人意愿的情境，而机器人类型（机器人性别）和服务类型（占有—处理服务、心理刺激—处理服务）对影响又有显著作用。

还有研究通过对370名实际聊天机器人用户的数据分析发现，信息质量（IQ）和服务质量（SQ）正向影响消费者满意度，感知享受（PE）、感知有用性（PU）和感知易用性（PEOU）是持续意愿（CI）的显著预测因子。与员工互动的需要在PEOU和PU对满意度的影响中起到调节作用。研究结果还显示，对聊天机器人电子服务的满意度是用户对聊天机器人CI的一个强有力的决定因素和预测因素。因此，聊天机器人应该提高自己的信息和服务质量，以提高用户的满意度。该研究结果表明，聊天机器人等数字技术服务可以与人类服务员工相结合，以满足数字用户的需求。

在COVID－19显著时，消费者对机器人酒店（相对于人力酒店）持更积极的态度，感知到的威胁对消费者选择机器人酒店的偏好起到了显著的缓和作用。

AI 在广泛的工业、智能和社会应用中为增强和潜在替代人类任务和活动提供了同样的变革性潜力。这个新的人工智能技术时代的变化速度是惊人的，算法机器学习和自主决策方面的新突破，为持续创新创造了新的机会。人工智能的影响可能是巨大的，包括金融、医疗、制造、零售、供应链、物流和公用事业等行业，所有这些行业都可能被人工智能技术的爆发颠覆。

6　元宇宙营销研究

AR 在过去几年里受到了越来越多的关注，无论是来自管理者还是学者。AR 营销被定义为 AR 体验的战略整合，单独或与其他媒体或品牌相关线索结合，通过为品牌、利益相关者和整个社会创造价值，实现总体营销目标，同时考虑伦理影响。

在市场营销中，客户旅程图代表了一种讨论和管理不同接触点序列的方法。之前的研究通常区分购买前、购买和购买后阶段，以及线下和在线接触点。AR 营销可能会对阶段进行更细致入微的定义，因为 AR 涉及在线和离线接触点的组合，混合 AR 接触点。此外，AR 在整个营销组合（4p）中都是相关的。许多讨论都围绕着在 AR 中展示产品或通过 AR 元素使线下促销材料更具互动性的想法（如宜家 Place 应用程序）。然而，AR 也可以在产品组合等领域发挥作用。乐高提供了虚拟扩展其产品的 AR 功能。类似于其他辅助营销元素（如客户服务），AR 可以提供特定的功能，提高产品价值。在旅游管理的背景下，目的地营销组织提供 AR 旅游，游客可以交互式地探索兴趣点。AR 还可以通过增强体验的可视化和个性化来降低旅游服务的复杂性。在这里，AR 可能是让历史重现的理想工具，允许游客探索过去。研究还探索了可穿戴 AR 设备，如谷歌眼镜，作为增强学习体验的手段和在旅游体验中实施体现。

在最高级的形式中，AR 可以是产品本身。例如，Niantic 开发了一个 AR 版本的 Pokémon 角色——Pokémon 围棋游戏。另一个趋势包括媒体公司开发现有产品的“AR 替代品”。例如，可以考虑用 AR 眼镜上的 Netflix AR 电视应用程序取代电视屏幕。虽然这些替代品听起来很超前，但领先的公司都在努力实现这一发展。例如，在 F8 大会上介绍 Meta（前 Facebook）的元宇宙战略时，首席执行官马克·扎克伯格推测：“事实上，当我们进入这个世界时，许多我们今天认为是物理对象的东西，如用来显示图像的电视，在 AR 应用商店里实际上只是 1 美元的应用。所以，这需要很长时间才能实现。但这是我们的愿景，这是我们在未来 10 年努力实现的目标。”同样地，如果消费者找到一种更有效的方式在他们的物理空间贴上虚拟便条，便利贴可能会消失。就地点而言，AR 可以提供新的分销渠道。未来，零售商可能会通过 AR 将整个货架放置到顾客的客厅中。最后，当营销人员试图确定如何为 AR 定价时，还涉及定价。研究表明，AR 提高了消费者的支付意愿，这可能有助于证明对 AR 的投资是合理的。除了货币交换之外，消费者还可以通过个人数据获得 AR 的好处。AR 技术可以潜在地生成大量关于用户和用户所处环境的丰富数据，从而使 AR 技术成为有前景的定向广告环境。

AR 与现有媒体和现有营销实践有何不同？第一，现实是典型的三维空间（3D），不受非自然边界的限制。试想一个体育迷，他的房子装饰着品牌纪念品，几乎可以与任何其他实物（如家具）结合在一起。因此，“正常的现实”包含了我们在物质世界中所经历的，以及一直以来所经历的。相比之下，传统（数字）媒体内容通常是无形的和 2D 的。尽管与线下营销相比，传统在线营销具有许多优势，包括交互性、病毒式传播效应或用户生成的内容，但它通常受到硬件类型/大小的限制，且独立于用户的物理环境。例如，Instagram 上的品牌运动队体验只能在设备屏幕上显示（如球员和游戏的照片）。与“正常现实”相比，大小限制和与物理对象的隔离对体验本身构成了限制。此外，常见的界面技术不能很好地匹配自然行为（如使用鼠标选择和移动虚拟对象与用手移动物理对象）。因此，我们认为这样的经历构成了“简化的现实”。简言之，AR 技术可以将“简化现实”的好处（如交互性或可访问性）与“正常现实”的好处（如无限空间、3D 或与物体的自然互动）结合起来。虽然我们认识到这种 AR 场景还不常见，但最近的技术进步，如有效的跟踪硬件和目标识别算法以及精确的卫星导航，表明了这种潜力。

第二，AR 是将虚拟信息嵌入特定的情境和消费环境中。例如，化妆品品牌的客户一旦对新化妆品（和自己）的效果感到好奇，就可以通过 AR 技术在脸上虚拟地尝试新化妆品。传统营销通常不能将内容定位为用户和上下文特定的内容。例如，同一化妆品品牌可以根据不同情况下不同的消费者需求，通过社交媒体锁定消费者。然而，纸质版或社交媒体上的传统促销材料可能会包含模特化妆的照片，而不是单个顾客的照片。尽管许多数字渠道提供了多种参与方式（如讨论功能或点赞），但 AR 的潜在参与能力要大得多，如允许消费者在游戏中体验一个品牌（如在脸上化妆）。此外，AR 体验发生的物理环境在 AR 中可能比在许多其他营销方法中更相关。AR 技术让消费者可以在虚拟环境中探索不同的风格，而不是在实体店中想象特定的产品如何适合自己的房子。将 AR 功能整合到社交媒体是很有前景的，也是许多社交网络的战略议程之一。这一发展值得研究，通过提高参与度和忠诚度来衡量和解释留住客户的方法。

第三，大多数营销人员以创造内容来推广现有的产品或服务。例如，促销视频、广告或产品信息代表在线商店中的常见内容，而竞争对手通常是提供类似产品或服务的公司。内容在 AR 营销中的作用可能会发生巨大变化。媒体生产者可以创建实体产品的 AR 版本，作为实体产品的虚拟替代品（例如，AR 电视应用程序替代电视设备），而消费者似乎对这种替代品相当开放。因此，营销人员应该将 AR 内容视为一种新的产品类别。随着传感器技术（如 3D 扫描仪）的进步，人们可以扫描物理物体（如博物馆中的雕塑），并将一个全息版本放在家里的 AR 中，可能会进行修改。

AR 扩展，如乐高提供的那些可以通过为产品添加额外的功能，在使用过程中为客户提供价值。这些 AR 功能是数字的，不是实体产品的一部分，所以可能会出现新的盈利模式（如按次付费、交叉推广、外部横幅广告）。

第四，现代营销方法使用大量来自消费者在线活动的数据，公司利用这些数据来估计产品偏好。在 AR 营销中，如果不受法律限制，数据量可以大大增加。更具体地说，AR 技术通过部署大量的传感器（如摄像头、激光雷达、GPS）来工作，这些传感器不仅跟踪用户，还跟踪用户所处的环境。通过这样做，AR 能够收集有关用户的物理和社会环境的上下文数据（如拥有的产品、活动或与他人的互动）。

AR 技术的发展促进了元宇宙的逐步形成。现在的元宇宙建立在“线上自我和线下自我没有区别”的 Z 世代社会价值观基础上。元宇宙与 AR 和 VR 有三个不同之处。首先，虚拟现实相关的研究主要集中在物理方法和渲染上，而元宇宙作为一种服务具有更可持续的内容和社会意义。其次，元宇宙不一定使用 AR 和 VR 技术。即使平台不支持 VR 和 AR，它也可以是一个元宇宙应用。最后，元宇宙有一个可扩展的环境，可以容纳很多人，这对加强社会意义至关重要。大规模的元宇宙实现需要三个组成部分：①硬件改进（如 GPU 内存、5G）；②开发利用硬件的并行性的识别和表达模型；③人们沉浸和参与的内容的可用性。

以元宇宙电影《头号玩家》为例。①物理设备和传感器。对于头戴式显示器，在电影中使用了全息 HMDs 和护目镜型 HMDs。全息 HMD 安装在颈部，并发挥其在前面显示的作用。带传感器的手套包裹在手上，用于手部输入法。非手部输入法体现在全身套装中，可以区分和传递推、拳和射击的影响。此外，连接在胸部的电击传感器还起到了将虚拟世界的电击传递到人体的作用。作为间接辅助设备，出现了儿童在学校使用的半透明显示平板电脑和可扩展屏幕的平板电脑。跑步机作为一种运动输入法而出现，区分走和跑，用皮带固定，考虑到了环境安全。②识别和渲染。对于场景和物体的识别，使用的是物体识别工具，即在瞄准镜上显示游戏角色的名称和摩托车的性能和状态。声音和语音识别和合成并没有特别涉及。从根本上看，对话的识别和表达似乎是一个技术发展迅速的领域，并认为在不久的将来它将处于自由的状态。同样地，因为这是一个动画，他们没有处理特定的运动渲染。另外，场景和对象生成在许多地方被使用。在放大时转换为实际背景的全息地图、比赛开始前周围建筑物的旋转、戏剧性场景中看起来神秘的光效果等都是场景生成的代表性例子。③场景和故事。在博物馆中，个人照片、家庭录像、监控和摄像头都以单一的多模态形式表示。元宇宙的角色数据生成正在无限制地接近高大、美丽、恐怖、不同性别、不同物种、真人和卡通。主角有一个在现实世界中从未见过的虚拟好朋友。他的虚拟化身不现实的颜色和形状（如灰色的皮肤、机器身体、光源服装和鱼）很好地表达了虚拟世界的力量。电影的另一个特点是完全匿名化的化身和真实的自己。在元宇宙中发生的事情被认为是一种排除对现实世界的直接影响的形式。在场景生成方面，一个重要的主题贯穿了整部电影。④用户交互。汽车被携带到像汽车钥匙一样小的地方，作为一个库存概念被放入虚拟空间。当取出汽车时，它会逐渐从一个小图标扩展为一个真实大小的汽车，给人视觉上的愉悦。人工智能机器人通过博物馆里的搜索系统帮助主人公。离开元宇宙的最后一个动作是取下护目镜。⑤应用程序。基本模拟（如芭蕾、拳击、钢琴、舞蹈和网球）出现在开始。开场视频展示了在日常生活中难以经历的事情（如悬挂式滑翔、夏威夷的海浪、在金字塔滑雪、与蝙蝠侠一起在珠穆朗玛峰攀登、一个星球大小的赌场）都是可能的。在元宇宙世界中，也可以出售离线道具（如西装），并被恰当地用于游戏道具中。

参考文献

[1]APPEL G, GREWAL L, HADI R, et al. The future of social media in marketing[J]. Journal of the academy of marketing science48, 2020(1): 79 – 95.

[2]BREWER P, SEBBY A G. The effect of online restaurant menus on consum-

ers purchase intentions during the COVID - 19 pandemic[J]. International journal of hospitality management,2021(94):9.

[3]DASH G,KIEFER K,PAUL J. Marketing - to - Millennials:marketing 4.0, customer satisfaction and purchase intention[J]. Journal of business research,2021 (122): 608 - 620.

[4]DE VEIRMAN M,HUDDERS L. Disclosing sponsored Instagram posts:the role of material connection with the brand and message - sidedness when disclosing covert advertising[J]. International journal of advertising,2020,39(1):94 - 130.

[5]KANG K, LU J X, GUO L Y,et al. The dynamic effect of interactivity on customer engagement behavior through tie strength: evidence from live streaming commerce platforms[J]. International journal of information management,2021(56):16.

[6]LI Y Y,XIE Y. Is a picture worth a thousand words? An empirical study of image content and social media engagement[J]. Journal of marketing research,2020, 57(1): 1 - 19.

[7]PARK S M,KIM Y G. A metaverse:taxonomy,components,applications,and open challenges[J]. Ieee access,2022(10):4209 - 4251.

[8]RAUSCHNABEL P A, BABIN B J, DIECK M C T, et al. What is augmented reality marketing? Its definition, complexity, and future[J]. Journal of business research,2022(142): 1140 - 1150.

[9]SCHREINER M, FISCHER T, RIEDL R. Impact of content characteristics and emotion on behavioral engagement in social media:literature review and research agenda[J]. Electronic commerce research,2021,21(2):329 - 345.

[10]SOKOLOVA K, KEFI H. Instagram and YouTube bloggers promote it, why should I buy? How credibility and parasocial interaction influence purchase intentions [J]. Journal of retailing and consumer services,2020(53):9.

[11]TAJVIDI R,KARAMI A. The effect of social media on firm performance [J]. Computers in human behavior,2021(115):10.

[12]VLACIC B，CORBO L，SILVA S C E, et al. The evolving role of artificial intelligence in marketing: a review and research agenda[J]. Journal of business research, 2021(128): 187 – 203.

[13]VRONTIS D，MAKRIDES A，CHRISTOFI M， et al. Social media influencer marketing: a systematic review, integrative framework and future research agenda [J]. International journal of consumer studies, 2021, 45(4): 617.

[14]YANG F X，LI X P，LAU V M C, et al. To survive or to thrive? China's luxury hotel restaurants entering O2O food delivery platforms amid the COVID – 19 crisis[J]. International journal of hospitality management, 2021(94): 12.

新媒体营销国内学术研究前沿报告（中文文献综述）

费显政　李若茜①

摘要：互联网技术的发展和移动设备的普及推动了各种新兴媒体形式的出现，依托新媒体的营销方式也应运而生，新媒体营销在移动互联网时代被赋予新的内涵。本报告总结并梳理了近三年来CSSCI期刊中有关新媒体营销的重点文献，首先，对新媒体营销的研究进行了可视化分析，介绍了新媒体营销的研究规模和主要研究领域；其次，从在线营销、社交媒体、数字化、人工智能、直播、虚拟社群、移动端、新技术和短视频这九大主要研究领域出发，对新媒体营销的研究进展进行梳理，概括了不同领域的热点研究问题；最后，对新媒体营销的研究现状进行总结，以期为研究者和企业提供有益借鉴和参考。

1　引言

随着科技的进步与经济的发展，我国互联网用户规模逐年增加，中国互联网络信息中心（CNNIC）于2022年2月25日发布的第49次《中国互联网络发展状况统计报告》显示，截至2021年12月，我国网民规模达10.32亿人，较2020年12月增长4296万人，互联网普及率达73.0%。即

① 费显政：中南财经政法大学工商管理学院教授、博士生导师、副院长。李若茜：中南财经政法大学工商管理学院博士生。

时通信等应用基本实现普及。该报告显示，我国网民的互联网使用行为呈现新特点：一是人均上网时长保持增长。截至 2021 年 12 月，我国网民人均每周上网时长达到 28.5 小时，较 2020 年 12 月提升 2.3 小时，互联网深度融入人们日常生活。二是上网终端设备使用更加多元。截至 2021 年 12 月，我国网民使用手机上网的比例达 99.7%，手机仍是上网的最主要设备；网民中使用台式电脑、笔记本电脑、电视和平板电脑上网的比例分别为 35.0%、33.0%、28.1% 和 27.4%。

该报告还显示，2021 年我国互联网应用用户规模保持平稳增长。一是即时通信等应用基本实现普及。截至 2021 年 12 月，在网民中，即时通信、网络视频、短视频用户使用率分别为 97.5%、94.5%、90.5%，用户规模分别达 10.07 亿人、9.75 亿人、9.34 亿人。二是在线办公、在线医疗等应用保持较快增长。截至 2021 年 12 月，在线办公、在线医疗用户规模分别达 4.69 亿人、2.98 亿人，同比分别增长 35.7%、38.7%，成为用户规模增长最快的两类应用；网上外卖、网约车的用户规模增长率紧随其后，同比分别增长 29.9%、23.9%，用户规模分别达 5.44 亿人、4.53 亿人。

此外，5G 等新技术加快新媒体的融合，产生移动智媒化。传统媒体在深受新媒体发展迅猛的冲击后与新媒体不断地融合，积极探寻一种合作共赢的模式。例如，央视新闻在微信和微博的新媒体平台上共同突破了 1 亿用户。新华网和网易新闻突破了数据新闻的穹顶，将业务流程通过可视化产品形态进行改变。今日头条针对受众的个性化推荐阅览等。建立在“互联网 +”、人工智能、云计算、大数据和媒体专业化、新媒体的移动可视化，针对性强的多功能互联网平台逐步向智媒化发展，媒介的界限变得越来越模糊。

随着新媒体的迅速发展，依靠新媒体的营销方式也呈现出多元化特征。与传统媒体相比，新媒体整合了移动互联网、移动定位、人体识别和大数据等多项功能，彻底改变了人们的消费行为和生活习惯。本文对国内关于新媒体营销的 CSSCI 研究进行梳理与评述，旨在指出新媒体营销领域的研究热点与研究趋势，并对新媒体营销的发展进行展望。

2　新媒体营销文献的可视化分析

本文通过对管理学领域新媒体营销的 CSSCI 文献进行检索，2020 年 1 月 1 日至 2022 年 7 月 15 日的文献数量共计 172 篇，并进一步对文献进行归纳分析，对新媒体营销的研究热点领域进行简要的分析总结，与新媒体有关的关键词生成的词云图如图 1 所示。

图 1　新媒体营销词云图

2.1　新媒体营销的研究规模

新媒体营销作为新兴的研究领域，尤其是针对当前新媒体的迅猛发展，有关新媒体营销的研究时间相对较短，但其研究规模呈现逐年增加的趋势，由近年论文数量的增长趋势可知，新媒体营销的学术关注度逐渐提高。由图 2 可知，与新媒体营销相关的 CSSCI 文献，2020 年的数量为 61 篇，2021 年的数量为 82 篇，截至 2022 年 7 月 15 日总数已达 172 篇。

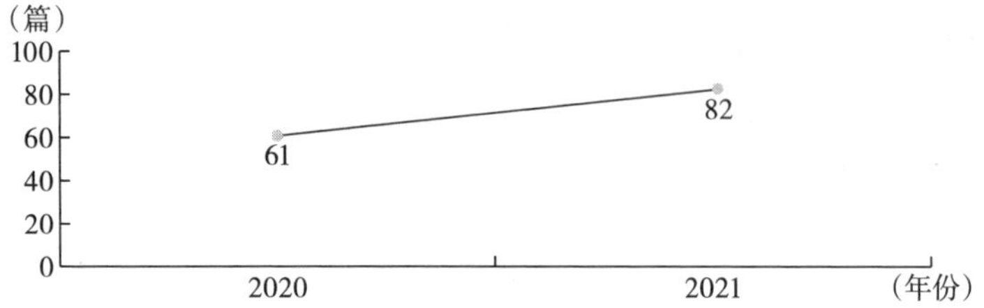

图 2　新媒体营销 CSSCI 研究数量统计（2020. 1—2021. 12）

2.2　新媒体营销的主要研究领域

本文对近三年新媒体营销 CSSCI 文献的研究领域进行了统计，进一步探讨最近新媒体营销研究的热点问题。由图 3 可知，近三年来，CSSCI 期刊中新媒体营销的有关研究主要涉及 9 个领域，按照研究数量占比排序，依次为在线营销、社交媒体、数字化、人工智能、直播、虚拟社群、移动端、新技术和短视频，基本涉及了新媒体营销的传播形式。

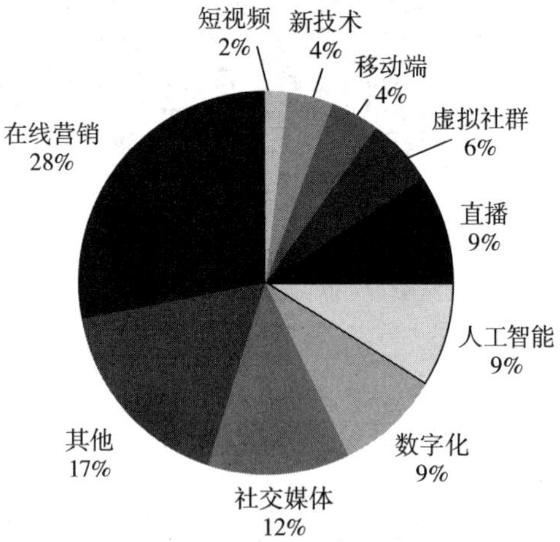

图 3　新媒体营销 CSSCI 研究领域统计（2020. 1—2022. 7）

3 新媒体营销的主要研究进展

3.1 新媒体营销的概念

新媒体营销，是指借助移动互联网技术，以短视频、直播 App 等新媒体平台为营销渠道开展的新型营销方式。在 web2.0 的新环境下，互联网已进入新媒体传播的时代，新媒体传播媒介逐渐受到企业的重视，新媒体营销的有关研究也保持着稳定增长的态势。

以下按照研究数量占比从多到少，依次从在线营销、社交媒体、数字化、人工智能、直播、虚拟社群、移动端、新技术和短视频九大研究领域展开对新媒体营销近三年来主要研究进展的梳理。

3.2 在线营销

随着信息技术的发展和互联网普及率的提升，互联网对消费者的购物习惯产生了深刻的影响，这不仅体现为网购人群和数额不断增长、网购商品和品牌不断丰富、网购渠道越来越多样化，也体现为网购过程中消费者对在线评论的关注。随着电子商务的迅速发展，网络购物已成为我国居民消费的重要渠道（中华人民共和国商务部，2021）。中国互联网络信息中心（CNNIC）发布的第 48 次《中国互联网络发展状况统计报告》显示，截至 2021 年 6 月，我国网络购物用户规模达 8.12 亿人，占网民整体的 80.3%（中国互联网络信息中心，2021）。商务部发布的《中国电子商务报告 2020》指出，2020 年我国电子商务交易额达 37.21 万亿元，全国网上零售额达 11.76 万亿元，其中，实物商品网上零售额 9.76 万亿元，占社会消费品零售总额的比重上升到 24.9%。我国连续多年保持为全球规模最大、最具活力的网络零售市场（中华人民共和国商务部，2021）。有关在线营销，近三年的 CSSCI 研究主要关注以下几个方面：

3.2.1 网络口碑

消费者购买商品时，通常会收集与商品相关的各种信息，口碑作为一种重要的信息渠道，对消费者的购买决策产生重要影响。口碑是消费者之间的一种非正式沟通方式，是消费者购买商品或服务后发表的态度，可能是正面的、中性的或负面的。传统口碑主要在熟人之间以面对面交流的方式传播，而网络口碑则以互联网为媒介，传播对象多是陌生人，具有传播广泛、内容丰富、存储时间长等特征，对消费者购买决策的影响更加显著。

传统口碑随着互联网的发展呈现为网络口碑的新形式，并成为消费者获取商品信息、减少购买决策过程中不确定性的重要参考依据。同时，随着网络购物越发普及，网络口碑的一种主要形式——在线评论——对消费者购买决策产生越来越大的影响。网络口碑、价格、网站/商家信誉已成为网购用户决策时最为关注的 3 大因素。有研究数据表明：超过 75% 的消费者在网购平台上进行购买前，会参考其他消费者在商品页面留下的在线评论信息；超过 90% 的企业相信，商品在线评论会极大影响潜在消费者的购买决策，最终影响企业销量与收入。在线评论不仅对一般实物商品，而且对电影票房、在线点餐等服务类商品的销售也有一定的影响力。

在线评论（online reviews）或者在线消费者评论是网络口碑的一种形式，是指用户对产品做出的评价，是产品信息的可靠来源，是在网络购物日益普及和网购平台不断发展的大环境下产生的新名词，因其对消费者购买决策产生重要影响而受到学术界和管理实践界的关注。在线购物的消费者不仅可以通过传统的渠道（如电视广告）获得商品信息，还可以根据先前购买者在线评价中的商品体验和购买经历作为自己的决策参考。

日益增长和丰富的在线评论所表现出的互动性、匿名性、个性化和便利性，使得人们越来越喜欢在网络平台发表意见、获取信息且分享收获。

同时互联网相较于传统购物环境的虚拟性，可能存在企业通过中介购买好评或者消费者发表不真实的评论等问题，这些都会让消费者感受到更多的风险和不确定性，甚至不得不更加努力寻找更多的线索。而在线评论有利于减少感知不确定性，影响用户产品意识的形成，是产品销售的主要驱动力。

在电商平台中，在线评论作为网络交易系统的组成部分，已成为网络口碑的重要载体。相关研究对网络口碑的测量，主要依据在线评论的 3 个维度：口碑数量（volume）、口碑效价（valence）和口碑差异（dispersion）。口碑数量又称评论数量，即购买了商品的消费者参与在线评价的数量。不少学者认为，评论数量代表商品受欢迎的程度，它暗示消费者“有多少人已购买该产品”，消费者会以此作为购买决策的重要因素。口碑效价的典型表现形式是商品评分，反映了消费者对商品的情感倾向。口碑差异是指消费者在评价商品时产生的分歧，即口碑效价的离散程度。网络口碑是单个消费者对商品评价看法或态度的集合，这些看法或态度往往存在差异性。口碑差异对消费者购买决策产生了不确定性，这种不确定性进而影响产品销量。

目前关于在线评论对消费者购买决策影响因素主要集中于评论效价、评论质量、评论数量、评论资信度、矛盾性、评论者相似性和产品卷入度，主要涉及的行业有旅游、宾馆、餐饮等。

3.2.2 表情符号

在日常面对面的言语交流中，我们经常会使用各种肢体语言、面部表情以及语气声调等非语言线索来更好地表达我们的情绪情感，如开心、生气、幽默、怀疑和讽刺等。然而，随着互联网的迅猛发展，在线交流变得日益流行和普及，但由于缺乏面对面交流中的非语言线索，人们很难觉察到对方的情感状态，这会阻碍人们的正常交流。而表情符号正好能够弥补在线交流中的非语言线索，于是开始被引入网络空间，并不断获得发展。

表情符号不仅渗透进日常生活的方方面面，也成为企业重要的管理与营销工具。具体而言，92%的网络用户使用表情符号，诸多品牌也纷纷试水表情符号营销，诸如达美乐与百威啤酒等在社交平台上使用表情符号，五菱汽车、宜家以及汉堡王等国内外公司推出品牌定制的表情包。事实上，从2015年以来，同时包含表情符号与品牌名称的社交平台推文数量增长了49%。表情符号不仅在线上流行，在线下也开始普及。例如，麦当劳在广告中使用表情符号元素，百事可乐在产品包装上印刷表情符号，汉堡王、宜家以及可口可乐等推出品牌定制的表情符号。作为授权其他企业使用笑脸符号的Smiley公司，不仅是全球排名前100的授权公司，其营业额也名列前茅，仅2012年的营业额就达到1.67亿美元。由此可见，表情符号不仅在消费者之间流行，表情符号营销也已成为一种重要的营销策略。表情符号营销因表情符号的风靡而诞生。表情符号营销是指在品牌管理、广告以及产品设计等过程中利用表情符号进行营销的策略。

emoji是一个日语字符，e代表图像、图片，moji代表字符、符号。如今，emoji被运用在智能手机短信输入系统、电子邮件、即时信息App及各种输入法中。全球约有90%的在线用户频繁使用emoji，每天有60亿个emoji被传送。emoji不仅受到消费者欢迎，在营销实践中，企业也广泛使用emoji。例如，2016年，百事可乐公司将emoji运用在其易拉罐包装上；达美乐比萨在收到顾客发送的比萨emoji后即派送比萨；2016年，星巴克为其星冰乐产品推出专属emoji；2020年，福特公司推出emoji夹克外套。市场营销领域学者们十分关注emoji使用对消费者的影响。

邹健等通过对2007—2021年emoji相关的研究进行梳理，指出英文文献的研究热点主要涉及表情符号（频次150）、网络沟通（频次58）、情绪（频次32）、社交媒体（频次17）、品牌管理（消费者参与、行为与决策、品牌传播等）、神经科学、情绪测量与情感分析等。中文文献的研究热点主要涉及表情符号（频次64）、表情包（频次32）、情感分析、社交媒体以及文化等。与英文文献相比，中文文献中与情感分析有关的表情符号研究、表情包研究比较多，但是与品牌管理、情感测量有关的表情符号研究却较少。中英文的文献中，与网络沟通、人际关系以及社交媒体有关的表情符号研究均占有较大比重。此外，除神经科学中部分文献研究的是表情符号与真实人脸的关系之外，现有的其他研究可以归类到以下两大类研究中：表情符号使用的前因与后效。

近几年学者们有关 emoji 的研究逐渐细化，一方面，细化至 emoji 的类型，如愤怒 emoji；另一方面，对 emoji 的具体运用情境进行深入探究，如 emoji 的发送位置、emoji 的社交功能等。

3.3 社交媒体

随着无线互联网技术的发展和移动设备的不断升级，众多社交媒体也应运而生并逐渐融入人们的生活，近年来不断受到大众的追捧。《2019 年中国互联网社交企业营销策略白皮书》指出，中国社交媒体用户占总人口的 71%，远超全球 45% 的平均水平。社交媒体的受欢迎程度不断提升，用户只需点击嵌入在网页上的“喜欢”或“分享”按钮，就可以将产品信息在多个社交平台上传播。企业敏锐地发现，便捷的信息分享和接触使社交媒体成为一种高效的产品信息传播工具，并日益将其作为商业推广的关键渠道。在众多社交媒体平台中，微信以 91.5% 的渗透率稳居中国第一大社交媒体平台。

在社交化趋势越来越明显的“移动 + 互联网”时代，微信、微博等社交媒体逐渐渗透到人们的生活中，人们利用社交媒体记录和分享生活见闻成为一种非常普遍的现象。

社交媒体是指一组基于互联网的应用程序，它允许用户自主创造或交换用户生成内容。通过这些应用程序，用户可以实现线上的交流、互动。社交媒体的具体形式主要指社交分享网站（如微博、抖音短视频、Vlog、淘宝直播等），用户向特定的个体或社区上传、组织、分享照片、视频、音频等多媒体信息。与传统媒体相比，社交媒体具有一个潜在优势，即它允许用户发布信息，所以社交媒体可以承载更多元、丰富的内容。国外常用的社交媒体有 Facebook、Instagram 及 Snapchat 等，国内常用的有微信、微博及 QQ 等。社交媒体具有搜索、分享、读写、储存信息的功能。作为人们生活中重要的交流工具，社交媒体具有通信即时性、方式互动性、内容新颖性、媒体个性化和展示场景化 5 个特点。

近三年来社交媒体领域的 CSSCI 研究主要关注以下方面：社交媒体的消费者体验、社交媒体的消费者分享、社交媒体的消费者错失焦虑、社交媒体的消费者抱怨、社交媒体的企业生成内容。

3.3.1 社交媒体的消费者体验

随着社交媒体的蓬勃兴起及其在人们生活中的普遍渗透，顾客不再是单个的顾客，而是通过高度互联、互动形成复杂社会网络的新型顾客群体，社交媒体技术与顾客共创场景动态融合。在个人独特性需求的指引下，顾客与企业、平台、智能产品以及顾客群体之间进行实时、多场景和个性化的社会化互动，从而收获丰富的、多层次化的体验价值。探究社交媒体情境下的消费者体验与传统媒体下消费者体验的不同，有何新的特征成为近几年的研究热点，如对社交媒体情境下的顾客共创体验价值（Customer Co－creation Experience Value，CCEV）的探究。

3.3.2 社交媒体的消费者分享

考虑到现实中社交媒体分享具有形式多样性的特征（短视频、图片、纯文字描述等），不同形式的分享在吸引消费者方面是否具有差异，也是近几年学者关注的焦点问题。现有研究表明，在社交媒体中，视频类分享对临场感的影响要明显高于图片，并进一步高于纯文字描述。

以往学者从多个角度探究了消费者在社交媒体上的分享行为，动机被认为是促进消费者产生分享行为最重要的前因变量，近年的文献大量聚焦于对消费者分享动机的探讨。

3.3.3 社交媒体的消费者错失焦虑

社交媒体不仅为人们建立和拓展社会关系提供了极大的便利，也为人们了解外界信息提供了重要窗口。然而，人们在使用社交媒体的过程中，有一定比例的人群出现了问题性使用现象，给心理健康带来潜在威胁。例如有研究发现，频繁使用社交媒体的青少年出现重度抑郁和自杀行为的风险会更高。随着研究视角的拓展，近年来研究者又将着眼点聚焦于社交媒体使用的又一负面效应上，认为社交媒体使用可能会诱发错失焦虑。错失焦虑（Fear of Missing Out，FoMO）在社交媒体盛行的当下表现得日益普遍，研究显示，有66%的人曾经历过这种焦虑，并且在每天较晚及周末时最为严重。因此，两者间的内在联系成为当下众多研究者关注的焦点。

3.3.4 社交媒体的消费者抱怨

无处不在的、动态的、实时的消费者社交媒体抱怨，是企业面临的全新挑战。具体来说，一方面，社交媒体抱怨越来越成为消费者的普遍行为。Sprout Social的调查显示，2017年已有56%的千禧一代网民在社交媒体上抱怨或者呼叫品牌。而eMarketer的报告表明，2020年全球社交网络用户数量预计超过30亿人。因此，社交媒体抱怨的数量正随着社交媒体的快速扩张而持续增长。另一方面，社交媒体抱怨不仅将企业失败的产品或服务公之于众，还很可能引起原本沉默的消费者的发声，使抱怨内容不断发酵并最终造成网络舆情的产生，给企业带来负面口碑和经济损失。近年来学者主要对抱怨影响因素、企业响应策略、抱怨者心理、旁观者心理及效应、抱怨积极效应、抱怨渠道选择等进行探讨。

3.3.5 社交媒体的企业生成内容

在社交媒体平台中，企业生成内容（EGC）赋予了企业与消费者沟通的重要渠道，它既可以向消费者传递与产品、服务细节相关的信息性内容，又可以通过说服性内容增强与粉丝的情感交流，建立更紧密的联系。

然而，关于企业应该如何有所侧重地发布 EGC 才能使沟通效果最理想化的问题，目前尚缺乏明确的答案。

3.4 数字化

随着互联网、大数据、人工智能等信息技术的高速发展，全球正在经历新一轮的科技革命。在新形势下，将数字经济列为国家经济发展的核心驱动力已成为国际竞争中新的战略高点。《中国数字经济发展白皮书(2021)》中指出，2020 年我国数字经济规模达到 39.2 万亿元，占 GDP 比重为 38.6%，位居世界第二，数字经济已成为我国经济增长的重要驱动引擎。在数字经济浪潮下，国内外各行业的数字化使能者与颠覆者不断涌现，其中不仅包括阿里巴巴和 Amazon 等国际巨头，也包括 Uber、滴滴和美团等诸多新创企业。根据《2019 年数字经济报告》，全球数字经济活动及其创造的财富增长迅速，数字经济规模占世界国内生产总值的 4.5% ~ 15.5%，并持续扩大。企业如何高效利用信息技术、有效配置数字资源，实现数字经济赋能企业变革成为营销领域学者们关注的重点。近三年的 CSSCI 文献主要关注以下几个方面：

3.4.1 企业数字化转型

数字经济的崛起为经济发展注入新动能，企业数字化转型成为产业变革的主旋律。数字化转型是跨越市场营销、信息系统、创新、战略和运营管理等多个学科的集成式概念。数字化战略导向是指企业采取数字化战略的倾向，在某种程度上反映了企业在数字化方面投入的关注和资源。而数字化战略或数字化业务战略是指利用数字资源创造差异价值来制定和执行组织行为的战略，强调了数字资源在运营、采购、供应链和营销等其他职能领域的普遍性，明确地将数字业务战略与创造差异化业务价值联系起来，从而将 IT 战略的绩效影响从效率和生产率提升到推动战略差异化和获取竞争优势的层面。从本质上说，企业的数字化战略是大数据、物联网、云计算和人工智能等新兴技术所促成的企业数字化转型。

企业数字化给企业带来的影响成为学者们的研究重点，如数字化转型如何影响企业竞争力，如何影响企业出口等。大量的研究表明，数字化转型能够通过降本增效、社会协同、资源配置优化以及改进价值创造等方式为企业提供持续的竞争优势。

3.4.2 企业数字化商业模式

面对行业颠覆者的挑战与数字技术和产业深度融合的趋势，传统企业数字化转型势在必行。众多企业已将数字战略视为战略发展的首要议程，然而，数字化转型不仅需要企业完成数字化战略部署，同样重要的是，企业需要审视数字化转型的本质，颠覆传统价值创造和价值捕获的底层逻辑，从而设计出适应数字化情境的商业模式。

商业模式是强调企业创造、交付和分配价值的活动架构，架构视角将商业模式解构成3个核心要素：价值主张、价值创造和价值获取。现有关于数字化转型与数字商业模式创新的研究主要关注某一特定行业或从特定数字技术的视角解释商业模式的变化。数字化转型情境下，企业商业模式创新的来源或发生微妙的变化，商业模式创新的研究亟须从电子商务情境向数字化情境转化。

3.5 人工智能

根据世界知识产权组织（WIPO）发布的《2019年人工智能技术趋势报告》，在和人工智能（AI）相关的将近34万项发明和超过160万种科学出版物中，一半以上的专利是2013年以后公开发表的。有关AI的科学研究正处于集中快速推进的时期。与此同时，AI在商业领域的应用也日益深化。根据德勤2018年发布的《中国人工智能产业白皮书》，近五年来全球AI领域投资快速增长，全球AI融资总额2017年达到104亿美元，并在2018年持续增加。艾媒咨询2020年的研究报告显示，2019年中国AI产业融资总额达 898 亿元人民币。

人工智能是能够正确解释外部数据，从这些数据中学习，并通过灵活的适应能力，使用这些知识来实现特定的目标和任务的系统。人工智能的发展为营销提供了新的机会和解决方案，助推营销向智能化转变。人工智能营销是以大数据和人工智能为基础，智能分析和预测营销活动中隐藏的模式和发展趋势，提升企业营销的效率和效果，最终实现企业与用户之间价值共创的营销模式。

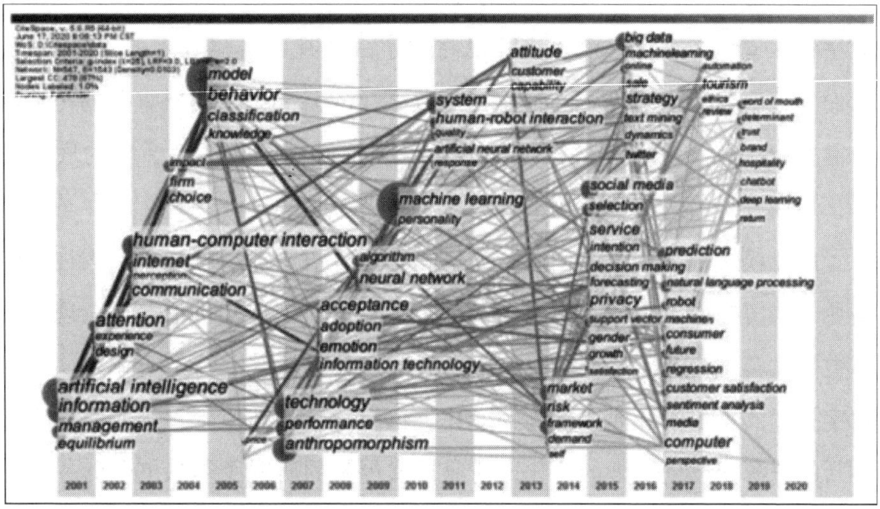

图 4　关键词时区图谱

资料来源：林子筠等，2021。

林子筠等运用 CiteSpace 软件，从宏观角度对 Web of Science 数据库中营销领域与 AI 相关的 690 篇文献进行计量分析，对照不同时段的研究热点，动态展示了相关研究的发展历程和演化趋势。通过关键词时区图谱可以更为直观地看到相关研究的发展脉络。图 4 呈现了总频次大于 5 的关键词，节点大小代表关键词共现强度。从营销领域 AI 相关研究总体热度的变化来看，新关键词出现最密集的阶段是在 2015 年之后。总体来看，AI 研究热点的演进经历了 4 个阶段。第一个阶段（2001—2005 年）依次出现了关于产品设计如何提升消费者体验、在服务交互场景中沟通交流，以及利用AI进行分类、建模从而为企业战略选择提供辅助性知识等话题。第二个阶段（2006—2010年）的热点转向基于“拟人化”理论研究AI对服务绩效和消费者反应（接受度、采纳度、情绪）的影响，以及如何基于机器学习、神经网络算法来改善AI的表现（智能化程度）。第三个阶段（2011—2015年），随着社交媒体的普及，社会化营销成为热点话题，于是对“AI+社会化营销”的研究开始出现并保持较高的热度；同时，AI的进一步落地也引起了一些风险和争议，如隐私问题。第四个阶段（2016—2020年），学者们运用AI进行数据分析，预测的广度和深度进一步提升，主要手段包括数据挖掘、自然语言处理、情感分析、口碑分析等；同时，浮现出更多争议性问题，如伦理道德、信任问题等。

综上，营销领域的AI研究可以归纳为4个热点主题：服务交互、产品设计、争议性问题和数据分析。

3.6 直播

网络直播是指以视频、图像、弹幕、文字等形式利用互联网及流媒体技术进行直播。网络直播实现了视频信息的实时记录和传播，改变了人们的信息获取方式。近年来，我国网络直播市场经历了一波惊人的快速增长。艾媒咨询发布的《2019—2020年中国在线直播行业研究报告》显示，2019年中国网络直播用户人数已达5.04亿。网络直播的普及和盛行已引起学界关注。网络直播的现有研究主要集中在卖场直播、直播内容、参与动机和打赏意愿等方面。近三年来与直播有关的CSSCI研究主要关注以下几个方面：

3.6.1 主播对消费者的影响

《2018中国网红经济发展洞察报告》显示，截至2018年5月，中国网红粉丝总人数达到5.88亿人，网红经济增长将突破2万亿元。网红经济本质上是一种商业模式，其借助网红的曝光量、转发量和超大的粉丝群有目的、有针对性地宣传产品，进行精准营销。同时，网红发展经历了以网络写手“安东尼”“饶雪漫”为代表的1.0时代和以“奇”制胜的草根红人“大衣哥”“草帽姐”的2.0时代，现已进入以李佳琦、张大奕为代表的直播型网红3.0时代。随着网红直播的流行，企业纷纷开始投资直播网红来宣传产品。与传统代言人不同，3.0时代直播网红是基于多元化双向实时互动，以场景化的方式分享自己的生活状态，并隐性地展示产品信息，还会根据消费者弹幕的实时反馈予以回应，使传播双方保持相互交流和信息共享。因此，在直播过程中除改变受众对产品的认知外，频繁的互动还会带给受众沉浸感，满足个体渴望逆袭、从众、获取安全感以及窥私欲的情感需求，进而影响消费者的购买行为。主播对受众的影响一直是学者们关注的重点，近三年的文献中，学者逐渐细化到主播的互动策略、信息源特性等对受众的影响等方面。

3.6.2 直播营销冲动购买

冲动购买是一种无计划、带有主观享乐性和强烈欲望的复杂购买过程。由于网络购物无时间和空间约束等特点，相较于线下购物，消费者在进行线上购物时会更加冲动。传统购物平台不存在消费者与卖方（主播）近似于“面对面交流”的情景，也不存在众多消费者可以实时互动的情景。直播营销中，消费者能够通过屏幕发言在一定程度上控制主播的行为（让主播全方位展示商品，亲身试用商品等），而且能与其他消费者实时互动，这种由用户直接参与所产生的强临场感，很可能通过激发消费者内在情感、提升消费者购物体验的方式，作用于消费者的冲动性购买意愿。因此，直播营销中消费者的冲动购买也是近年来学者关注的热点问题。

3.6.3 直播“翻车”治理

直播电商已成为网络消费的重要支撑，根据中国互联网信息中心发布的第45次《中国互联网络发展状况统计报告》，截至2020年6月，直播电商用户超过3亿人，国内电商直播超过1000万场，活跃主播数超过40万人，交易额达3274亿元，同比增长62.5%。2020年7月初，国家人力资源和社会保障部联合多个部门发文，在“互联网营销师”职业下增设“直播销售员”，明确了直播带货主播的合法职业身份。然而，随着主播职业化程度的提高和直播参与人数的激增，越来越多的问题和弊端开始浮出水面。其中，最突出的就是直播带货领域。它虽然对市场资源的优化配置起到推进作用，但也存在虚假宣传、以次充好、以假乱真、道德缺失等问题，导致直播带货现场“翻车”事件频发。由此，直播“翻车”的影响因素、直播“翻车”的治理机制等也成为近三年来学者们关注的热点问题。

3.7 虚拟社群

随着市场竞争的日益激烈，企业产品创新活动也逐渐由封闭走向开放，顾客作为终端用户，是企业最重要的外部创新资源之一，与顾客合作开发新产品能够快速响应市场变化与顾客需求，提高产品开发成功概率。受时间、空间等客观因素的限制，传统的线下实体环境中企业很难将顾客充分融入新产品开发活动当中。近年来，快速发展的互联网技术为顾客在线参与提供了有力支撑，基于网络的虚拟社群能够将原本分散、孤立的单个顾客会聚在一起，其虚拟性、互动性、无限时空、低成本以及丰富的多媒体功能，使企业和顾客、顾客和顾客之间能够在线开展即时、广泛的交流，产生丰富的用户生成内容，其中包括市场需求、产品评价、产品创意、解决方案、专家型顾客的技术诀窍等。虚拟社群的无边界性、透明性以及自我组织性使它们拥有强大的创新能力，在线顾客群像一个巨大的产品知识池，是企业产品创新的新源泉。戴尔、宝洁、无印良品、星巴克、海尔、华为、美的等越来越多的知名企业开始构建虚拟社群，在线与庞大的顾客群体进行交互式新产品开发活动，以满足互联网时代下个性化、碎片化的用户需求。

虚拟社群（virtual community）是由信息技术支撑的网络空间，它以社区成员的交流和互动为核心。由于国内外翻译的不同，也有学者将“virtual community”翻译为虚拟社区。围绕虚拟社群，近三年的 CSSCI 文献主要关注以下几个方面：

3.7.1 虚拟品牌社群

品牌社群是指由使用某一品牌的消费者所构成的、建立在一定社会关系之上且不受地域限制的消费者群体。品牌社群的成员往往具有 3 个共同特点：相同的意识、仪式与惯例、基于伦理的责任感。传统的品牌社群受限于品牌受众，互动手段匮乏，其影响力主要局限于少数高端奢侈品的消费者，互动形式相对贫乏。随着数字技术的普及，基于数字技术的支持和赋能而形成的数字品牌社群应运而生。数字品牌社群成员通过小程序、App 等数字平台与其他成员及品牌企业之间互动越来越便利、联系越来越紧密，这些深度和频繁的互动使这些品牌社群的影响力和范围大幅提升，在企业营销和服务中扮演越来越重要的角色。相较于传统的品牌社群，数字品牌社群的入群门槛更低、成员规模更大、分布范围更广，对品牌存续和成长的影响更深远。

当今数字品牌社群的研究主要有 3 大热点：消费者参与品牌社群的动机研究、品牌社群消费者的组织机理研究和品牌社群的价值共创机理研究。首先，消费者参与品牌社群的动机研究主要关注的是哪些因素影响消费者对品牌社群的参与及其作用机理。相关研究分别从一般性情况、个人特质、内外动机划分、社群发起主体的差异和个人—环境匹配等角度探讨了消费者动机的来源。其次，品牌社群消费者的组织机理研究主要关注品牌社群的消费者如何被组织在一起并围绕共同的目标展开行动。相关研究分别从社会化行为、反馈机制、文化、身份认同和自组织等角度出发，探讨了品牌社群将消费者组织起来的内在机理。最后，品牌社群的价值共创机理研究关注企业如何与消费者建立联系，从而获取与产品或服务创新相关的知识和信息。相关研究分别从价值共创角色划分、关系建立机制和共创激励机制的角度对品牌社群的价值共创机理展开分析。

3.7.2 虚拟社群治理

近年来，随着数字信息技术的迅速发展，越来越多的企业通过创建虚拟社群的方式与顾客建立社交联系，吸引顾客积极参与产品设计、新产品开发以及产品反馈等创新活动。然而，虽然虚拟社群使得顾客获得前所未有的企业或品牌参与感，激发了顾客对企业或品牌的关注度和表达欲，但由于互联网的匿名性、弱控制性和无限扩散性等特征，虚拟社群缺乏统一行为规范，企业难以对社群内的活动进行实时监督与控制，因此虚拟社群内开放、直接的交流互动可能给企业带来前所未有的负面口碑和社会冲突。同时，虚拟社群中还存在发布不良信息、滥用版权与匿名中伤等失范行为，如果企业不能对虚拟社群进行有效的管理和治理，根据挫折和传播理论，顾客将产生消极感知，最终导致网络环境中大量负面的、高度情绪化的信息被迅速释放。由此可见，虚拟社群不仅鼓励了顾客的积极参与，也提供了一个允许负面品牌体验更易传播和扩散的环境。如果放任不管，最终将给企业和品牌带来诸多不利影响。

尽管目前企业采取了一些有效营销手段来管理虚拟社群，但也逐渐意识到顾客越来越难以预测、异质化程度越来越高，并且利益矛盾越来越难以调和。虚拟社群中的成员关系是多元化的，既不是纯粹的市场交易关系，也不是单一企业内部成员之间的关系，传统的行政监管体系无法及时进入，容易形成监管“黑箱”，难以从根本上解决虚拟社群内的冲突与矛盾。因此，有效地对虚拟社群进行治理、监督并管理社群内的各项活动，从而引导顾客持续参与虚拟社群价值共创，已成为学者们关注的重要问题。

3.8 移动端

移动设备和移动应用（Apps）已全面渗透到人们衣食住行的各方面：“滴滴打车”“百度外卖”“天猫”“京东”……人们的生活需求几乎都可

通过智能手机实现。事实上，移动渠道的出现给电脑端（PC 端）的线上购物带来了革命性的改变，弥补了其本质上的不足。由于 Apps 的载体是移动设备，便携性极强，因此允许顾客在移动情境中（如在路上）购物并有效利用碎片化时间。但 Apps 受限于移动设备较小的屏幕，搜索信息产生的感知成本高于使用电脑的感知成本；同时，Apps 可在公众场合下使用的特性导致其安全性低于 PC 端，部分消费者因此对 Apps 购物持排斥态度。即便如此，整体来看，PC 端的购买流量在不断向移动端转移，这一现象在我国营销实践中的体现尤为明显。近三年有关移动端的 CSSCI 文献主要关注以下几个方面：

3.8.1 移动端与 PC 端营销效果的差异

随着移动互联网的不断发展，个人网络消费终端越来越呈现多样化。截至 2020 年 6 月底，我国网购交易中，移动端占比达 80.1%，移动购物已成为电子商务发展的新趋势。随着移动端逐渐成为网络购物的主要渠道，究竟哪些因素造成了移动端与 PC 端不同的营销效果成为学者们研究的热点。

3.8.2 移动端与 PC 端消费者认知的差异

用户在不同场景下的关注模式、认知模式等会有所差异。消费者对产品进行评价时会受到周围环境的影响，而在线上评价的特殊情境下，消费者的评价行为也会受到现实评论场景的影响。本文将评论场景界定为消费者进行线上评价时所处的环境，其中移动设备（手机、Pad 等）为移动场景，PC 等设备为固定场景。移动端与固定端在触感这一物理因素上有很大差异：移动端可以直接触屏，而 PC 端则大多使用鼠标或者触摸板。因此，移动端与 PC 端的消费者在认知上的差异成为学者们关注的另一研究热点。

3.9 新技术

新一代信息技术作为我国战略性新兴产业的重要支撑，在推动我国数字经济高质量发展与企业数字化转型中发挥着重要作用。以人工智能、区块链、云计算、大数据、物联网、第五代移动通信等为代表的新一代信息技术日益成熟并快速商业化，改变了企业的技术环境、业务模式及组织形态。

学术界从两类不同的视角对新一代信息技术下的营销战略变革进行了理论探索。一类是技术应用的视角。早期的一些研究基于技术特征，剖析了某项新一代信息技术在营销情境中的应用前景；近年来的一些研究延续了这种视角，对比考察了若干类新一代信息技术在营销实践中的作用。另一类是作用机制的视角，旨在探讨新一代信息技术对营销管理过程和活动的影响机制。总体来看，虽然立足于技术视角的分析描绘了新一代信息技术在营销及管理决策中的应用场景，但仅有少数研究尝试基于作用机制的分析视角，探索新一代信息技术对营销战略的影响。

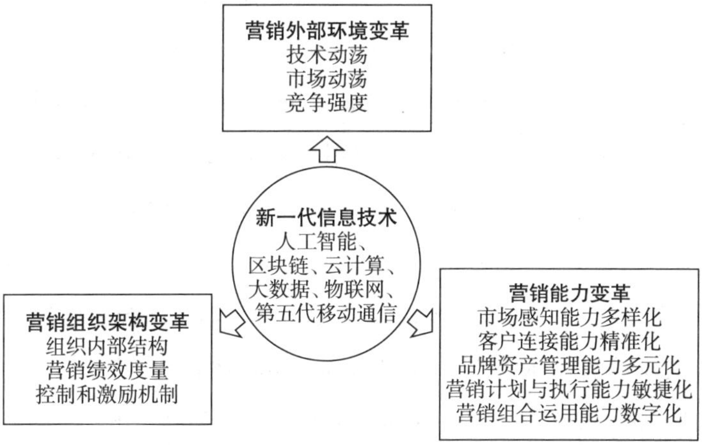

图 5　新一代信息技术对营销战略的影响

资料来源：康俊等，2021。

如图5所示，康俊等学者指出新一代信息技术对营销战略的影响可归纳为营销外部环境变革、营销能力变革和营销组织架构变革3个方面。营销外部环境是指影响企业营销活动的外部因素总和，其对营销战略的影响可从技术动荡、市场动荡及竞争强度3个方面进行刻画。营销能力是指企业技能及知识积累的复杂组合，是实施营销战略的关键保障，它通常表现在5个方面，即市场感知能力、客户连接能力、品牌资产管理能力、营销计划与执行能力、营销组合运用能力。营销组织架构是指企业能够激活营销能力、执行营销活动的内部组织设置，包括企业内部组织结构、营销绩效度量以及控制和激励机制3个方面。

除人工智能外，近三年来CSSCI文献中学者们聚焦于探索的新技术给营销带来的影响，主要有神经营销、增强现实和万物互联3个领域。

3.9.1 神经营销

神经营销学（neuromarketing）是消费者神经科学常见的替代词，是运用神经科学方法分析和理解消费者行为，打开消费者大脑中的“黑箱”，从而制定相应营销策略的一门学科。在消费者神经科学研究中，可使用的研究工具有很多，包括脑电图（Clectroencephalography，EEG）、功能性磁共振成像（functional Magnetic Resonance Imaging，fMRI）、脑磁图（Magnetoencephalography，MEG）、正电子发射断层成像（Positron Emission Tomography，PET）、皮电反应（Galvanic Skin Response，GSR）、眼球追踪（eye tracking）、经颅磁刺激（Transcranial Magnetic Stimulation，TMS）等。消费者神经科学提供了一系列可客观探测大脑的工具，结合临床生物学知识，可从大脑运行机制层面解释消费者行为，包括注意力、情绪处理、态度偏好、决策、记忆学习等，近年来的研究热度一直居高不下。

张靖等指出，在神经营销研究的热点问题层面，神经营销学的研究主要集中于外部营销刺激、品牌、消费者偏好与决策和消费者个体差异等领域。前3个领域积累了比较丰富的实证研究和综述成果，后一个领域的研究相对较少。外部营销刺激的热点研究问题包括价格感知和价格诱导、产品包装设计与展示、广告设计及效果评估等；品牌相关的热点研究问题有品牌个性、品牌价值和品牌延伸等；消费者偏好与决策的热点研究问题包括奢侈品消费决策和预测消费者选择等；消费者个体差异的热点研究问题主要是探讨生物水平上的个体差异。

3.9.2 增强现实

增强现实（Augmented Reality，AR）是将虚拟图像元素投射到现实情境，实现虚拟与现实同步和融合的一类创新交互技术。增强现实技术在营销领域最直接的应用是基于增强现实技术的产品展示，即利用设备在现实画面上投射产品的虚拟图像，使虚拟产品与现实情境相结合。

现有研究主要关注 AR 技术在商业情境应用中的正面效应。现有研究发现，基于增强现实的虚拟产品展示能提供更丰富的感官仿真体验，进而辅助消费者建立关于产品使用过程的心理意象，增强消费者在线购物的信心。允许用户对虚实结合的现实进行自主控制，强化了虚拟与现实的相互嵌入，用户因此会感受到虚拟和现实在时空上是同步的，拉近了消费者与产品的心理距离。消费者更容易对 AR 技术展示的产品产生一种心理所有权，从而增强购买意愿。

目前关于 AR 技术对消费者行为影响的研究主要集中在 AR 技术的特征对消费者行为的影响上，包括对消费者的产品态度、体验、情感反应和购买意愿等的影响。

3.9.3 万物互联

万物互联（Internet of Everything，IoE）是在物联网基础上添加了数据、人员和业务流程的链接，其包含物联网、人联网和工业互联网等多种连接范式，是智能事物、人、流程和数据之间具有实时数据和信息流动的连接网络，通过数字功能将消费品与设备连接到全球互联网上，以技术为实现基础，是互联网更高效、更智能的发展方向。从学术研究领域看，物联网的物物相连是万物互联发展的基础。史进程等整理了2009—2019年Web of Science核心论文集数据库的文献，发现物联网的学术研究主要集中在智能交通和智慧医疗等行业，对工业、农业和安保等基础设施领域的学术研究较少，主要关注与消费者生活相关的万物互联场景。关于万物互联主题的研究逐渐增加，但仍较为分散，主要集中于物联网、5G的技术背景和进化路径，少数研究探讨消费者社会认同对其接受自动化和智能化产品的调节作用。

李季等通过对94篇该领域重点分析的文献指出主要有两大研究热点：消费者采用万物互联产品或服务的影响因素和万物互联产品或服务对消费者行为的影响。目前研究中涉及的影响消费者采用万物互联产品或服务的因素主要可分为两大类：一是客观因素，即产品或服务的特性对消费者的吸引力；二是主观因素，包括社会关系的影响、消费者的个体差异和消费者的主观态度3个方面。万物互联产品或服务区别于其他大多数产品的重要功能是人机交互和数据反馈，因此现有文献主要通过这两种功能对消费者行为的影响进行探究。

3.10 短视频

互联网短视频（internet short video）伴随移动互联网、人工智能、大数据等新一代数字化技术的普及而迅速发展，并逐渐取代传统图文，成为数字经济时代满足用户碎片化娱乐场景需求的内容新载体和新趋势。2018年在平台、用户、广告主共赴短视频盛宴的背景下，短视频营销呈现火热增长，围绕广告生态开发的硬广类产品（如开屏、信息流等）和围绕内容生态和社交生态推出的自助化商业开放平台（如关键意见领袖、内容广告交易平台、短视频账号等）已初具形态（卡思数据，2018）。相较于微博、直播等其他新兴的社交类营销平台，短视频具有两方面的优势：一方面，短视频内容更加丰富深入和精致，是捕捉用户注意力的利器。2018年短视频独立用户数已达5.08亿，占国内网民总数的46%，平均每2个互联网用户就有1个使用短视频，用户日均使用时长超60分钟，时长无限逼近在线视频，以惊人的速度快速成为第三大移动互联网应用（卡思数据，2018）。另一方面，短视频具有互动评论更加立体、商品分享更加便捷（相比“直播营销”不受直播时间限制）的特点，在促进顾客融入（包括商品推荐、传播和购买行为等）方面有很大潜力。据统计，41%的互联网用户在线购物时会观看短视频展示，88%的互联网用户会使用短视频社交。由于以上两方面原因，短视频平台成为品牌及商家推广商品、建立顾客积极关系的膏腴之壤。聚焦到互联网短视频的应用情境，现有研究并不多，且主要基于泛化的互联网内容（如社交平台信息、网络视频等），探讨内容营销的概念和功效、用户生成内容的价值挖掘，以及内容平台的决策定位。近三年的CSSCI文献开始关注以下几个方面：

3.10.1 互联网短视频商业模式

互联网短视频商业模式是以短视频为载体，应用互联网技术连接内容创作者和内容消费者，进而引发一系列交互行为的平台型商业模式，其内容创作方式包括用户生成内容（User Generated Content，UGC）、专业生成内容（Professional Generated Content，PGC）以及专业用户生成内容（Professional User Generated Content，PUGC）。近年来的最新研究逐渐打开了互联网短视频商业模式理论架构及其价值创造实现机理的“黑箱”，针对不同的短视频平台，提出不同的互联网短视频商业模式价值创造实现机理。

3.10.2 互联网短视频顾客融入

短视频即短片视频，是一种互联网内容传播方式，一般指在互联网新媒体上传播时长在5分钟以内的视频传播内容。短视频具有比微博更丰富、立体的内容和比微电影及直播更高的传播效率，并且以其强大的算法和内容推荐力强势锁定着用户的时间和注意力。因此，短视频在产生后的极短时间内，就超越了图文社交时期的微博、微信，成了多维场景中锁定用户注意力的最好形式之一。

顾客融入（Customer Engagement，CE）是客户通过直接或间接贡献为企业增值的行为，直接贡献包括客户购买，间接贡献包括客户提供的购买推荐、客户就品牌进行的社交媒体对话，以及客户对公司的反馈/建议等。近年来顾客融入行为日益受到企业界和学术界的关注，被认为是促进企业销售增长、增强竞争优势和盈利能力的战略要素，而随着短视频时代的到来，顾客融入行为越来越丰富、实时和透明。近三年来，学者开始聚焦于探讨短视频顾客融入的影响因素，如顾客灵感。

4 热词

4.1 临场感

临场感（presence）是个体对媒介环境的一种感官体验，涉及空间临场和社会临场两种类型。其中，空间临场指的是个体感到自己在虚拟环境中的真实程度，反映的是一种“身临其境”的感受，而社会临场感指的是个体与个体之间通过沟通媒介互动和联系的程度，反映的是一种“与他人共在”的感受。临场感是源于传播学领域的概念，用来描述虚拟环境中那种令人信服的真实感，一般而言，媒介环境信息的生动性和互动性越高，引发的临场感就越强。此外，临场感对于理解用户行为而言也至关重要，能够拉近用户与产品的“空间距离”和“心理距离”，可在一定程度上提升其消费意愿。

4.2 错失焦虑

错失焦虑（Fear of Missing Out，FoMO）又译为错失恐惧，是指对错失某些可能的重要信息或新奇事件产生的一种以焦虑为主，并伴有恐惧、失落、担忧、沮丧等消极感受的弥散性复合情绪体验。不仅包括错失前的担心和恐惧，也包括错失后的不安和失落；不仅恐惧于遗漏重要的信息，也恐惧于错过重要的社会活动和体验；不仅担心错过他人的新奇体验或重要事件，也害怕错过自己希望获得的积极体验。强烈期待了解他人经历、频繁参与社交活动、持续关注外界信息动态等都是其典型表现。

4.3 心流体验

心流体验（flow experience）最早由芝加哥大学心理学教授 Csikszentmihalyi 于 1975 年提出，被认为是个体将注意力完全投入某项活动中，以至于无视外物的存在甚至忘我的一种状态，其实质为一种心理状态，是以内在愉悦为特征的最佳体验状态，因此也被称为“最佳体验”。心流体验的形成通常伴随着高参与感、强动机、时间观念和自我意识丧失等特征，能够产生于各类活动中，如运动、阅读、观看电影都可能形成心流体验。当然，网络虚拟活动也能诱发心流体验，当个体完全沉浸于网络虚拟活动时，心流体验便会发生。

5 讨论

在新媒体蓬勃发展的今天，人们的生活方式和消费行为习惯有了极大的改变。总体来说，新媒体营销给研究者和实践界都带来了冲击，相关理论也需要重新审视。在这样的趋势下，企业的生存和发展面临前所未有的机遇和挑战。企业的市场营销形式有了更多的选择，相较于传统媒体而言，新媒体的优势对企业具有较强的吸引力，如何使新媒体营销能真正服务于企业和顾客，对于企业和研究者而言都是新的考验。只有企业充分了解并有效把握新媒体营销的特征与策略，避免新媒体营销带来的问题，充分了解消费者的消费和行为，建立起一套适合企业自身的新媒体营销运行模式，才能帮助企业在移动互联媒体环境下占据重要市场，保证企业的生存和发展。

鉴于此，本报告对近三年有关新媒体营销的 CSSCI 研究进行了系统的梳理和评述。首先，简要总结了新媒体营销的内涵及主流研究方向，随后详细阐述了社交媒体、短视频、直播、人工智能、神经营销等新技术、移动端、虚拟社群、在线营销和数字化 9 大热门研究领域，并对每个领域中的热点研究问题进行概括。发现近三年有关新媒体营销的 CSSCI 研究数量逐年增加，研究问题逐渐深入，研究内容逐渐细化，对新兴的新媒体营销形式学者们都有所关注，但是总体来看，与新媒体营销相关的高水平研究数量依然较少，影响力仍有待提高。可见新媒体营销依然是新兴的研究领域，有很大的研究空间与研究潜力。此外，元宇宙等新兴的新媒体营销方式，尚未有学术研究进行探讨，未来仍需学者们持续研究和探索，不断丰富新媒体营销的研究视角。

参考文献

[1]康俊，刁子鹤，杨智，等. 新一代信息技术对营销战略的影响：述评与展望[J]. 经济管理，2021，43(12)：187－20.

[2]雷兵，王巧霞，刘小. 地方特色、网络口碑与农产品上行[J]. 中国软科学，2021(2)：34－45.

[3]李季，王莹，马璞. 万物互联与消费者行为的研究评述和展望[J]. 管理科学，2021，34(5)：3－15.

[4]林子筠，吴琼琳，才凤艳. 营销领域人工智能研究综述[J]. 外国经济与管理，2021，43(3)：89－106.

[5]史进程，郭洪飞，张儒，等. 基于知识图谱的物联网研究文献计量分析[J]. 计算机集成制造系统，2021，27(1)：228－239.

[6]张靖，陈明亮. 在线消费者行为研究中神经科学方法的应用——以在线消费者行为模式为框架的综述[J]. 外国经济与管理，2022，44(2)：84－101.

[7]邹健，江晓东. 表情符号研究综述及展望——表情符号在营销领域的应

用与启示[J].外国经济与管理,2022,44(4):106–119.

[8]白寅,张荣,任星耀.再定向营销沟通研究述评与展望[J].管理学报,2022,19(6):938–946.

[9]蔡春花,刘伟,江积海.商业模式场景化对价值创造的影响——天虹股份2007—2018年数字化转型纵向案例研究[J].南开管理评论,2020,23(3):98–108.

[10]曹裕,李青松,万光羽.在线评论对消费者休闲食品购买决策影响研究[J].管理评论,2020,32(3):157–166.

[11]曹忠鹏,靳成雯,马菁,等.自助服务技术中虚拟代理人呈现对顾客准备的影响研究[J].南开管理评论,2020,23(4):73–83.

[12]陈昌东,江若尘.营销领域中算法推荐与消费者响应:研究评述与展望[J].经济管理,2021,43(10):193–208.

[13]陈传红,李雪燕.网络购物节促销策略对消费者参与意愿影响及个人特征的调节作用[J].管理评论,2021,33(3):159–169.

[14]陈晓红,李杨扬,宋丽洁,等.数字经济理论体系与研究展望[J].管理世界,2022,38(2):13–16,208–224.

[15]陈迎欣,平闪闪,王秋荃.基于WSR方法论的公众参与网络直播的影响因素及实证研究[J].中国软科学,2022(3):183–192.

[16]程振东,邵兵家.怎样组合最有效?——电商产品视频与图片组合对消费者购买意愿的影响研究[J].外国经济与管理,2022,44(6):77–93.

[17]迟铭,毕新华,徐永顺.企业虚拟品牌社区治理机制:结构探索和量表开发[J].经济管理,2022,44(1):105–121.

[18]迟铭,毕新华,徐永顺.治理机制对顾客参与价值共创行为的影响——虚拟品牌社区的实证研究[J].经济管理,2020,42(2):144–159.

[19]崔楠,陈全,徐岚,等.当历史文创产品遇上AR:增强现实技术产品展示对消费者历史文创产品评价的影响[J].南开管理评论,2021,24(6):50–63.

[20]但斌,吴胜男,王磊.生鲜农产品供应链"互联网+"农消对接实现路径——基于信任共同体构建视角的多案例研究[J].南开管理评论,2021,24

(3):81－93.

[21]邓士昌,许祺,张晶晶,等.基于心灵知觉理论的AI服务用户接受机制及使用促进策略[J].心理科学进展,2022,30(4):723－737.

[22]杜建刚,赵欢,苏九如,等.服务智能化下的顾客行为:研究述评与展望[J].外国经济与管理,2022,44(3):19－35.

[23]杜松华,徐嘉泓,张德鹏,等.游戏化如何驱动电商用户绿色消费行为——基于蚂蚁森林的网络民族志研究[J].南开管理评论,2022,25(2):191－204.

[24]范钧,陈婷婷,张情.不同互动类型直播场景下主播互动策略对受众打赏意愿的影响[J].南开管理评论,2021,24(6):195－204.

[25]范钧,吴丽萍.在线社会支持对慢性病患者量化自我持续参与意愿的影响研究[J].管理学报,2021,18(4):597－603.

[26]费显政,肖登洋.移动端应用软件图标的触觉心象对消费者偏好的影响研究[J].管理世界,2020,36(7):153－171.

[27]冯俊,路梅.移动互联时代直播营销冲动性购买意愿实证研究[J].软科学,2020,34(12):128－133,144.

[28]冯文婷,易梦洁,孙洪杰.好口碑就有好印象吗？社交媒体中奢侈品牌口碑社会属性的负面效应[J].外国经济与管理,2022,44(1):119－136.

[29]付轼辉,陈怀超,高雪.基于社会化媒体语言风格的新产品早期采用者识别[J].管理科学,2022,35(1):129－139.

[30]高鹏,李纯青,褚玉杰,等.短视频顾客灵感的触发机制及其对顾客融入的影响[J].心理科学进展,2020,28(5):731－745.

[31]高茹月,王琦,张晓航,等.多维评分系统下口碑离散度对消费者购买意愿的影响[J].管理评论,2020,32(6):206－219.

[32]龚璇,黄敏学.应用产品创新速度与用户评论之间的动态关系[J].管理科学,2021,34(5):29－40.

[33]顾潇,王玉慧,雷雳.社交媒体中自拍相关行为对身体映像的影响[J].心理科学进展,2021,29(8):1497－1507.

[34]郭国庆，雷羽尚，杨海龙. 电商不同类型促销对购买行为的长期影响——以亚马逊电子书为例[J]. 经济管理，2020，42(4)：106－123.

[35]郭笑春，胡毅. 数字货币时代的商业模式讨论——基于双案例的比较研究[J]. 管理评论，2020，32(1)：324－336.

[36]韩箫亦，许正良. 电商主播属性对消费者在线购买意愿的影响——基于扎根理论方法的研究[J]. 外国经济与管理，2020，42(10)：62－75.

[37]韩雨彤，周季蕾，任菲. 动态视角下实时评论内容对直播电商商品销量的影响[J]. 管理科学，2022，35(1)：17－28.

[38]韩召，杜刚，熊爱华，等. 明星代言还是主播"场外代言"？——两种代言类型对购买意愿的影响机制研究[J]. 外国经济与管理，2022，44(3)：53－68.

[39]侯天一，邓富民，王晓妍，等. 消费者品牌内容分享行为——基于社会化媒体的研究[J]. 软科学，2020，34(5)：94－100.

[40]胡媛媛，陈守明，仇方君. 企业数字化战略导向、市场竞争力与组织韧性[J]. 中国软科学，2021(S1)：214－225.

[41]黄冠维，洪晓文，赵大营. 虚拟社群网络结构及网络沟通情绪的研究[J]. 中国软科学，2021(S1)：108－115.

[42]黄敏学，高蕾，李婷. 移动场景下的口碑评价：调节定向视角[J]. 南开管理评论，2021，24(3)：50－61.

[43]贾微微，别永越. 网红经济视域下的影响者营销：研究述评与展望[J]. 外国经济与管理，2021，43(1)：23－43.

[44]江积海，唐倩，王烽权. 商业模式多元化及其创造价值的机理：资源协同还是场景互联？——美团2010—2020年纵向案例研究[J]. 管理评论，2022，34(1)：306－321.

[45]焦媛媛，李智慧，付轼辉，等. 产品信息、预设同侪反应与购买意愿——基于社交网络情景[J]. 管理科学，2020，33(1)：100－113.

[46]靳宇倡，邓成龙，吴平，等. Emoji图像符号的社交功能及应用[J]. 心理科学进展，2022，30(5)：1062－1077.

[47]李鸿磊,刘建丽.基于用户体验的商业模式场景研究:价值创造与传递视角[J].外国经济与管理,2020,42(6):20-37.

[48]李磊,宋建伟,刘继.基于在线评论情感分析的声誉影响效应研究[J].管理学报,2020,17(4):583-591.

[49]李莉,何向,杨文胜.调节定向差异化下网络广告对用户支付意愿的影响研究[J].软科学,2022,36(1):132-138.

[50]李琪,高夏媛,徐晓瑜,等.电商直播观众的信息处理及购买意愿研究[J].管理学报,2021,18(6):895-903.

[51]李倩倩,范雅雯,宋文静.社交情境对体验型消费参与兴趣的影响研究[J].南开管理评论,2021,24(3):4-17.

[52]李韬奋,杨水利,祝明伟.体验型产品个性化推荐的结构维度实证研究——以图书产品为例[J].软科学,2021,35(6):139-144.

[53]李伟卿,池毛毛,王伟军.基于感知价值的网络消费者偏好预测研究[J].管理学报,2021,18(6):912-918.

[54]李旭,王刊良.社交媒体用户营销信息分享行为——受评忧虑与系统反馈视角[J].管理科学,2020,33(4):82-97.

[55]李雪欣,张正.品牌象征价值对消费者价值共创意愿的影响研究——被调节的中介模型[J].软科学,2020,34(8):116-122.

[56]李燕琴,陈灵飞,俞方圆.基于价值共创的旅游营销运作模式与创新路径案例研究[J].管理学报,2020,17(6):899-906.

[57]李扬,严建援,冯淼,等.在线评论和网络论坛对高涉入度产品关注度的动态影响研究[J].软科学,2020,34(1):51-57.

[58]李宇航,焦媛媛.考虑消费者感知价值的预付款众筹定价策略研究[J].软科学,2020,34(4):103-112.

[59]李稚,朱春红.双模态情感分析的弹幕网络视频平台营销策略[J].心理科学进展,2021,29(9):1561-1575.

[60]李宗伟,张艳辉,张春凯.信息加工视角下移动端与PC端的促销效果

差异研究[J]. 管理学报,2021,18(10):1533-1542.

[61]梁妮,李琪,乔志林,等. 朋友推荐产品来源对于消费者感知及其购买意愿影响的实证研究——以微信平台为例[J]. 管理评论,2020,32(4):183-193.

[62]廖觅燕,刘璐,方佳明,等. 边缘线索提高在线酒店预订意愿:天气和图片色调的匹配效应[J]. 南开管理评论,2021,24(6):62-73.

[63]林宏晓,孙晖,钟绍鹏. 后疫情时代城市大型商业区商业模式创新及政策研究[J]. 中国软科学,2021(6):165-174.

[64]林舒进,庄贵军,周筱莲,等. 网络交互技术的使用与企业的交互策略[J]. 管理科学,2021,34(3):80-93.

[65]刘凤军,孟陆,陈斯允,等. 网红直播对消费者购买意愿的影响及其机制研究[J]. 管理学报,2020,17(1):94-104.

[66]刘欢,赵红. 基于外卖 Apps 的移动终端购买意愿研究[J]. 管理评论,2021,33(2):207-216.

[67]刘嘉琪,齐佳音,朱舸. 在线社交媒体中企业生成内容沟通研究:以电影院线行业为例[J]. 管理评论,2021,33(1):152-163.

[68]刘建新,范秀成. 新产品加价销售影响消费者多样化寻求的复合机制[J]. 管理科学,2021,34(1):97-112.

[69]刘容,杨佳伟,董晓松,等. 社会化商务情境下商家自我呈现对顾客信任的影响研究[J]. 管理学报,2021,18(3):418-425.

[70]刘伟,刘昱彤,李纯青,等. 刷屏的原理:在线内容的病毒式分享机制[J]. 心理科学进展,2020,28(4):638-649.

[71]刘洋,李琪,殷猛. 网络直播购物特征对消费者购买行为影响研究[J]. 软科学,2020,34(6):108-114.

[72]刘英为,汪涛,聂春艳,等. 如何应用国家文化原型实现品牌的国际化传播——基于中国品牌海外社交媒体广告的多案例研究[J]. 管理世界,2020,36(1):88-104,236.

[73]卢长宝,柯维林,庄晓燕. 大型网络聚集促销决策中前瞻性情绪的诱发机

制:限时与限量的调节作用[J]. 南开管理评论,2020,23(5):28-40.

[74]卢亭宇,庄贵军. 网购情境下消费者线下体验行为的扎根研究[J]. 管理评论,2021,33(7):190-202.

[75]鲁钊阳. 网络直播与生鲜农产品电商发展:驱动机理与实证检验[J]. 中国软科学,2021(3):18-30.

[76]罗超平,胡猛. 线上销售、企业创新与全要素生产率[J]. 中国软科学,2021(9):119-127.

[77]骆紫薇,郭艳,吕林祥,等. 虚拟企业社会责任共创研究述评与展望[J]. 软科学,2021,35(9):112-116,130.

[78]吕巍,杨颖,张雁冰. AI个性化推荐下消费者感知个性化对其点击意愿的影响[J]. 管理科学,2020,33(5):44-57.

[79]马瑞婧,凡文强,刘静文. 纯文字还是加"表情"? 道歉形式对消费者宽恕意愿的影响——移情的中介视角[J]. 南开管理评论,2021,24(6):187-196.

[80]孟陆,刘凤军,陈斯允,等. 我可以唤起你吗——不同类型直播网红信息源特性对消费者购买意愿的影响机制研究[J]. 南开管理评论,2020,23(1):131-143.

[81]孟陆,刘凤军,段珅,等. 信息源特性视角下网红直播对受众虚拟礼物消费意愿的影响[J]. 管理评论,2021,33(5):319-330.

[82]孟陆,刘凤军,陈斯允,等. 广告景深与产品类别相匹配对产品评价的影响机制[J]. 管理科学,2021,34(2):129-143.

[83]倪克金,刘修岩. 数字化转型与企业成长:理论逻辑与中国实践[J]. 经济管理,2021,43(12):79-97.

[84]裴学亮,邓辉梅. 基于淘宝直播的电子商务平台直播电商价值共创行为过程研究[J]. 管理学报,2020,17(11):1632-1641,1696.

[85]彭宇泓,韩欢,郝辽钢,等. 直播营销中关系纽带、顾客承诺对消费者在线购买意愿的影响研究[J]. 管理学报,2021,18(11):1686-1694.

[86]齐托托,赵宇翔,汤健,等. 在线评论对知识付费产品购买决策的影响研

究——卖家回复的调节作用[J]. 南开管理评论,2022,25(2):147－158.

[87]齐托托,周洵,王天梅. 在线评论特征对知识付费产品销量的影响研究——基于产品类型的调节作用[J]. 管理评论,2021,33(11):209－222.

[88]齐托托,刘倩,王天梅,等. 知识付费产品描述语言风格的说服效应研究——知识生产者声誉的调节作用[J]. 南开管理评论,2020,23(5):159－170.

[89]钱晶晶,何筠. 传统企业动态能力构建与数字化转型的机理研究[J]. 中国软科学,2021(6):135－143.

[90]钱雨,孙新波. 数字商业模式设计:企业数字化转型与商业模式创新案例研究[J]. 管理评论,2021,33(11):67－83.

[91]覃大嘉,施怡,钱箴. 数字驱动下多元时间知识创造的海洋模型:概念、内涵与理论验证[J]. 管理评论,2022,34(2):126－141.

[92]冉雅璇,牛熠欣,陈斯允."多"反而少:元认知推断视角下支付渠道数量对个体捐赠的影响[J]. 心理学报,2021,53(4):413－430.

[93]任杰,董佳歆,姜楠. 基于数据包络分析的小米手机网络营销绩效评价[J]. 中国软科学,2021(S1):297－304.

[94]单娟,崔晨虹. 奢侈品线上易获得性与购买意愿的倒 U 形关系研究[J]. 南开管理评论,2020,23(5):51－63.

[95]沈鹏熠,万德敏,许基南. 在线零售情境下人机交互感知如何影响消费者幸福感——基于自主性的视角[J]. 南开管理评论,2021,24(6):26－40.

[96]施婷,陈洁,钟佳玲. 居住流动性、语言极端性与信息分享意愿[J]. 管理评论,2021,33(8):139－147,159.

[97]施卓敏,张珊. 神经营销 ERP 研究综述与展望[J]. 管理世界,2022,38(4):226－240.

[98]石文华,蔡嘉龙,绳娜,等. 探究学习与在线评论对消费者购买意愿的影响[J]. 管理科学,2020,33(3):112－123.

[99]孙瑾,郑雨,陈静. 感知在线评论可信度对消费者信任的影响研究——不确定性规避的调节作用[J]. 管理评论,2020,32(4):146－159.

[100]孙新波,张媛,王永霞,等.数字价值创造:研究框架与展望[J].外国经济与管理,2021,43(10):35－49.

[101]宋晓兵,何夏楠.人工智能定价对消费者价格公平感知的影响[J].管理科学,2020,33(5):3－16.

[102]唐小飞,孙炳,张恩忠,等.类人智能机器人社会价值替代与风险态度研究[J].南开管理评论,2021,24(6):4－15.

[103]王烽权,江积海.互联网短视频商业模式如何实现价值创造?——抖音和快手的双案例研究[J].外国经济与管理,2021,43(2):3－19.

[104]王烽权,江积海,王若瑾.人工智能如何重构商业模式匹配性?——新电商拼多多案例研究[J].外国经济与管理,2020,42(7):48－63.

[105]王福,庞蕊,高化,等.场景如何重构新零售商业模式适配性——伊利集团案例研究[J].南开管理评论,2021,24(4):39－52.

[106]王海忠,谢涛,詹纯玉.服务失败情境下智能客服化身拟人化的负面影响:厌恶感的中介机制[J].南开管理评论,2021,24(4):194－206.

[107]王虹,周寿江,李珊,等.提升触屏购买广告效果研究——来自App实验的证据[J].管理科学,2021,34(6):142－154.

[108]王立磊,胥兴安.在线旅行社行为不当感知与酒店反应策略[J].经济管理,2020,42(8):105－119.

[109]王满四,霍宁,周翔.数字品牌社群的价值共创机理研究——基于体验主导逻辑的视角[J].南开管理评论,2021,24(3):92－103.

[110]王茜,张红超.“回家试穿”有用吗?——策略性退货与未退货消费者购买行为的比较研究[J].外国经济与管理,2022,44(6):63－76.

[111]王茜,容哲,谢康.新顾客跨平台购买行为提高企业顾客保留的信任水平迁移机理[J].管理评论,2021,33(3):146－158.

[112]王晓蓉,彭丽芳.在线评论中奖励披露对消费者购买决策的影响[J].软科学,2020,34(6):122－125,144.

[113]王欣,朱虹,姜帝,等.人工智能产品“协助者”与“替代者”形象对消费

者评价的影响[J].南开管理评论,2021,24(6):39－49,50－51,139.

[114]王新刚,林荫.直播带货“翻车”的治理机制研究[J].经济管理,2022,44(2):178－191.

[115]王新新,张佳佳.价值涌现:平台生态系统价值创造的新逻辑[J].经济管理,2021,43(2):188－208.

[116]王雪冬,陈晓宇,孟佳佳.数字化时代的品牌意义:内涵、研究议题与未来展望[J].外国经济与管理,2020,42(9):47－62.

[117]王夏阳,陈思霓,邬金涛.网络预售下消费者购买行为的影响因素分析——基于淘宝2018春夏女装的实证研究[J].南开管理评论,2020,23(5):4－15,40.

[118]王维,孟韬.品牌社区的顾客创新行为:中心性与结构洞的影响[J].管理科学,2021,34(3):135－147.

[119]汪洋,陈洁,范雯健.消费者数据隐私敏感性对渠道迁徙意愿的影响研究[J].管理学报,2021,18(8):1212－1219.

[120]汪旭晖,郭一凡.商品－卖家在线声誉不一致如何影响消费者购买意愿？[J].经济管理,2020,42(11):125－140.

[121]汪旭晖,赵博.在线服务失败类型对平台卖家声誉的影响研究[J].经济管理,2021,43(9):105－119.

[122]吴继飞,于洪彦,朱翊敏,等.人工智能推荐对消费者采纳意愿的影响[J].管理科学,2020,33(5):29－43.

[123]吴娜,宁昌会,龚潇潇.直播营销中沟通风格相似性对购买意愿的作用机制研究[J].外国经济与管理,2020,42(8):81－95.

[124]武瑞娟,陈玖柒,李研.愤怒emoji位置对发送者愤怒感知的影响[J].心理学报,2021,53(10):1133－1146.

[125]武瑞娟,欧晓倩,李东进.图片呈现对消费者关注及接近行为影响效应研究[J].管理评论,2021,33(12):176－186.

[126]习明明,吴志军.“双十一”网购消费中的同伴效应与从众行为——基

于贝叶斯Probit模型估计[J].经济管理,2020,42(9):95-110.

[127]肖倩冰,陈林,裴丹.智慧城市之共享经济与环境治理——以共享单车低碳出行为例[J].中国软科学,2021(9):172-181.

[128]解学梅,余佳惠.用户参与产品创新的国外研究热点与演进脉络分析——基于文献计量学视角[J].南开管理评论,2021,24(5):4-17.

[129]谢菊兰,刘小妹,李见,等.社交电商中的社交-消费转换机制[J].心理科学进展,2020,28(3):405-415.

[130]项典典,包莹,焦冠哲.数字经济视域下的产消者:研究述评与展望[J].外国经济与管理,2022,44(3):36-52.

[131]项国鹏,高挺,万时宜.数字时代下创业企业与用户如何开发机会实现价值共创？[J].管理评论,2022,34(2):89-101,141.

[132]谢莹,高鹏,李纯青.直播社会临场感研究:量表编制和效度检验[J].南开管理评论,2021,24(3):28-38,71.

[133]谢莹,刘昱彤,陈明亮,等.品牌消费旅程中消费者的认知心理过程——神经营销学视角[J].心理科学进展,2021,29(11):2024-2042.

[134]许晟,余明阳,薛可,等.新媒体情境下品牌体验对消费者反应的影响机理研究[J].管理评论,2021,33(5):341-352.

[135]徐峰,张新,马良,等.在线评论动态性偏差对评论有用性影响研究[J].管理学报,2020,17(9):1383-1390.

[136]徐鑫亮,孟蕊,徐建中.新媒体情境下基于互动的品牌价值实现机制研究[J].中国软科学,2021(5):158-166.

[137]鄢慧丽,余军,熊浩.移动旅游应用用户粘性影响因素研究——以网络舆论为调节变量[J].南开管理评论,2020,23(1):18-27.

[138]严建援,李扬,冯淼,等.网络口碑中的剧透效应——来自电影市场的证据[J].南开管理评论,2020,23(4):37-48.

[139]杨强,蒋玉石,周雪,等.产品信息会在朋友圈坚持多久——身份认同与经济奖励对社交媒体用户分享意愿及分享时间的影响研究[J].南开管理评

论,2021,24(3):16－29.

[140]杨帅,陈建宏,柯丹,等.共享住宿定价策略的跨国差异:国家文化价值观在共享经济中的调节作用[J].南开管理评论,2021,24(3):60－73.

[141]姚延波,贾广美.社交媒体旅游分享对潜在旅游者冲动性旅游意愿的影响研究:基于临场感视角[J].南开管理评论,2021,24(3):72－82.

[142]易靖韬,王悦昊.数字化转型对企业出口的影响研究[J].中国软科学,2021(3):94－104.

[143]依绍华,郑斌斌.价值创造视角下百货店商业模式创新——基于日本百货店的经验证据[J].中国软科学,2021(1):98－113.

[144]余文伟,朱虹,胡小丽,等.虚拟品牌社区中的品牌价值共创研究述评与展望[J].软科学,2020,34(7):55－59.

[145]于兆吉,贾宝禹,赵英姿.OTA在线信誉系统对消费者购买决策的影响研究[J].中国软科学,2021(1):147－155.

[146]袁登华,高丽丹.社交媒体中的准社会互动与营销效能研究[J].外国经济与管理,2020,42(7):21－35.

[147]袁海霞,方青青,白琳.弹幕对在线消费行为过程影响的时变效应研究[J].管理学报,2020,17(7):1059－1066.

[148]苑春,何欣,薛豆豆.感知社群价值、社群承诺与成员推广意愿——人际意识的直接与调节效应[J].管理评论,2022,34(3):174－185.

[149]谌飞龙.数字化情境下品效合一的实现逻辑与研究展望[J].经济管理,2021,43(11):193－208.

[150]张初兵,张卓苹,韩晟昊,等.消费者社交媒体抱怨:研究述评与展望[J].外国经济与管理,2020,42(12):72－88.

[151]张德鹏,陈春峰,张凤华.社交媒体情境下个性化广告对用户态度的影响研究[J].管理学报,2021,18(3):441－447.

[152]张洪,江运君,鲁耀斌,等.社会化媒体赋能的顾客共创体验价值:多维度结构与多层次影响效应[J].管理世界,2022,38(2):10－17,150－168.

[153]张计划,陈晓健,谭铭.点击还是滑动?移动端翻页动作对用户在线沉浸感强度的影响研究[J].外国经济与管理,2020,42(2):59-70.

[154]张洁,廖貅武.虚拟社区中顾客参与、知识共享与新产品开发绩效[J].管理评论,2020,32(4):117-131.

[155]张洁梅,孔维铮.网络负面口碑对消费者冲动性购买意愿的影响——负面情绪的中介作用[J].管理评论,2021,33(6):144-156.

[156]张舒宁,李勇泉,阮文奇.接收、共鸣与分享:网络口碑推动网红餐饮粉丝效应的过程机理[J].南开管理评论,2021,24(3):37-51.

[157]张伟,杨婷,张武康.移动购物情境因素对冲动性购买意愿的影响机制研究[J].管理评论,2020,32(2):174-183.

[158]张亚利,李森,俞国良.社交媒体使用与错失焦虑的关系:一项元分析[J].心理学报,2021,53(3):273-290.

[159]张仪,王永贵.服务机器人拟人化对消费者使用意愿的影响机理研究——社会阶层的调节作用[J].外国经济与管理,2022,44(3):3-18.

[160]张莹利,赵红,姚鸽.智慧社区服务品牌价值驱动因素研究——WSR方法论应用实践[J].管理评论,2021,33(5):174-183.

[161]张跃先,张星,崔航,等.虚拟品牌社区中内、外部激励对顾客契合的影响研究[J].管理学报,2022,19(2):263-270.

[162]赵晶,谢志鹏,汪涛,等.社交媒体环境下语言风格相似性对消费者抱怨回复效果的影响——基于交际顺应理论[J].管理评论,2020,32(10):206-216.

[163]赵英男,王欣,王全胜,等.默认好评对消费者购买行为的影响[J].管理科学,2020,33(4):137-148.

[164]赵宇晴,阮平南,刘晓燕,等.基于在线评论的用户满意度评价研究[J].管理评论,2020,32(3):179-189.

[165]郑本霞,李政,吴邦刚.共享经济中评论的邻近效应——基于短租民宿的实证研究[J].软科学,2022,36(6):138-144.

[166]周寿江,王虹,李珊,等.触屏购买广告购买键位置与距离对购买键点

击意愿的影响研究——来自眼动的证据[J]. 管理评论,2021,33(8):160-170.

[167]周鑫雪,王天梅,汤健. 任务导向还是社交导向? 在线定制信息交互内容特征对顾客参与表现的影响研究[J]. 管理评论,2022,34(2):76-88.

[168]周懿瑾,白玫佳黛. 明星代言的价值共创新机制——基于多个粉丝社群的网络民族志研究[J]. 外国经济与管理,2021,43(1):3-22.

[169]朱国玮,高文丽,刘佳惠,等. 人工智能营销:研究述评与展望[J]. 外国经济与管理,2021,43(7):86-96.

[170]朱国玮,侯梦佳,周利. 社交电商互动方式对消费者广告态度的影响探究[J]. 软科学,2020,34(12):122-127.

[171]朱秀梅,刘月. 企业数智转型能力形成机理——基于海尔集团“知行合一”的单案例研究[J]. 经济管理,2021,43(12):98-114.

[172]祝金甫,张兆鹏,朱庆展,等. 文化视频产业内容价值的量化评估研究[J]. 中国软科学,2021(1):156-164.

[173]左文明,黄枫璇,毕凌燕. 分享经济背景下价值共创行为的影响因素——以网约车为例[J]. 南开管理评论,2020,23(5):183-193.

内容营销及媒体规划的特点与趋势（2022）

窦文宇[①]

通过为受众提供正在搜索的信息，建立信任。内容营销可以帮助企业在搜索结果中获得更高排名，并带来潜在客户。内容营销从早期的博客或杂志文章扩展到各种媒体格式，如从视频、播客、信息图到电子书等。内容营销不仅依靠有机和付费媒体传播，也可能借助赢得媒体（如新闻报道）传播。

为了了解企业 2022 年如何进行媒体规划，全球名列前茅的数字营销服务商 Hubspot，对 600 余家企业的内容营销人员开展调查，了解他们在内容营销中的目标、战略、使用工具，以及如何调整内容战略来应对过去一年全球新冠疫情下的独特挑战。

从调查结果中发现了 8 个主题，包括灵活性的重要性、效果审核和内容自动化、内容触达更多受众、确保内容互动等。对这些主题的深入研究，可以帮助企业清晰规划 2022 年的内容营销战略。

1　内容营销的首要目标是提升用户参与度，增加新的受众

每个内容营销计划都应该从这个问题出发："我们这次想要的成功是什么?"这实际上就是创建内容营销的目标。虽然企业并不一定在最开始

---

① 窦文宇：法国 SKEMA 商学院中国校区学术校长，南京审计大学 - SKEMA 国际联合审计学院法方副院长。

清楚了解内容营销的目标，而且这也是一个耗时的过程，但它却是内容营销过程中一个关键步骤。本次调查发现：62% 的受访者表示内容表现超越了预定目标。

那么，受访公司设定的内容营销目标是什么？最高比例的回答是吸引并扩大受众（33%）。无论是刚刚开始尝试内容战略的企业，还是那些已经同时在多渠道上实施内容战略的企业，让内容触达和吸引更多的受众都是它们的共同目标。

第二多的回答是提高内容战略的投资回报率（30%）。这意味着企业期望从每一项内容活动中寻找切实结果，而不仅仅是发布一篇文章，然后让它随风逝去。

Hubspot 分析总结认为，内容营销在 2022 年的优先任务是吸引新的受众。所以不足为奇的是，企业在不同媒体上的内容投放达到历史最高水平，包括在播客、时事通讯、YouTube、博客等，以期开发新受众。

从内容营销占企业总体营销预算份额的视角来看（见图 1），本次调查发现，几乎一半（49%）的企业会将 30% ~50% 的预算分配在内容营销上。有 5% 的企业会采取激进、全力以赴的内容战略，将 71% 以上的营销预算用于内容营销。有 4% 的企业似乎比较犹豫谨慎，在内容营销上的花费不超过总营销预算的 10%。

2 企业已经明确何谓内容营销，现在更关注内容营销的效果与优化

有的企业从事内容营销可能已经三年五载，甚至 10 年以上，它们很可能已经建立了一个相当大的内容库，包括最新内容及过往内容。这些巨大的内容库，为内容审计及优化提供了用武之地。在内容审计的过程中，企业首先关注的是那些表现超群的内容作品并不时更新，当然，对于内容库的利用而言并不仅仅局限于卓越内容，也可能通过深入挖掘找到有潜力的

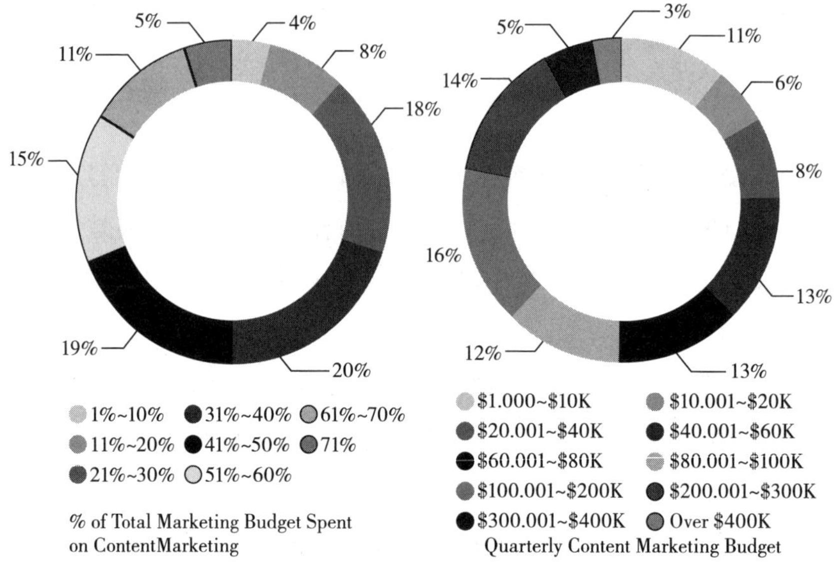

图 1　内容营销在企业总体营销预算中的比重

内容作品并更新发布。本次调查发现 2/3 的企业都开展过类似这样的内容审计，其中 30% 的企业会每月开展一次审计，以便持续跟踪内容效果。

企业花时间在内容审计上不是为了面子，而是因为它们发现这样做能带来切实的好处：36% 的受访企业表示内容审计有助于改善网站用户体验；34% 的受访企业表示可以挑出卓越内容作品，并继续扩大卓越作品的传播及影响力；34% 的受访企业认为内容审计可以帮助它们与竞争对手进行对比，发现在内容营销方面的差距，从而创造机会；33% 的受访企业表示内容审计提升了企业在搜索引擎中的排名；31% 的受访企业表示内容审计协助找出网站问题（如断开链接或加载时间缓慢）。可以看出，内容审计的这些运用，可以帮助企业找出并解决内容营销中存在的问题，从而提升企业品牌的知名度，甚至销售盈利。

本次调查结果显示，在采用过内容审计的企业中，81% 表示这个举措帮助它们实现了内容营销目标，67% 表示内容审计结果对企业的内容营销规划策略有直接影响。可以预期内容审计的使用将在 2022 年获得显著增长，因为37%的受访企业表示2022年将会首次尝试，15%的受访企业表示内容审计将是2022年在内容营销中投入最大的一个环节。

Hubspot分析总结认为，在内容营销的早期，企业会创建大量内容，来试探市场反应，看哪些内容能引起读者共鸣。但这样释放大量内容的做法，总有一个达到饱和的效果，所以企业需要做内容审计，以优化内容库。比如Hubspot通过内容审计，在其内容库中删除了500个内容作品，是其内容库作品数量的一半。但有意思的是，虽然通过内容审计删减了大量内容，但Hubspot通过内容营销吸引的新用户反而增加了，因为公司把最好的内容挑选保存下来，并发扬光大。

3 企业需用新鲜视角审视用户，开展更加深入的受众分析

当最初为一个品牌制定营销战略时，许多企业会创建人物志（buyer persona），并以此为基础设定内容营销战略，而且一旦这样做了，就会持续下去很少改变。

不过既然时间来到2022年，我们认为对用户开展市场调查，重新认识他们是值得的，这样做可以掌控用户身上可能发生的变化，了解用户的目的并找到更有效的联系渠道。这样做的必要性何在？这是因为整个营销的社会经济及媒体环境都在不断变化。比如，一年前许多企业还没有把TikTok当回事，但现在，一只真人大小猫头鹰吉祥物的视频，在几个月之内就为语言学习App Duolingo公司赢得了数百万粉丝。

次调查结果显示，43%的受访企业会开展市场调查，以期为内容找到最有效的渠道接触目标受众。这个趋势预计在2022年会大幅增长，因为调查中发现53%的企业计划在2021年首次采用市场调查的手段。而且22%的受访企业计划在2022年在市场调研上将投入最多的预算与精力。在那些采用市场调研手段的企业中，有70%表示这是最有效的内容媒体策略。

4 超过四成企业会改变媒体组合，寻找最佳媒体组合仍然是最大挑战

在内容营销中，决定每年把预算投在哪些媒体传播渠道（如 Facebook VS. YouTube）将可能影响公司内容战略的整体成功。企业是应该坚持那些行之有效的做法，还是重新洗牌媒体组合？本次调查结果显示，45% 的受访企业在 2022 年将会继续使用目前的媒体组合，而 41% 的受访企业则表示会改变它们的媒体组合。

电子邮件营销、付费和有机社交媒体内容，以及有机搜索看起来是 2022 年最具杠杆效应的内容投放渠道，它们都具有较高的投资回报率，预计年度内的使用将会大幅增长。虽然这些大家比较熟悉的渠道很有效，但其实内容营销如果开阔眼界，也可能发现其他的宝藏。比如，Canva 是一个基于社交媒体的设计和协作工具，功能包括动画、视频模板等，这家公司被 Fast Company 列为 2022 年最具创新性的公司之一（价值 400 亿美元），显然 Canva 这个平台也有可能成为一个具有独特价值的媒体渠道。

Hubspot 分析总结认为，媒体组合的更新与人物志的精准更新息息相关，只有这样才能保证内容通过合适的渠道触达正确的受众群体。比如，你的内容受众会在上、下班途中听播客吗？抑或他们是否会在吃饭时刷 YouTube 视频？只有对这些类似问题找到精准答案，才能让媒体组合为企业的内容营销战略添光彩。

图 2 给出了 2022 年企业在内容营销中用得最多的 10 个媒体渠道。

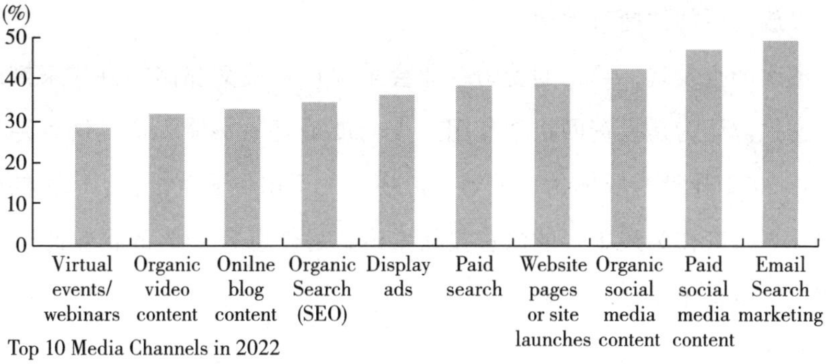

图2　2022年内容营销媒体渠道前十

Hubspot的调查报告还重点解析了以下5个重要的媒体渠道。

4.1　电子邮件营销

电子邮件营销（电邮营销）是一种非常流行的策略，它可以做到以个性化方式覆盖巨大的受众群体，从而带来很高的投资回报率。尤其是在强大的营销自动化工具加持下，企业的电邮营销可以按照多种指标（如细分市场、产品、买家阶段）定制电子邮件的内容，获得前所未有的用户参与度。

本次调查发现，受访企业表示电邮营销是利用率最高的内容传播渠道，有一半的企业在使用。结果也表明电邮营销在2022年的使用将继续增长——22%的企业将在2022年首次采用这种内容营销形式。此外根据受访企业的反馈，电邮营销在所有媒体渠道中的投资回报率排名第三。

4.2　付费社交媒体

在企业社交媒体上，如果你产出了一个高质量作品，那么你应该在其身上投入充裕的广告资金，确保它能够被更多的目标客户看到，不是吗？这个内容营销中很流行的策略，可以通过社交媒体平台提供的算法及后台机制轻松管理；当然，若是有营销自动化工具的加持，则付费社交媒体的内容投放会更加便捷有效。

本次调查发现，47%的受访企业会采取付费社交媒体的方式来推广内容，这也被认为是投资回报率和用户参与度最高的媒体渠道。调查结果也预示着2022年社交媒体付费内容推广模式的运用将显著增长：14%的受访企业计划将其作为最重要的内容投放渠道，另外也有25%的企业计划2022年首次尝试这个渠道。

4.3 有机社交媒体

如果你知道目标受众经常流连在社交媒体，那么你的内容营销一定不能错过这个重要的渠道。的确，有机内容在社交所有渠道中的投资回报率和参与度都位居第二。当然，不同的社交媒体平台如Facebook、Twitter、TikTok、Instagram、Snapchat和Pinterest会有不一样的用户群体，了解你的受众对哪些平台有偏好，有助于你集中力量经营在相应平台上的社交媒体账号，从而以高水平的有机内容吸引受众。

这次调查结果发现，43%的受访企业在自家社交媒体账号经营有机内容，这种内容战略预计在2022年继续增长，22%的受访企业计划首次实施明确的有机内容战略，而9%的受访企业表示有机内容生产将是其2022年中最关键的内容战略。

Hubspot分析总结认为，在了解社交媒体平台用户心理行为特征时，类似Hubspot这样的专业社交媒体分析公司可以提供指南。比如，Hubspot的研究表明，图片社交平台Pinterest的受众主要由“千禧一代”组成，但其实这个平台在Z世代、X世代和婴儿潮一代中也具有相当大的影响力，不容忽视。

4.4 有机搜索

一个强大有效的内容库是企业内容营销的重要部分，因为它可能带来丰厚的内容回报率。企业创建内容库的手法各有不同，有的倾向于与第三方机构或自由撰稿人合作，有的则依靠公司内部的内容营销团队。当然，无论企业建立内容库的途径是什么，只有在内容库中提供有用、清晰的文章，且与用户的内容搜索需求相匹配，才能建立用户对内容的信任，继而增进对品牌的正面态度，从而推动业务发展。

这次调查结果显示，36%的受访企业运用有机搜索技巧，将内容营销和搜索引擎优化相结合。45%的受访企业表示，有机搜索在所有媒体渠道中的投资回报率是最高的。23%的受访企业计划在2022年首次使用有机搜索。可以预见有机搜索内容传播渠道在未来将会越来越受欢迎。

4.5 NFT

NFT（非同质化代币），是一种新流行的加密货币。它在内容营销中的运用融合了营销和数字艺术，成为内容营销的一个新手段。《福布斯》对这个内容策略给出了透彻而清晰的解释，“NFT是一种数字内容资产，代表艺术、音乐、游戏中的物品或视频等真实世界的物件。它通常通过加密货币在网上买卖”。

目前NFT作为内容营销工具的主要挑战是，大多数用户对涉足NFT持谨慎态度——它们通常非常昂贵，因此难以吸引普通买家。所以，虽然目前NFT在营销界的人气飙升，但本次调查结果显示只有14%的受访企业在内容营销中使用过NFT，也只有16%的受访企业计划在2022年首次使用NFT作为一个内容营销手段。

5 提前计划的重要性

在内容营销中，做好内容及媒体规划是一项充满挑战的任务。本次调查结果显示，企业内容营销的主要挑战包括确定有效媒体组合（39%受访企业，下同）、预算的限制（36%）、没有充分的时间开展内容规划（30%）、没有转化的内容曝光（29%）、需要时刻跟上数字营销的新趋势（24%），以及没有留出充足时间来衡量内容营销的效果（24%）。

尽管存在这些挑战，但调查发现的关于在内容营销中实施媒体规划的重要性十分清晰。受访企业表示，周密的计划有助于了解在哪些媒体渠道或平台最适合发布内容（29%），受众在哪些媒体平台消磨时间（28%）。提前规划有助于通过更加具有相关性的内容（27%）锁定受众，以及分析内容营销策略的有效性（26%）。当然，这些做法将意味着企业更容易实现内容战略的收益最大化（24%）。

那么，企业通常会提前多久开始规划它们的内容战略？图3显示34%的受访企业表示它们会提前1～2个月策划内容，27%的受访企业表示会提前3～4个月，15%的受访企业则表示它们只能提前3～4周开始策划。

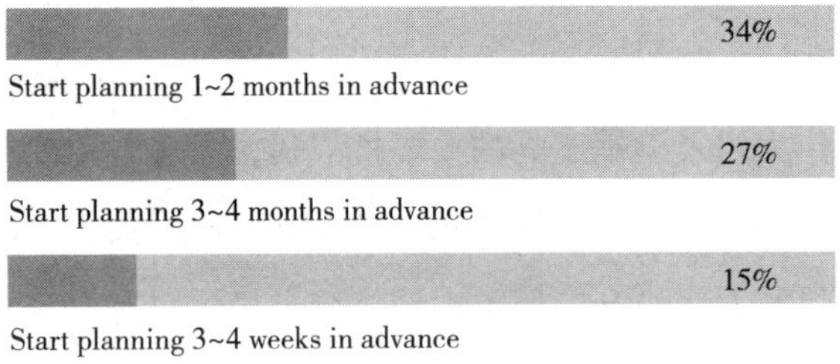

图3 企业内容战略规划提前度

6 近半数受访企业认为采用模板化的内容战略是其实现内容营销目标的最有效策略

面对复杂多变的外部经营及竞争环境，企业通常需要不少时间才能摸索出哪些内容营销活动最适合其业务。当然，如果你掌握了模块化内容营销的真谛，就可以大大缩短这个探索过程。

参与本次调查的受访公司表示，提前计划内容日历（content calendar）有助于企业更好地管理文章起草、审查、编辑和发布的全过程。社交媒体战略模板（social media marketing strategy templates）和社交内容日历（social content calendars）的运用，则可以帮助企业及时发布能与受众产生共鸣的帖子。报告模板（reporting templates）协助市场分析人员随时获取和分享内容营销的效果指标。最后，Powerpoint 或 Illustrator 中的信息图（infographics）模板可以帮助内容营销人员快速、漂亮地呈现数据、分享见解，继而推动产品购买。40% 的受访企业表示它们会在内容营销中使用不同种类的媒体规划模板，46% 的受访企业表示规划模板是它们实现业务目标的一个有效策略。

7 74%的受访企业认为敏捷营销（agile marketing）是内容营销的必杀技

自 2020 年新冠肺炎全球大流行颠覆一切以来，“改变”（pivot）一词与“前所未有”（unprecedented）一词一样，似乎已成为人们集体词汇中不受欢迎的一部分。但其实在过去两年风云变幻的外部环境下，营销人员积累了很多宝贵经验，其一就是灵活反应在内容营销中的重要性。

本次调查结果显示，99% 的受访企业曾在 2021 年修正过它们的内容战略，39% 的企业甚至在那一年修正了三次。虽然变动并不容易，但 78% 的受访企业表示，因时而动的战略变革带来了更好、更符合市场特点的内容营销。

虽然说新冠疫情是不少企业在 2021 年改变其内容营销战略的主要原因，但并不是唯一的原因。本次调查结果显示（见图 4），企业在内容营销方面做出战略改变的原因还可能包括：竞争对手发生了改变，或者需要接触新的受众，跟上新的市场趋势等。对于企业而言，与同行和合作伙伴合作，并密切关注外部环境或者竞争对手的变化，从而可以迅速改变自己的内容营销战略——这种灵活性及灵敏性比以往任何时候都重要。

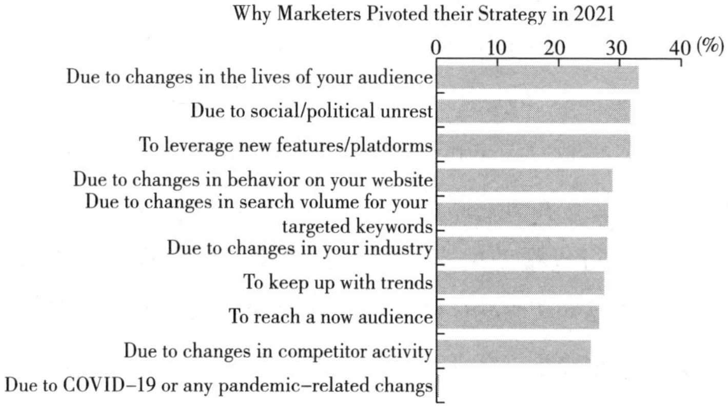

图 4　2021 年度受访企业改变内容营销战略的原因

8　自动化和媒体规划工具有助于实现更智能、更个性化的内容营销活动

在内容营销实践中，自动化工具可以让你的内容更人性化、更具吸引力。听起来有点儿不可思议？其实并不奇怪，因为内容营销自动化并不意味着让一个机器来代替经验丰富的内容从业者写的作品，只是让机器去处理内容营销中相对乏味的任务环节。这就是为什么本次调查发现 78% 的受访企业都在内容营销中使用自动化和媒体规划工具。

在各种营销自动化工具中，最为人熟知的可能是电子邮件，但其实企业的内容营销还有诸多不同的方式采用营销自动化技术。比如，根据调查结果，这些自动化技术还可以用来：

（1）打通各种内容营销渠道（40%的受访企业回答，下同）；

（2）根据用户的行为、兴趣、偏好和其他人口统计信息，给他们提供具有高度相关性的内容（37%）；

（3）跨不同社交媒体平台自动共享内容（36%），通过自动化的搜索引擎优化、关键词研究，从而生成内容创意（34%）；

（4）自动化的电子邮件通信（32%）；

（5）在社交媒体上开展社会倾听（30%），了解用户心理；

（6）整合来自各个不同内容营销渠道的数据（30%）；

（7）使用自动化的内容模板（如电子邮件模板）（30%）。

Hubspot 最后分析总结到，一个基于600 余家企业内容营销人员的大规模调查表明，2022 年，企业的内容营销将聚焦于以高超的故事手法与能力提供有用信息，建立用户信任，打造用户社区，分享能够改变顾客生活的有用工具。受访企业均表现出对内容营销的强大信心，所以你也应该和它们一起，加入这场内容革命，让企业的营销更上一层楼！

报告点评

过去两年的全球新冠疫情带来的商业环境不确定性，给企业的营销，尤其是在疫情前上升势头迅猛的内容营销，带来了严峻的挑战。

与传统营销的销售导向不同，内容营销主要依靠有价值的内容吸引消费者，在潜移默化中塑造他们对品牌的认知及正向态度，从而最终达到销售目的。显然，这个“吸”的过程通常难以一蹴而就，需要充分的积累方能展现内容营销的效果。然而，在全球新冠疫情导致的复杂动荡的经济环境下，消费者购买更加理性，对商家营销反应趋于谨慎，这些变化不可避免地影响了内容营销的开展及其有效性。如何在不确定的外部环境下继续有效开展内容营销？

实践出真知。全球知名的数字营销服务商 Hubspot 在 2022 年初对 600 余家企业的内容营销从业人员进行了深入全面的调查，汇总企业如何在不利的社会经济环境下开展高效的内容营销。通过对调查结果的分析，Hubspot 提炼总结了 8 大主题，涵盖内容战略的方方面面。

我对这 8 个主题的解读有几个要点。第一，风云变幻的国际政治经济形势下，“变”即是新常态；变化可能首先体现在消费者心理行为特征上（比如，对数字化远程沟通或服务的接受），企业不能只依赖、停留在疫情前对消费者的认知上，而是应该通过深入的用户调研，掌握用户可能出现的变化，从而有针对性地产出内容。此外，“变”也意味着企业需要在内容营销上展现出更大的灵活性，随着市场条件或竞争对手的变化改变自己的战略与实施，从而达到最佳效果。第二，向内容营销管理要效益，破除“跑冒滴漏”，让“明星”更加耀眼。比如，通过对内容产品的经常性跟踪审计，找到并剔除表现欠佳的内容并总结相应经验教训，同时发现有潜力的内容并将其发布于不同平台发扬光大，从而达到“一石多鸟”的效果。此外，企业也开始借助内容模块，降低重新开发内容的投入，利用成功内容的模板，可以大规模推出容易获得市场成功的内容。第三，重视技术的力量，内容营销向来重创意，如今在极具挑战性的市场环境下，内容营销也开始借鉴“技术流”，利用营销自动化的力量降低内容营销的成本，提升内容营销的效率。其实，当人工智能技术代替完成一部分内容营销人的常规基础任务时，营销人员就可以腾出时间，把精力集中用在提升内容创意上，从而加强内容营销的效能。

可以预见，全球疫情变局下，内容营销将会更加精悍有力，更加贴近消费者心理，从而可以保持散发内容营销的魅力，助力企业逆风起航。

扩展现实营销理论与实践

费显政　柯维林①

摘要： 本报告对2020—2022年扩展现实营销行业的发展进行了回顾。一方面，从营销实践视角出发，本报告整理了近三年内扩展现实营销行业发展的现状、技术特征及其影响等。另一方面，从营销理论视角出发，本报告阐述了扩展现实技术对不同营销领域的具体影响，包括零售领域、品牌领域、广告领域等。理应看到，扩展现实作为营销学科中一门新颖的分支学科，给现有的营销实践和营销理论都带来了巨大的挑战和机会，而本报告有望为这些挑战和机会提供洞察。此外，元宇宙作为一种新的沉浸扩展现实技术，其发展方向尚存在不确定性，而本报告期望通过从不确定性中发现确定性，为营销从业人员及科研从业人员提供见解。

1　概述

1.1　整体说明

1.1.1　扩展现实发展概述

扩展现实（Extended Reality，XR）是一个总的概括性术语，包括虚拟

---

①　费显政：中南财经政法大学工商管理学院教授、博士生导师、副院长。柯维林：中南财经政法大学工商管理学院博士生。

现实、增强现实和其他新的沉浸式技术。无论是应用于 B 端的工业制造、工程、医疗、军事、紧急响应等，还是应用于 C 端的游戏、娱乐、文化、旅游、营销广告、教育培训、零售等，XR 都提供了一种全新的人机互动、沉浸式体验。

鉴于虚拟现实和增强现实技术的应用前景，以及未来有可能广泛应用在元宇宙中以打造沉浸式体验，众多巨头公司开始在该领域投资（参考 1.2 部分的行业发展）。例如，Facebook 自 2014 年收购 Oculus 以来，持续加码 VR 生态，在 VR 硬件方面目前正处于行业龙头地位（据 IDC 数据，2021 年第一季度占领 75% 的市场份额）；微软也在办公和游戏领域积极布局虚拟世界；腾讯虽然没有直接布局 XR 硬件，但是通过投资 Epic Games、Snap 占据了 VR/AR 生态的有利地位，以帮助它们打造自己的元宇宙。在学术界，相关研究也如火如荼地开展，未来的元宇宙研究也将根植于现有的虚拟现实和增强现实中，主要研究内容如图 1 所示。在此背景下，我们编写了本报告。本报告结合了实践和理论的发展，可以为扩展现实营销人员和科研人员提供很好的参考意见。

图 1　2020—2022 年扩展现实热门研究话题

1.1.2 本报告的意义及编写原则

本报告旨在对2020—2022年扩展现实营销行业的总体面貌进行回顾，重在梳理最近三年扩展现实技术在营销领域的发展和应用，希望能够给相关的营销从业人员以及科研从业人员一定的参考。

为了更全面地展现扩展现实在营销中的发展，本报告编撰遵循以下原则。第一，立足前沿，结合扩展现实在营销领域的最新动态和最新研究进行论述。第二，重点阐述扩展现实带来的变革性影响，尤其是在营销领域已经发生或者正在发生的变革性影响。第三，选择高质量、可靠的论点和论据，具体包括权威媒体的报道、SSCI期刊最新研究结论、部分行业报告等。

考虑到目前扩展现实的发展日新月异，未来该领域的研究应该不断纳入最新的行业发展动态和研究动态，同时力争做到客观权威，在宏观上引领行业，在微观上启发行业，与扩展现实营销行业相关人员一同推动该领域由起步走向成熟。

1.2 行业发展

为了更加真实地反映目前行业发展的现状，我们整理了2020—2022年和扩展现实有关的行业动态。整理原则主要如下：①大企业的收并购、投资行为、组织结构调整等方面反映行业的发展动态。在大企业中，国内代表企业包括百度、腾讯、阿里巴巴、字节跳动、华为、网易、小米等，国外代表企业包括谷歌、微软、Meta（原Facebook）、亚马逊、苹果、英伟达等，这些企业涉及扩展现实的硬件和应用研发层面，是扩展现实行业发展的中坚力量。②重点关注上述企业的营销动作，如字节跳动在虚拟社交属性上的布局。详细内容如表1所示。

表 1　国内外大型企业在扩展现实营销领域的大事记

<table>
<tr><th>地区</th><th>类别</th><th>企业</th><th>时间</th><th>事件</th></tr>
<tr><td rowspan="17">国内</td><td rowspan="4">增强现实</td><td>阿里巴巴</td><td>2022 年</td><td>投资 AR 科技公司 Nreal</td></tr>
<tr><td>华为</td><td>2021 年</td><td>展示最新的 AR - HUD 增强现实抬头显示方案</td></tr>
<tr><td rowspan="2">小米</td><td>2022 年</td><td>AR 购物导览系统，在现实的超市中可以为用户规划购物路线图</td></tr>
<tr><td>2022 年</td><td>推出米家 AR 眼镜，支持小爱翻译、动植物智能识别、“时光回溯”等功能</td></tr>
<tr><td rowspan="7">虚拟现实</td><td rowspan="3">字节跳动</td><td>2021 年</td><td>以 90 亿元收购 VR 头戴显示器制造商 Pico</td></tr>
<tr><td>2022 年</td><td>并购了虚拟社交公司波粒子科技</td></tr>
<tr><td>2022 年</td><td>布局虚拟社交：Pico 举办了 VR 演唱会、邀请字节跳动旗下的虚拟偶像女团 A - Soul 入驻 Pico 平台，提升社交属性</td></tr>
<tr><td>腾讯</td><td>2022 年</td><td>成立扩展现实部门，归于互动娱乐事业群（IEG）下</td></tr>
<tr><td>网易影核</td><td>2022 年</td><td>加大对 VR 游戏的布局力度</td></tr>
<tr><td>华为</td><td>2022 年</td><td>华为 VR 眼镜 HUAWEI VR Glass 正式开售，拥有 IMAX 大片、热门电视剧、动画片等优质片源</td></tr>
<tr><td>小米</td><td>2021 年</td><td>申请虚拟现实环境下的移动支付方法专利</td></tr>
<tr><td rowspan="4">元宇宙</td><td>字节跳动</td><td>2022 年</td><td>投资“李未可”（实时 AI 虚拟数字人）</td></tr>
<tr><td rowspan="2">百度</td><td>2021 年</td><td>推出元宇宙 App“希壤”，在希壤中，可以连接虚拟与现实，还能进行多人互动，在视觉、听觉和交互 3 个方面实现技术突破</td></tr>
<tr><td>2021 年</td><td>发布智能数字人平台“百度智能云曦灵”，为各行各业提供数字人生产等，降低数字人门槛</td></tr>
<tr><td>阿里巴巴</td><td>2021 年</td><td>阿里云游戏事业部发布了全新品牌“元境”。在元宇宙，元境扮演“新基建”的建设者和技术的推动者</td></tr>
<tr><td rowspan="3">国外</td><td rowspan="3">增强现实</td><td>Google</td><td>2020 年</td><td>收购了智能眼镜初创公司 North</td></tr>
<tr><td>微软</td><td>2021 年</td><td>正式发布了 HoloLens 2 工业版，提供手部追踪、眼部追踪、语音命令、空间映射、混合现实捕捉、6DoF 追踪等功能</td></tr>
<tr><td>亚马逊</td><td>2022 年</td><td>基于 AR 功能的 Amazon View 上线</td></tr>
</table>

续表

地区	类别	企业	时间	事件
国外	虚拟现实	Meta	2021 年	Meta 的产品团队 Reality Labs 发布了触感手套的最新研究进展，可以让使用者在 VR 世界中再现抓握物体或用手在表面上滑动等感觉
			2022 年	计划推出高端头显设备，功能更全面
			2022 年	Meta 虚拟现实部门 2022 年第一季度亏损 29.6 亿美元，第二季度亏损 28.1 亿美元
		Google	2022 年	发布了云 XR 串流服务：Immersive Stream for XR（预览版）。该服务基于 Google Cloud 架构，能在任何设备上的浏览器中运行 AR/VR 内容
			2022 年	公布全息视频聊天技术 Project Starline
		苹果	2022 年	苹果公司向其董事会成员演示了正在测试中的混合现实（Mixed Reality，MR）头盔。与此同时，苹果加速了对 rOS（reality OS，现实操作系统）的研发，该系统将用于混合现实硬件设备
		微软	2021 年	提交了一种通过在 VR 中生成真实环境中物体的虚拟模型来警告用户正在接近障碍物的专利申请
	元宇宙	Meta	2021 年	Facebook 宣布，该平台的品牌将部分更名为“Meta”
			2021 年	投资 5000 万美元成立 XR 计划和研究基金，用于元宇宙生态规则的探索和研究
			2021 年	Horizon Worlds 作为元宇宙平台正式开放体验
			2021 年	推出了支持远程 VR 办公的应用程序 Horizon Workrooms
			2022 年	推出虚拟居家场景的 Horizon Home，可以邀请朋友到自己的虚拟小家做客，可以用虚拟的形象和朋友一起去不同的场景里游玩等
		Google	2022 年	宣布推出元宇宙沉浸式 3D 实景地图
		微软	2021 年	微软正式宣布进军元宇宙
		英伟达	2022 年	英伟达宣布了一系列由 AI 驱动的元宇宙新工具，包括实时协作与仿真平台 Omniverse 的新版本、能帮助开发者更快构建高质量虚拟人的 Avatar 云引擎，并公布一项将“元宇宙语言”USD 应用于工业元宇宙的多年发展路线图

2 概念的界定

2.1 扩展现实及扩展现实营销

扩展现实（Extended Reality，XR）是指通过计算机将真实与虚拟相结合，打造一个可人机交互的虚拟环境，这也是增强现实（AR）、虚拟现实（VR）等多种技术的统称。也有学者对这一概念进行了讨论，认为XR的概念应该进一步扩大，其中的X应该代表“任何”形式的新现实（Rauschnabel et al.，2022a）。换句话说，X代表一个占位符，类似于代数中的一个变量。考虑到虚拟现实和增强现实是扩展现实最核心的两类技术类型，本报告主要对这两种技术进行梳理和回顾。此外，元宇宙与这两种技术息息相关，早期元宇宙的研究可以在虚拟现实和增强现实技术背景下展开，因此本文对元宇宙也进行了相应的拓展。

虽然增强现实和虚拟现实都可以归为XR，但是两者存在本质的区别，如果物理环境是用户体验的一部分，则可以将其归为增强现实；如果不包括物理环境的体验，则可以将其归为虚拟现实（Rauschnabel et al.，2022a）。两者之间的差异，主要体现在以下几个方面。第一，增强现实需要对物理环境进行精确的理解和跟踪，以便将虚拟对象集成到AR中的真实世界；而虚拟现实的物理环境是被虚拟对象取代的。第二，在虚拟现实中，用户完全沉浸在精神中，无法感知真实世界；而在增强现实中，用户会同时感知真实对象和虚拟对象，甚至可能会将真实的对象错误地认为是虚拟的对象。第三，在设备上，增强现实可以采用固定式的、移动式的、可穿戴式的等，增强现实则主要以可穿戴式的（HMDs）为主。在显示设备中，增强现实主要采用透视和投影技术，而虚拟现实主要采用视频显示和投影技术。第四，增强现实表现为本地存在感（local presence）的提升，而虚拟现实表现为临场感（telepresence）的提升，不过两者都能够提升用户的沉浸感。此外，两者也存在一定的相似性。第一，在虚拟现实和增强现实的使用过程中，用户均有可能会受到真实世界的威胁（如碰撞）。第二，虚拟现实在使用过程中会产生头晕的现象；而在增强现实使用中，加入可怕或令人不安的虚拟对象，也可以引起恶心、头疼甚至癫痫，两者均存在一定的负面效应。

在实践和研究中，进一步区分不同的增强现实或虚拟现实具有一定的意义。具体而言，根据虚拟和现实的融合程度，可以将增强现实看作是从辅助现实（assisted reality）到混合现实（mixed reality）的连续体，即辅助现实—混合现实连续体。其中，辅助现实的目标是帮助对象更好地理解物理环境，而不是将虚拟和现实对象融合；混合现实则以难以或不可能检测到的方式消除用户对真实对象的感知，虚拟和真实对象融合在一起，用户无法区分。两者最大的区别在于本地存在感（local presence），本地存在感指的是用户体验到的 AR 对象在其物理环境中实际存在的程度。在辅助现实中，内容出现明显的人为迹象以及与现实对象的重叠，因此，辅助现实的本地存在感要低于混合现实。类似地，虚拟现实则可以根据临场感（telepresence）的高低，将其视作从原子虚拟现实（atomistic virtual reality）到整体虚拟现实（holistic virtual reality）的连续体。其中，临场感指的是用户在虚拟环境中感觉到存在的程度，其前缀“tele”强调该存在感是完全由虚拟环境所介导的。对于原子虚拟现实而言，用户体验质量要劣于其他目标，任务的完成是主要的关注点；而对于整体虚拟现实而言，虚拟世界与现实世界的体验几乎无法区分。综上所述，无论是增强现实还是虚拟现实，存在感都是区分不同增强现实或虚拟现实的关键所在。

营销中的增强现实和虚拟现实。增强现实营销被定义为对 AR 体验、单独或者结合其他媒体及品牌相关线索的战略整合，通过为品牌、利益相关者和整个社会创造价值来实现总体营销目标，同时应考虑道德影响（Rauschnabel et al.，2022b）。AR 营销代表了营销学科中一门新颖的分支学科，未来可能会带来“破坏性”影响，与AR相关的营销活动均可归类于AR营销。在虚拟现实中，同样有众多学者开展了和营销有关的虚拟现实研究，包括产品开发、消费者自我表达、购买后产品价值提升、提高促销活动有效性、满意度和忠诚度，等等。因此，在本报告中有必要针对性地对增强现实营销和虚拟现实营销进行讨论，以帮助企业和学者更好地开展相关业务。

2.2 元宇宙

元宇宙（metaverse）是一种新的沉浸式扩展现实，并基于扩展现实技术为用户提供虚拟的、即时的体验（Shin，2022）。受限于技术发展方向的不确定性和元宇宙本身的复杂性，目前缺乏一个明确的定义（Kim，2021）。有人将元宇宙描述为一个共享的虚拟空间，用户可以选择自己的化身、建造房屋和企业、召开会议、上课、寻找合作伙伴、突袭村庄、入侵行星、飞往太阳，并在计算机上模拟各种现实生活，或是模拟现实生活中不可能发生的事情。也有人认为，元宇宙并非完全独立的虚拟空间，还应考虑现实世界和虚拟世界之间的联系，因为虚拟体验可以在现实世界中产生直接后果。Kim对现阶段的元宇宙进行了定义：元宇宙是一个共享虚拟环境的可互操性的持久网络，在这个共享虚拟环境的网络中人们可以与其他代理或者对象进行同步的交互（Kim，2021）。人们可以使用数字化身居住在元宇宙中，并通过多种形式体验虚拟世界。更重要的是，增强现实、虚拟现实、NFT和加密货币等数字技术的进步，将助力打造一个更先进的虚拟世界（Taylor，2022）。

3　技术特征带来持续变革

3.1　引领未来的人机交互——重塑互动

3.1.1　虚拟现实互动过程

虚拟现实是计算机生产的、交互式的和高度生动的环境，在该环境中能够确保用户通过临场感达到沉浸式的状态，并促进参与者以人类接触的方式参与其中。此外，类似的接触是多感官的、动态的，且与用户感知或理解真实世界方式类似的。由此可见，虚拟现实具备极强的互动性。当存在人类参与时，参与的类型主要可以划分为“人—机—人模式”和“人—机模式”等（Kim，2021）。借助管理学中沟通的过程模型（见图2），本报告从沟通过程的6个要素方面对虚拟现实的交互过程进行了分析，即信息发送者、信息、沟通载体、信息接收者、反馈、噪声。该沟通过程是闭环的，因此，任何一个环节被影响都会影响沟通效率，即虚拟现实体验感。

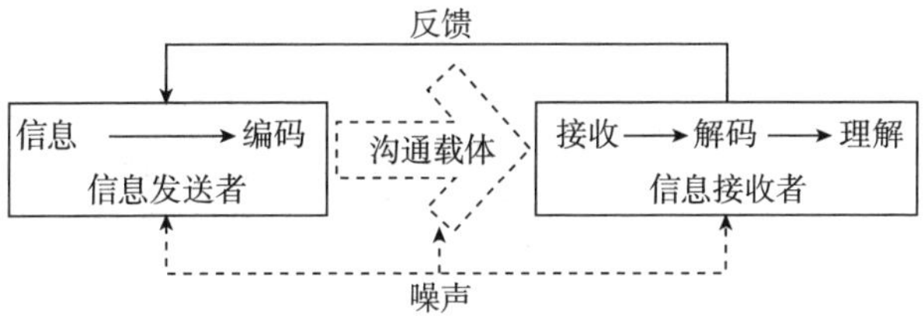

图2　虚拟现实交互过程及要素

（1）沟通载体

虚拟现实技术现在可以允许2个远程个体在共享的虚拟环境中同步交互，该技术可以为个体提供全身的运动支持，通过实时地将身体的位置、方向和运动传送到化身上，虚拟现实技术可以达到极高的逼真度。眼动追踪技术还可以解决化身的实时眼睛注视方向（Dzardanova et al.，2022），详见图 3，且目前对视觉注意力的预测已经可以达到 91% 的准确率（Li et al，2021）。此外，其他技术的发展共同提高了虚拟现实这一载体沟通的有效性。例如，利用风扇为立方体提供风力或红外线灯光等，均可以提高沟通过程中对象的存在感和真实性（Kwon，2021）；也可以通过模拟的虚拟手，实现参与者与虚拟环境的互动（Joy et al. ，2022）。综上所述，虚拟现实技术的发展不仅改变了我们对信息源的感知或接收方式，也改变了我们向其对象发送信息的方式。

由此可见，虚拟现实技术本身可承载多样化的信息。但光有技术载体并不能够确保身临其境的体验。因此，在下文中将继续对沟通的其他要素进行讨论，如传递信息的类型，包括语言线索和非语言线索，如眼神、表情、气味等。

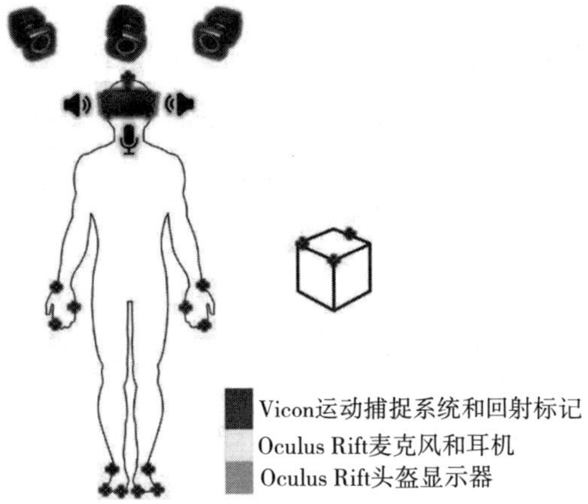

图 3　虚拟现实动作捕捉装备

资料来源：Dzardanova et al. ，2022.

（2）信息

眼神接触触发的生理反应与真实场景的差异。通过运动跟踪器和眼睛跟踪器，用户可以使用真实的手势在 VR 中进行面对面的动作和眼神交流。眼神交流是重要的，可以传达出重要的信息，如互动对象的意图、动机等。研究发现，在虚拟现实环境中直接凝视比非直接凝视会产生更大的生理唤醒反应（通过皮肤导电测量）和注意力导向反应（通过心率减速测量），而以往的研究验证过传统的图片、视频展示并不能带来类似的效果。这表明，虚拟现实中眼神接触带来的生理反应类似真实场景中的眼神接触（Syrjämäki et al.，2020），见图4。这一点是重要的，意味着营销人员可与消费者进行更加深层次和更有效率的对话。

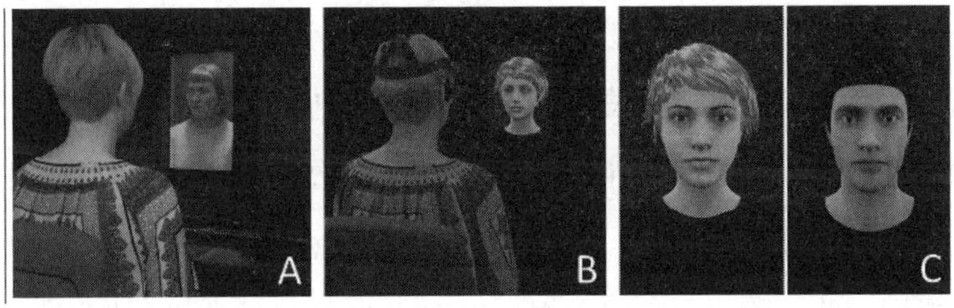

图4　虚拟现实和真实场景中的眼神互动

资料来源：Syrjämäki et al.，2020.

社会语境下的线索。虽然VR技术可以进行延伸沟通等，但是VR技术依然会减少面对面中较为明显的社会语境线索，如面部表情、情绪、举止和肢体语言等。在某些特定的管理场景中，社会语境线索可能会带来一定负面的影响，如在监管员工按一定标准完成工作任务的过程中，真实场景中过多的监视会引发管理者和员工共同的不适，采用化身的沟通方式可以有效减少社会存在感，从而减少负面社会评价的产生（Raveendhran et al.，2020）。尽管上述研究认为虚拟现实可以减少社会存在感，但相较于传统的社交媒介，大多数研究认为虚拟现实会增强社会存在感。因此，融合了沉浸式技术并传递更多非语言线索的虚拟现实技术，被认为会颠覆现有的社交网络，并被看作是第二代社交网络的发展方向（Dzardanova et al.，2022）。此外，虚拟现实作为第一种也是唯一一种有可能整合各种语言和非语言线索的沟通媒介（Dzardanova et al.，2022），其复杂性和面对面的沟通差不多，在权威和服从实验中，也能达到面对面"发号施令"的效果。

气味和视觉一致性对存在感和真实感的增强。据悉，名为 Architecture of Scent（AOS）的虚拟现实气味模拟系统可模拟 250 种气味。有研究表明，当负面的、不愉快的气味（嗅觉线索）和污秽的厨房（视觉线索）一致时，参与者会感受到更高的存在感和真实感；然而当愉快的气味和肉桂苹果派组合时，参与者能够感受到更高的真实感，但是存在感并不会增强（Baus et al.，2019）。总体而言，气味和视觉等多感官的一致性有可能在一定程度上强化消费者对虚拟现实的体验。

温度和风也可以被人体皮肤感受并传递信息。当通过将虚拟现实与暴风雪场景连接并生成风时，用户的存在感得到增强；在驾驶过程中提供风的感觉也可以传递速度信息；当用户在虚拟迷宫中移动时，他们可以通过风信号找到出路。除了风信息，温度有时候也起到了类似的作用，给用户提供体验感和存在感，有时候甚至可以和风共同打造一个更逼真的环境。

各式信息作为营销人员希望传递给消费者的内容，未来将会有更多可操纵的空间。例如，通过对虚拟现实体验环境的操纵，营销人员可以促进消费者在购物过程中消费更多，甚至影响他们的分享意愿，促进品牌口碑等。

（3）信息发送者/接收者

信息的发送者和接收者既有可能是人、也有可能是机器。因此，主要可以划分为两种交互模式：人—机—人模式，人—机模式。在“人—机—人模式”中，人们通过化身与其他人的化身进行沟通和交流；而在“人—机模式”中，人们通过化身与机器进行交互。有意思的是，在虚拟现实环境中，即使是“人—机—人模式”也会发生情绪感染的现象。当消费者观看带有不同情绪的虚拟人的时候，也会被“感染”相同的情绪（Jamil et al.，2021）。在产生同理心方面，虚拟现实也可以让人们从主角的视角看到、听到和感觉到，因此虚拟现实也被称作“产生同理心的机器”（Young et al.，2021）。

（4）反馈

依据脑电图信号设计反馈机制。通过个人的脑电图信号，可以实现个人注意力的测量、监督和反馈。“提醒反馈”通常在注意力分散时给出，“鼓励反馈”则可以在注意力集中时给出，或者是在用户完成一项任务时给出。研究发现，提醒反馈最有利于提高参与者的注意力和心流状态（人们专注地进行某行为时所表现的心理状态）（Yang et al.，2019）。实际上，反馈还可以通过触觉或者视觉的方式输出（Pietra et al.，2021）。例如，在虚拟驾驶环境里，可以利用振动或视觉图像的形式为驾驶员提供反馈，探究哪些反馈运用到实际驾驶中会更佳，以帮助企业改善它们的产品。

（5）噪声

噪声是影响沟通的一切消极、负面的因素。通常可以把沟通噪声定义为妨碍资讯沟通的任何因素。接收者往往容易产生“电脑病”（cybersickness），这种影响准确沟通的错误可以认为是虚拟现实特有的噪声。“电脑病”指的是在VR暴露期间或之后，部分用户会出现不适、迷失方向和恶心等症状（Varmaghani et al.，2022）。目前有关“电脑病”的负面影响尚不清楚，虽然该症状可能不会影响认知功能（Varmaghani et al.，2022），但沉浸感和该症状之间存在显著的关联（Martirosov et al.，2022），这意味着沉浸感越高，发生“电脑病”的概率越高。此外，由于用户在虚拟现实中并不能观看到物理世界，或是完全沉浸在精神世界中无法感知物理世界，在体验的过程中应该减少类似的干扰，提高体验的流畅性。

3.1.2 增强现实互动过程

增强现实通常是指数字信息与实时的真实世界的组合。与虚拟现实不同的是，增强现实的互动性主要体现在与数字对象或真实对象的交互，因此增强现实技术的互动过程可以划分为两大部分：嵌入过程和物理控制模拟过程，两者共同决定了本地存在感的强度。

嵌入过程：嵌入的质量决定了生动性。将虚拟对象嵌入真实对象的质量影响了消费者对其生动性的感知，而生动性有助于消费者想象未来消费情境中对产品的预期体验。一旦消费者感知的生动性较低，沉浸感就会受到限制（见图5）。

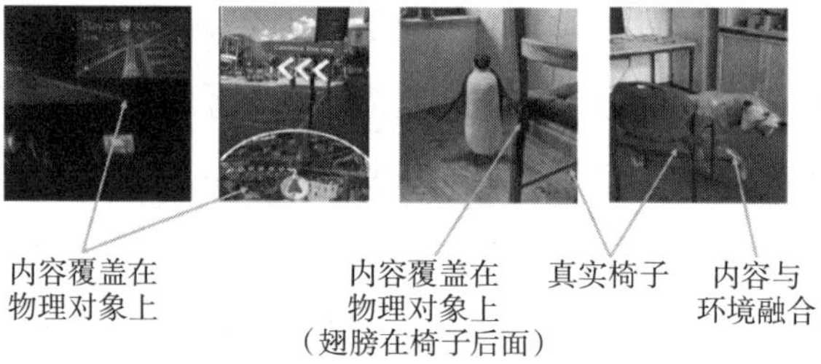

图5　不同生动程度的嵌入

物理控制模拟过程：物理控制的质量决定可交互性。物理控制模拟指的是对产品的物理控制（如移动、旋转），因此物理控制允许消费者与产品进行互动，可以增强消费者“真实购物”的感觉。技术层面，设备反应的速度、媒介的控制环境、与现实世界的控制环境的相似性以及在媒介环境中内容可以被操纵的范围的广度，都会影响交互的性能。

3.2　新技术引领营销变革

3.2.1　AR和VR对零售领域的影响

AR购物、VR购物、3D购物、触摸屏购物在感官体验上是有差异的，AR购物和VR购物是典型的多感官体验，具有更强的生动性（Mishra et al.，2021）。特别地，AR购物和VR购物可以最大限度地激活产品的可视化（Mishra et al.，2021），并有可能触发消费者对产品的渴求（Richins and Balducci，2021）。消费者通过AR购物，可以看到一件家具是否适合他们的家，或者在购买前通过VR对一件衣服进行虚拟试穿以确定是否适合自己；蒂芙尼公司使用AR帮助消费者想象订婚戒指戴在手上的样子；欧莱雅和丝芙兰正在使用AR为顾客提供不同化妆品的效果预览（Tan et al.，2022）。AR 技术帮助消费者在没有实物产品的情况下体验产品，管理了顾客的期望并提升了购买信心。

在 AR 购物或 VR 购物过程中，存在感起到了重要的作用。混合现实（mixed reality）使得真实对象和虚拟对象融合在一起，难以分辨。当顾客忘记了增强现实的存在，相信他们正在试戴一副真实的太阳镜、尝试一副新的妆容或是试穿最新款的时装时，在线服务体验就会增强，决策的舒适度也会增加。因此，当存在感在购物决策过程中显得重要时，企业就应该使用混合现实而非辅助现实，因为辅助现实的存在感较低、真实性较低。对于 VR 购物来说，相较于桌面环境，临场感和可交互性带来的高沉浸感，可能会改变消费者的购物行为。例如，使用 VR 购物会导致消费者寻求更多的品牌和产品口味（多样化寻求），并降低他们的价格敏感性（Meißner et al.，2020）。

在零售环境下，AR 购物有四大用途（Tan et al.，2022），并改变了客户旅程（Rauschnabel et al.，2022b）。第一，娱乐功能。AR 技术将静态对象转换为交互式或动画三维对象的能力，为吸引和娱乐客户提供了新的途径。例如，沃尔玛与漫威等媒体公司合作，在选定的门店周围举办主题展，并设置了独家的超级英雄主题 AR 体验。AR 技术除为顾客创造新颖、引人入胜的体验外，还鼓励了顾客探索商店。第二，教育功能。AR 也是向客户交付内容和信息的有效媒介。例如，为了帮助客户更好地欣赏他们的新车型，丰田和现代利用 AR 的方式展示关键功能和创新技术。第三，评估功能。AR 可以将虚拟产品融合到真实的物理世界中，使他们能够在购买前更准确地评估产品的合适性。第四，增强购后体验。例如，为了消除人们对麦当劳食品成分质量的怀疑，麦当劳在 AR 技术中通过讲故事和三维动画展示的方式，帮助顾客发现他们购买食品中成分的来源。由此可见，AR 购物可以介入购物决策前、购物决策中和购物决策后等不同阶段。Rauschnabel 等（2022b）同样也提出了新的 AR 购物客户旅程：第一，意识（awareness），指的是消费者知道并了解品牌及产品的过程。例如，约翰正在读一篇关于新款保时捷的文章，他下载了保时捷 AR 应用程序，并在家里进一步研究了这款车。第二，探索（exploration），指的是消费者在没有购买需求时探索一个品牌或产品，以确定新的需求或机会。例如，某位女性顾客正在使用丝芙兰 AR 购物应用程序探索一些从未尝试过的、不同寻常的化妆品，虽然她此时此刻并不需要这些化妆品。第三，计划（planning），指的是消费者意识到购买特定产品的需求，并开始制订详细的购买计划。例如，某位顾客希望购买沙发，为此，她制定了不同的方案，并使用宜家的 AR 购物程序，尝试了不同的购买方案。第四，购买（purchase），指的是消费者通过 AR 购买产品。第五，使用（use），指的是消费者使用产品，包括实际产品或 AR 产品（如 AR 电视）。第六，忠诚（loyalty），指的是顾客对某个品牌保持忠诚。例如，通过 AR 进行售后服务等。

与 AR 购物不同的是，VR 购物在零售领域的影响主要体现在以下几个方面（Loureiro et al.，2019）。第一，VR 购物场景是对在线零售环境的破坏性重构。现有的 AR 购物的应用，更多是将某个产品与现实进行结合，让产品呈现生动且可交互，从而触发消费者对产品的渴求，而 VR 购物对在线购物的环境进行了重构。例如，传统互联网在线购物场景缺乏温度、气味、纹理或人的因素等，VR 购物可以通过触觉、味觉、红外线灯光、立体风扇、听觉等，调动更多的购物感官体验。因此，基于刺激—机体—反应框架（S－O－R）开展研究，可以明确环境条件（如颜色、装饰、灯光、背景音乐）、空间（如布局、设备、家具）、手工艺品（如符号、风格装饰）、提供的信息和社交成分（如人群、员工、客户、化身）。现有的研究将对指导未来的零售店铺如何设计发挥更大的作用，以便企业更好地吸引和保留顾客。第二，除了购物环境可能会发生重大变化，企业在该虚拟环境中的营销方式也会随之发生重大变化。眼动跟踪数据可以更好地识别消费者的认知处理过程，通过对该过程进行分析，营销人员可以更好地站在消费者视角下重塑客户关系。第三，交互过程可以为价值共创提供更好的环境，在这个环境下，企业和消费者可以更好地对话，共同构建个性化的体验。

3.2.2 AR和VR对广告领域的影响

随着增强现实和虚拟现实等技术的创新，数字技术的进步将带来一个更先进的虚拟世界，而广告无疑是这个世界的一部分（Taylor，2022）。对数字广告的研究起源于20世纪90年代，那时候互联网的渗透和传播还很慢，直到2005年数字广告才成为主要的广告媒介。尽管目前虚拟现实设备渗透率较低和广告成本较高，但营销人员已经开始意识到在虚拟现实平台上做广告的潜力（Wu et al.，2022）。因此，就目前这一阶段而言，对增强现实和虚拟现实广告的探索，有利于广告实践的发展，也极有可能为基于增强现实和虚拟现实等创新技术的元宇宙广告提供洞察。

相较于传统的广告，虚拟现实带来了更具吸引力的视觉环境（Chen，2019）。但是，我们依然需要对虚拟现实环境下广告的有效性进行检验（Chen，2019）。例如，沉浸感对于植入式广告而言可能并不一定友好，消费者有可能因关注虚拟内容本身而忽略嵌入在背景环境中的广告。不太真实的虚拟现实广告可能会导致负面效果。当消费者开始熟悉AR广告后，广告效果同样有可能会减弱（Yang et al.，2020）。尽管存在部分负面效果，考虑到虚拟现实和增强现实未来应用范围和影响可能越来越大（Taylor，2022），更进一步地探讨如何提升广告的有效性同样也是有必要的。

在虚拟现实场景中，消费者可以与虚拟的自我或者虚拟的他人进行互动，当虚拟自我与物理自我连接时，消费者将他们的真实自我映射到他们的虚拟自我上，并感觉到与虚拟自我融合在一起。研究表明，虚拟自我与物理自我的相似性越高，消费者体验到的自我存在感越强，广告的说服效果也就越好（Song et al.，2021）。换句话说，个性化定制虚拟人物以提升物理自我和虚拟自我的相似性，有利于提升广告的说服效果。与完全虚拟的环境不同，增强现实环境需要与物理世界进行融合，但 AR 广告同样具备颠覆传统广告形式的潜力。例如，消费者可能接受了平面广告的信息，并通过手机 AR 应用程序进一步探索和查看相关产品。AR 技术可以为消费者提供更丰富的信息或体验，以减少不确定性。因此，当平面广告结合增强现实时，消费者能够感知到更高水平的广告信息和更强的品牌喜好（Tsai et al.，2020）。此外，相较于传统的广告，AR 广告在广告接受、品牌态度和购买意愿等方面要更优（Uribe et al.，2022）。然而，企业也应该看到，不同个性的人对广告的接受度是不一样的（Uribe et al.，2022）。

3.2.3 AR 和 VR 对品牌领域的影响

在互联网时代，品牌能够接触到更多的信息和人，更多的利益相关者和传统品牌商共同创造品牌体验和品牌意义。得益于新技术的发展，品牌的边界正在变得比过去更加模糊化（Swaminathan et al.，2022），而以虚拟现实和增强现实为技术基础的元宇宙被认为是 web3.0 时代（Murray et al.，2022；Kim，2021），这些新技术的发展极有可能给品牌领域带来重大的影响。

品牌商可以通过身临其境的体验来增强与顾客的关系。事实上，在虚拟商店环境中形成的感知可以渗透到现实世界的品牌感知中（Pizzi et al.，2020）。研究表明，为消费者提供令人愉快和难忘的体验，可以增强品牌感知、态度和偏好，从而与客户建立积极融洽的关系。此外，品牌体验还可以带来更高的品牌知名度、品牌依恋和品牌宣传。当为消费者提供虚拟现实品牌体验时，消费者会对品牌产生强烈的情绪体验，对事件的印象会更加深刻，从而对品牌感知和态度更加积极（De Regt et al.，2021）。然而，当消费者具有丰富的产品类别知识的时候，虚拟现实体验反而会导致消费者对品牌的反应产生负面的影响（Cowan et al.，2021）。除了虚拟现实，增强现实同样会对品牌感知和评价产生影响。波士顿咨询公司认为，与品牌相关的目标（如品牌知名度、品牌偏好等）占 AR 营销中基本业务目标的86%，而销量增长目标扮演了一个有意义但不那么重要的角色。德勤公司认为，AR提供了与产品或服务互动的新方式，并为公司提高知名度、推广功能、触发对产品的渴望等提供了机会。

3.2.4 AR和VR对其他领域的影响

增强现实和虚拟现实的潜在应用场景丰富，但现阶段依然囿于技术的发展和普及。除了在零售、广告、品牌等领域开展应用和研究，未来应该在更多的与营销有关的领域开展应用和研究。

对教育领域的影响。在教育中使用增强现实技术是一种新的流行趋势。现有的实践和研究均表明，增强现实技术可以将概念具体化，通过可交互的方式提高学生的学习能力、动机等，减轻学生学习过程中的认知负荷（Kao等，2022）。在学习效果方面，增强现实还可以帮助学习者保持更长久的记忆力，提升学习者的兴趣等（Chen and Liu，2020）。除了增强现实，虚拟现实也被用于职业培训项目，以提高员工的知识、技能、能力等，且有效性得到了一定的检验（Howard et al.，2021）。不同于现有的视频技术，虚拟现实和增强现实在生动性方面更强，其可互动的特征还可以提高学习的乐趣和效果，吸引学习者沉浸其中。

对医疗领域的影响。目前营销已经开始关注医疗领域，增强现实和虚拟现实对医疗领域同样存在影响。通过虚拟现实技术模拟逼真的自然环境，可以有效缓解高工作量和时间压力导致的注意力耗竭、短期紧张，且在效果上与物理的自然环境没有不同，甚至更好（Mattila et al.，2020）。在医疗领域，虚拟现实还被用于训练医生的手术技能，如侧脑室穿刺引流（Lin et al.，2022）。但是，患者是否会对虚拟现实等技术表示出担忧，目前尚未可知。

对社会福祉领域的影响。许多慈善机构（如乐施会、联合国儿童基金会）投入大量的虚拟现实设备以呼吁消费者捐赠。通过让消费者的体验更加生动、真实，虚拟现实技术可以有效地增加消费者捐赠金额（Kristofferson et al. , 2022）。除此之外，虚拟现实还可以应用于呼吁患者进行器官捐赠（Li and Kim，2021）。在环保回收方面，虚拟现实在说服消费者的塑料消费、回收和废物处理等方面也得到了应用（Chirico et al. , 2021）。可以预见，虚拟现实技术在和增强现实技术在增强社会福祉方面将发挥一定的作用。

3.2.5 AR和VR带来的挑战和机会

对营销人员的挑战和机会。第一，目前虚拟现实技术和增强现实技术的应用潜力尚待完全开发，未来营销场景存在诸多不确定性，营销人员需要激发更多的创意以创造价值。第二，在新的技术背景下，消费者的认知、态度和行为等会发生转变，作为与现实世界平行的世界，消费者在虚拟世界中的信念、规范和价值观等会发生变化，这对营销人员构成了新的挑战，以往的营销方式需要更多的创新和转变。第三，由前文可知，客户在购物决策前、购物决策中和购物决策后等不同阶段发生变化，企业应该深入了解变化并做出营销战略调整。第四，眼动数据、脑电波等生理数据，为企业实现更精准的营销提供了便利，然而如何利用好这些数据提升产品和服务存在一定的挑战。

对科研人员的挑战和机会。第一，目前已经有研究开始使用虚拟现实重新验证以往的研究结论，通过对消费者生理和心理数据的收集，可以加深对消费者认知和情感方面的理解。第二，现阶段的研究仍然有待进一步完善，营销研究人员应该根据虚拟现实和增强现实应用场景的创新去完善理论，紧跟前沿。第三，有关福祉问题的探讨目前较少，目前科学技术的发展带来了诸多好处，但也带来了上瘾、逃避现实等社会问题。

3.2.6 元宇宙展望

前文提及，元宇宙的发展方向尚存在不确定性，但我们依然可以从不确定性中寻找确定性，元宇宙的发展依然存在诸多挑战和机会。

元宇宙带来了新的营销机遇。第一，预计元宇宙有可能成为现有社交媒体和社交网络平台的扩展。未来的元宇宙将越来越依赖于用户生成的内容，在这些虚拟世界中，用户的化身可以通过语音或文本聊天进行交互（Murray et al.，2022）。第二，元宇宙可能会改变未来的商业模型。可以想象一下，元宇宙中的一个数字店面，每天都有数以百万计的用户头像经过会是怎样的场景。在数字营销中，客户通过访问网站等数字平台进行购买，而在元宇宙中，企业与顾客的互动模式会发生转变，如何创建内容、提升消费者参与以及优化搜索方案等会成为新的挑战和机遇。第三，消费者态度和行为可能发生变化。以往的研究发现，在类似的非凡世界中，消费者会产生不同于日常生活的信念、规范和价值观，这些信念、规范和价值观约束了行为（Orazi and van Laer，2022），规定了消费者在元宇宙中的角色。据此，和现实生活相比，元宇宙中消费者的态度和行为会发生转变，能够洞察消费者态度和行为变化的公司将受益。

如何提高人类福祉将会成为一项重要的研究和实践课题。第一，元宇宙极有可能在未来塑造非凡体验。当越来越多的消费者感觉到体验与日常生活之间的矛盾时，回归日常生活变得更具挑战性，在体验结束后可能会产生戒断症状（Orazi and van Laer，2022）。基于虚拟现实技术的研究也发现，相当多的人在虚拟现实消费后，出现了不愉快的失自我感（depersonalization）和失真实感（derealization）症状。例如，消费者会觉得自己的手是不真实的，并与现实脱节（Peckmann et al.，2022）。因此，元宇宙社会中，困惑、抑郁、空虚、恐惧、刺激、恐慌和压力等负面情绪可能会更频繁地在现实中发生，消费者在情感上依附于元宇宙场所并赋予其意义。第二，越来越多的人可能会选择逃避现实和自我放纵（Han et al.，2022）。逃避现实有助于避免真实世界带来的心理不适，虽然现有的互联网技术也有类似的负面作用，但元宇宙场景下，沉浸式体验可以触发消费者更深层次的情感联系，这可能会比现有的技术产生更深远的影响。

参考文献

[1]BAUS O, BOUCHARD S, NOLET K. Exposure to a pleasant odour may increase the sense of reality, but not the sense of presence or realism[J]. Behaviour&information technology, 2019, 38(12):1369 - 1378.

[2]CHEN H, WANG Y. Product placement in virtual reality videos from the perspective of dialogic engagement[J]. Journal of interactive advertising, 2019, 19(2):133 - 147.

[3]CHEN S Y, LIU S Y. Using augmented reality to experiment with elements in a chemistry course[J]. Computers in human behavior, 2020, 111:106418.

[4]CHIRICO A, SCURATI G W, MAFFI C, et al. Designing virtual environments for attitudes and behavioral change in plastic consumption: a comparison between concrete and numerical information[J]. Virtual reality, 2021, 25(1): 107 - 121.

[5]COWAN K, SPIELMANN N, HORN E, et al. Perception is reality…How digital retail environments influence brand perceptions through presence[J]. Journal of business research, 2021, 123:86 - 96.

[6]DE REGT A, PLANGGER K, BARNES S J. Virtual reality marketing and customer advocacy: transforming experiences from story - telling to story - doing [J]. Journal of business research, 2021, 136:513 - 522.

[7]DZARDANOVA E, KASAPAKIS V, GAVALAS D, et al. Virtual reality as a communication medium: a comparative study of forced compliance in virtual reality versus physical world[J]. Virtual reality, 2022, 26(2):737 - 757.

[8]HAN D I D, BERGS Y, MOORHOUSE N. Virtual reality consumer experience escapes: preparing for the metaverse[J]. Virtual reality, 2022:1 - 16.

[9]HOWARD M C, GUTWORTH M B, JACOBS R R. A meta - analysis of virtual reality training programs[J]. Computers in human behavior, 2021, 121:106808.

[10] JAMIL M H, PARK W, EID M. Emotional responses to watching and touching 3D emotional face in a virtual environment[J]. Virtual reality,2021,25(2): 553 -564.

[11] JOY T, UGUR E, AYHAN I. Trick the body trick the mind: avatar representation affects the perception of available action possibilities in virtual reality [J]. Virtual reality,2022,26(2):615 -629.

[12] KAO G Y M, RUAN C A. Designing and evaluating a high interactive augmented reality system for programming learning[J]. Computers in human behavior, 2022,132:107 -245.

[13] KIM J. Advertising in the Metaverse: research agenda[J]. Journal of interactive advertising,2021,21(3):141 -144.

[14] KRISTOFFERSON K, DANIELS M E, MORALES A C. Using virtual reality to increase charitable donations[J]. Marketing letters,2022,33(1):75 -87.

[15] KWON C. A study on the verification of the effect of sensory extension through cutaneous sensation on experiential learning using VR [J]. Virtual reality, 2021,25(1): 19 -30.

[16] LI B J, KIM H K. Experiencing organ failure in virtual reality: effects of self - versus other - embodied perspective taking on empathy and prosocial outcomes[J]. New media&society,2021,23(8):2144 -2166.

[17] LI X, SHAN Y, CHEN W, et al. Predicting user visual attention in virtual reality with a deep learning model[J]. Virtual reality,2021,25(4):1123 -1136.

[18] LIN W, ZHU Z, HE B, et al. A novel virtual reality simulation training system with haptic feedback for improving lateral ventricle puncture skill[J]. Virtual reality, 2022,26(1):399 -411.

[19] LOUREIRO S M C, GUERREIRO J, ELOY S, et al. Understanding the use of virtual reality in marketing: a text mining - based review[J]. Journal of business research,2019,100: 514 -530.

[20]MARTIROSOV S, BURE M, ZÍTKA T. Cyber sickness in low – immersive, semi – immersive, and fully immersive virtual reality[J]. Virtual reality, 2022, 26(1): 15 – 32.

[21]MATTILA O, KORHONEN A, PÖYRY E et al. Restoration in a virtual reality forest environment[J]. Computers in human behavior, 2020, 107: 106 – 295.

[22]MEIβNER M, PFEIFFER J, PEUKERT C, et al. How virtual reality affects consumer choice[J]. Journal of business research, 2020, 117: 219 – 231.

[23]MISHRA A, SHUKLA A, RANA N P, et al. From "touch" to a "multisensory" experience: the impact of technology interface and product type on consumer responses[J]. Psychology & marketing, 2021, 38(3): 385 – 396.

[24]MURRAY A, KIM D, COMBS J. The promise of a decentralized internet: what is web 3.0 and how can firms prepare? [J/OL] Business horizons, 2022, 6: 2 [2022 – 08 – 25]. https://doi.org/10.1016/j.bushor.

[25]ORAZI D C, TOM V L, LINDA L P, et al. There and back again: bleed from extraordinary experiences[J/OL] Journal of consumer research, 2023, 49: 904 – 925 [2022 – 08 – 25]. http://hdl.handle.net/10.1093/jcr/ucac022.

[26]PECKMANN C, KANNEN K, PENSEL M C, et al. Virtual reality induces symptoms of depersonalization and derealization: a longitudinal randomised control trial [J]. Computers in human behavior, 2022, 131: 107233.

[27]PIETRA A, VAZQUEZ R M, ETZI R, et al. Promoting eco-driving behavior through multisensory stimulation: a preliminary study on the use of visual and haptic feedback in a virtual reality driving simulator[J]. Virtual reality, 2021, 25(4): 945 – 959.

[28]PIZZI G, VANNUCCI V, AIELLO G. Branding in the time of virtual reality: are virtual store brand perceptions real? [J]. Journal of business research, 2020, 119: 502 – 510.

[29]RAUSCHNABEL P A, FELIX R, HINSCH C, et al. What is XR? Towards

a framework for augmented and virtual reality[J]. Computers in human behavior, 2022a,133:107289.

[30]RAUSCHNABEL P A, BABIN B J, DIECK M C T, et al. What is augmented reality marketing? Its definition, complexity, and future[J]. Journal of business research, 2022b,142:1140 - 1150.

[31] RAVEENDHRAN R, FAST N J, CARNEVALE P J. Virtual (freedom from) reality: evaluation apprehension and leaders' preference for communicating through avatars[J]. Computers in human behavior, 2020, 111:106415.

[32] RICHINS M L, BALDUCCI B. Visualization ability and the elaborations that sustain product desire[J]. Psychology & marketing, 2021, 38(9):1591 - 1607.

[33] SHIN D. The actualization of meta affordances: conceptualizing affordance actualization in the metaverse games[J]. Computers in human behavior, 2022, 133: 107292.

[34]SONG H, KIM J, NGUYEN T P H, et al. Virtual reality advertising with brand experiences: the effects of media devices, virtual representation of the self, and self - presence[J]. International journal of advertising, 2021, 40(7):1096 - 1114.

[35]SWAMINATHAN V, SORESCU A, STEENKAMP J B E M, et al. Branding in a hyperconnected world: refocusing theories and rethinking boundaries[J]. Journal of marketing, 2020, 84(2):24 - 46.

[36]SYRJAMAKI A H, ISOKOSKI P, SURAKKA V, et al. Eye contact in virtual reality - A psychophysiological study[J]. Computers in human behavior, 2020, 112: 106454.

[37]TAYLOR C R. Research on advertising in the metaverse: a call to action [J]. International journal of advertising, 2022, 41(3):383 - 384.

[38]TAN Y C, CHANDUKALA S R, REDDY S K. Augmented reality in retail and its impact on sales[J]. Journal of marketing, 2022, 86(1):48 - 66.

[39]TSAI W H S, TIAN S C, CHUAN C H, et al. Inspection or play? A study

of how augmented reality technology can be utilized in advertising[J]. Journal of interactive advertising,2020,20(3):244－257.

[40]URIBE R, LABRA R, MANZUR E. Modeling and evaluating the effectiveness of AR advertising and the moderating role of personality traits[J]. International journal of advertising,2022,41(4):703－730.

[41]VARMAGHANI S, ABBASI Z, WEECH S,et al. Spatial and attentional aftereffects of virtual reality and relations to cybersickness[J]. Virtual reality,2022,26(2): 659－668.

[42]WU D Y, LIN J H T, BOWMAN N D. Watching VR advertising together: How 3D animated agents influence audience responses and enjoyment to VR advertising[J]. Computers in human behavior,2022,133:107255.

[43]YANG S, CARLSON J R, CHEN S. How augmented reality affects advertising effectiveness:The mediating effects of curiosity and attention toward the ad [J]. Journal of retailing and consumer services,2020,54:102020.

[44]YANG X, LIN L, CHENG P Y,et al. Which EEG feedback works better for creativity performance in immersive virtual reality:the reminder or encouraging feedback? [J]. Computers in human behavior,2019,99:345－351.

[45]YOUNG G W, O'DWYER N, SMOLIC A. Exploring virtual reality for quality immersive empathy building experiences[J]. Behaviour & information technology,2021:1－17.

从数字化赋能下的企业品牌内化到社交媒体下的虚拟文化适应
——基于环意（北京）国际旅行社的案例研究

李纯青[①]

摘要：随着我国“一带一路”倡议的提出和数字经济的不断发展，跨国旅游企业品牌的数字化赋能和跨国旅游情境下的社交媒体文化适应问题日益凸显。就前者而言，B2B企业该如何实现品牌内化？如何在品牌内化过程中保持技术与战略的一致？企业不同发展阶段的数字化赋能机制有哪些？就后者而言，什么是虚拟文化？社交媒体上的虚拟文化适应过程是怎样的？企业如何用社交媒体促进游客的文化适应以达到品牌宣传的目的？就这些问题，本文将通过两项研究探索其解决之道。两项研究分别讲述了数字化赋能在企业品牌内化中的作用和社交媒体下的虚拟文化适应，均以环意（北京）国际旅行社为案例研究对象，探讨了企业该如何利用数字化工具和社交媒体来构建强大品牌并实现品牌宣传，从而助力“一带一路”和“数字中国”战略构想的达成。

1　数字化赋能及其在企业品牌内化中的作用

1.1　研究缘起

众所周知，强大的品牌是企业竞争优势的重要来源，也是企业取得长

① 李纯青：西北大学管理学院教授、博士生导师、副院长。

足发展、迈向成功的关键（Kotler and Pfoertsch，2007）。伴随着工业产品的商业化以及 B2B 通过互联网进行买卖呈现日益增长的趋势，B2B 品牌的相关研究在得到学界广泛关注的同时，也给致力于打造强大 B2B 品牌的公司带来了巨大挑战（Tarnovskaya and Biedenbach，2016）。例如，在数字化的今天，B2B 公司该如何利用数字技术促进员工对品牌的拥护和认同，进而与顾客和其他利益相关者沟通、发展并维持长期关系。特别是，新兴市场背景下数字化赋能技术在 B2B 品牌化建设过程的不同阶段是如何帮助企业实现品牌内化就显得尤为必要。

然而，学界对于 B2B 品牌化的关注仍受到两方面的限制。一方面，学界虽然越发关注 B2B 品牌化，却不够关注企业内部的沟通工具，而这些工具最终可能影响员工的品牌内化成果（Sharma and Kamalanabhan，2012）。另一方面，学界普遍缺乏对中小企业（SMEs）和品牌化建设的研究（Merrilees，2007），且数字化赋能技术由西方开发，最初又服务于西方组织机构，所以值得进一步研究数字化基础设施欠发达的新兴市场中的中小企业如何通过此种通信策略受益（Bakar and Mustaffa，2013）。

因此，研究选择环意（北京）国际旅行社这一中小企业，从内部利益相关者的角度，分析了该企业探索和应用数字技术的“足迹”，论证了数字技术如何从企业的资源转化为能力，为理解数字化赋能技术在品牌内化过程不同阶段的作用提供了重要参考。

1.2 研究内容

1.2.1 B2B 品牌化及品牌内化

根据资源基础及市场基础观点，利益相关者共容的方法视品牌建设为协作过程，该过程是企业与其利益相关者关系的一部分（Mäläskä、Saraniemi and Tähtinen，2011）。该方法认为 B2B 品牌化是理解各利益相关者不同需求并做出响应的结果（Tarnovskaya and Biedenbach，2016），强调利益相关者之间更广泛地进行持续、动态互动（Balmer，2001；Schultz and DeChernatony，2002；Balmer and Gray，2003；Leitch and Richardson，2003）。

在品牌内化领域，大量关于品牌内化的文献关注企业内部利益相关者的品牌支持行为与企业品牌价值的一致性，但“现关于多个利益相关者如何参与持续的动态品牌信息和社会共同创造品牌资产的知识是稀缺的”（Vallaster and von Wallpach，2013）。

1.2.2 数字化赋能：从资源到能力

数字化赋能的概念源于赋能理论，可以追溯到几十年前关于员工投入和参与的研究，以及关于组织变革、平权行动及工作绩效的研究（Maynard、Gilson and Mathieu，2012）。赋能理论从根本上认为赋能措施可以增强员工的工作表现，促进其身心健康，培养个人、团队和组织的积极态度（Hempel、Zhang and Han，2012；Maynard et al.，2012）。之前关于赋能理论的研究基于两个激励框架（Hackman and Oldham，1976；Bandura，1977，1982），由此产生了两个主要的赋能角度：心理赋能和结构赋能（Menon，2001；Spreitzer，1995）。心理赋能关注员工对赋能的看法或认知状态；结构赋能的核心在于权力下放和责任转移，组织通过一系列形式控制加以实现，如工作设计等向员工灌输企业现状、政策和程序等的组织安排（Kanter，1977；Maynard et al.，2012）。根据这一理论，该研究认为数字化赋能技术是一种结构赋能，因其促使员工利用信息和通信技术以求在信息访问、互动、流动、运用多媒体能力、参与、休闲及反馈等方面更具灵活性，最终提高组织效率和灵活性（Abbott，2010）。

虽然现存文献反复断言数字技术与大战略目标保持一致可以使组织收到更积极的成果，但是数字化赋能技术提高组织绩效的过程仍被视为“黑匣子”，人们盲目地认为这一过程是自发自觉的（Tan、Pan and Hackney，2010）。人们对于数字技术实践及其实践者间相互关系的认识也相当有限，因为学界甚少关注利用数字化赋能技术提高 B2B 品牌内化效能和效率的过程中“人”这一关键因素的作用（Pan and Lim，2015）。为弥补这一知识缺口，本文以“策略实践”框架为理论基础，研究内化到新业务流程中的数字化赋能技术如何改变了员工参与品牌化建设支持活动的方式。

1.3 研究方法与发现

1.3.1 研究方法及案例选择

本项研究旨在探索数字化赋能技术如何帮助员工在 B2B 品牌化建设过程中的各个阶段实现积极的品牌内化效果。根据研究问题，研究旨在于情境丰富、难以量化的环境中解决“如何”的问题（Pan and Tan，2011），且品牌内化过程是根植于组织情境的复杂现象，须基于动态和纵向的视角，选择案例研究方法较为适用。因此，选择环意（北京）国际旅行社这一组织作为案例研究对象，并利用叙说方法将大量数据压缩为便于编辑的形式（表格和图表），从而为提取品牌发展过程中与数字化赋能措施相关的理论概念提供基础。最终，将企业品牌化建设过程划分为三个阶段：初创、发展和强化，并着重展示了主要实践者在不同阶段所采取的关键行动的描述。通过归纳抽象总结出相关概念，可以全面解释品牌发展过程中数字化赋能技术的益处。

1.3.2 案例描述及研究发现

环意国际旅行社（HUANYI International Travel Agency）又名 Vogliad' Italia Tour，前身为意大利米斯特拉旅行社；2009 年，米斯特拉旅行社退出市场，同年环意国际旅行社于罗马正式成立。原意大利米斯特拉旅行社的中国首席代表张女士发现国内供应商市场未满足游客需求，于是接手公司并将其更名为环意（北京）国际旅行社（以下简称“环意”），品牌目标重新树立为“优质定制旅游服务供应商”，专注于向 B2B 零售商游客提供一站式、定制化旅游服务，包括行程规划和预算、签证申请、预订管理和导游等服务。短短8年，环意重新加入市场的企业成长为中国意大利B2B旅游服务市场的领军品牌。2015年米兰世博会期间，由环意提供服务的中国零售客户占比逾70%。

具体来说，主要分为三个阶段。第一个阶段：品牌初创——初步数字化（2009—2012年）。该阶段的主要业务目标是树立品牌形象，即面对市场需求响应迅速的现代化B2B旅行社，致力于提供卓越的团队定制旅游体验。为此，环意引入ERP系统，投资购买数字化通信技术以促进信息内化和有效沟通。第二个阶段：品牌发展——系统升级（2013—2014年）。该阶段环意品牌已获得业界认可，初步渗入市场。B2B旅游市场客户群不断扩大、期望不断提高，现有系统无法应对不断变化的市场地位，且无法完全满足不断增长的业务需求，这影响了企业提供品牌承诺的能力。为此，环意强化了业务智能系统和即时反馈机制，进一步增强了企业内部通过数字化平台的沟通与协作，有助于其感知、理解、评估种种影响企业的变化及趋势。通过升级系统，环意由初步运用信息技术的公司过渡为信息技术高端标准化流程受益者。第三个阶段：品牌强化——数字化整合（2015年至今）。该阶段环意面临的挑战是同步沟通和营销工作，从而更均衡地维护和完善品牌价值及企业战略以长期反映品牌的一致性和相关性。为此，环意充分利用品牌内化机会、鼓励企业内部利益相关者参与创造品牌价值，利用社交媒体平台，使品牌创新的社会化过程融入员工的日常生活。也正因社交媒体平台的实施，与内部利益相关者的接触点大大增加。内部传播的内容也从最初狭隘的管理焦点扩展到更广泛的关于品牌、环境和社会变化的概念，这也为维护和培育组织内部的关系提供了巨大的机会。实证发现总结见表1，环意关键事件时间表见图1。

表1 实证发现总结

描述	品牌内化中数字化赋能技术的作用	现象实例
品牌成长阶段：初创——初步数字化		
数字化工具： 定制化 ERP 系统及数据库 内联网、虚拟会议门户、线上协作平台 **品牌建设目标：** 提高品牌知名度及可信度 响应迅速的现代化品牌身份	数字化赋能技术实现信息内化和有效沟通 提高员工绩效、养成新的工作习惯 鼓励超越弱联结分享知识 促进软知识获取	“简化运营流程且提高生产力以激发更多团队合作” “避免员工变动和其他情况导致客户信息丢失” “时刻提醒员工品牌的核心所在” “网站渠道……提高了营销及沟通的透明度、准确性和效率。这是与企业利益相关者沟通的最简单方式”
品牌成长阶段：发展——系统升级		
数字化工具： 加入支持决策功能的基于云计算的 ERP 系统 强化业务智能系统 重新设计网站 **品牌建设目标：** 感知、响应客户不断变化的需求 “可控”服务	提高感知市场动态、快速响应客户不断变化的需求的能力 增强企业内部通过数字化平台的沟通与协作 深入分析从而升华认识	“企业可以通过新系统内更复杂且定制化的报告或活动面板及时查询业务信息” “企业提出集成式商业智能解决方案适应其全新的市场地位” “参与市场论坛、接触各种媒体从而随时了解市场趋势和变化” “重新设计网站，提供客户网站和在线反馈工作流”“随后更关注其功能和交互”
品牌成长阶段：强化——数字化整合		
数字化工具： 同步通信系统 社交媒体 **品牌建设目标：** 品牌双元发展 “动态、有活力且不断发展的身份” 真实、有创意、始终如一的品牌信息	强调自下而上、基于员工的品牌内化双元发展成果 加强始终如一且密切相关的品牌身份丰富度，避免被他人模仿 培养内部沟通文化，员工可以自由表达甚至争论非传统的多元观点	“社交媒体平台对员工有天然的吸引力”……“因为自然又有趣，就像和朋友聊天” “员工可以自由表达且有效交流、商讨、巩固各种见解、观点和关注点” “员工可以在微信上写自己的品牌故事。2016 年，环意官方微博发布了员工写的一篇文章，一天内有 41 万多人浏览” “与内部利益相关者的接触剧增，企业内部沟通内容也由专注管理转向关乎品牌、行业背景和社会变化的更广泛概念”

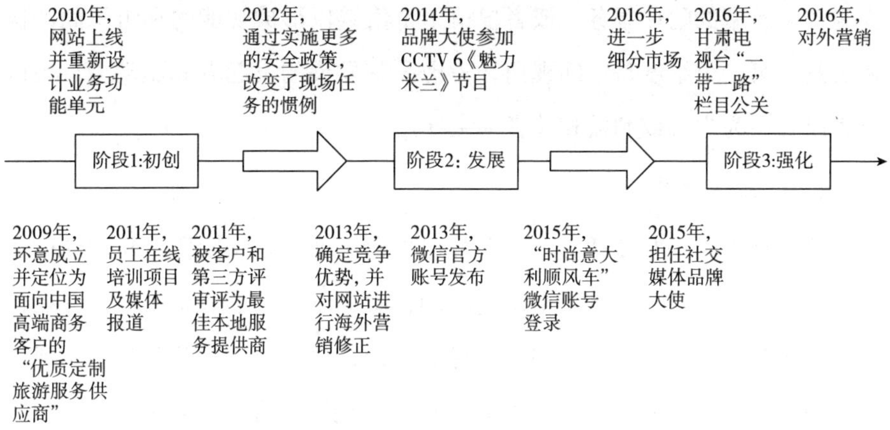

图1　环意关键事件时间表

综上，研究归纳抽象产生了一个过程框架，在这个框架中，描述了两大维度并确定了数字实现技术在不同开发阶段促进内部品牌的三种主要方式（见图2）。该框架有助于全面理解所采用的数字实现系统如何与涉众团体在各种内部品牌过程中的反应性响应或主动参与相关联。

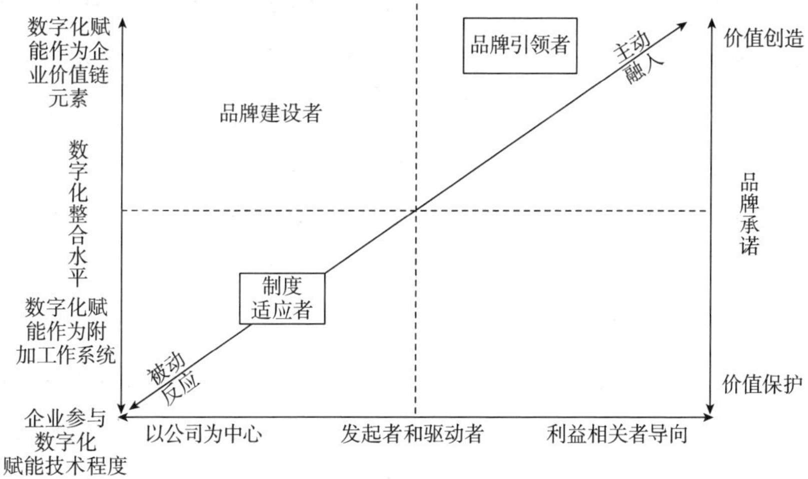

图2　品牌内化实践中的数字化赋能机制

（1）两大维度

第一个维度是数字化整合程度，在此基础上，数字赋能技术可以被归类为实现效率的附加服务，或者根植于价值链以形成功能间和组织间的协调机制。第二个维度是空间视角，考虑品牌发展的发起者和驱动力，可以分为以公司为中心或利益相关者为主导。

（2）三种方式

第一种方式：制度适应者。在公司生命周期的初始阶段，从功能的角度来看，品牌身份可以真正由市场驱动，服务于特定的利基市场，并提供对公司主张的清晰理解。例如，环意的目标是建立自己的品牌身份，成为一个现代、敏捷的 B2B 旅游服务提供商，深刻理解客户的需求，为客户提供符合预期的定制服务。因此，在这个初始阶段的数字实现工作集中于信息内部化和有效的沟通以适应其市场地位，这可以看作实现效率的附加服务。

第二种方式：品牌建设者。在快速增长阶段，面对不断升级的竞争和市场动荡，企业需要更强的感知和应对不断变化的业务需求和市场条件的能力，以发现更多的竞争创新和品牌双元性的途径。例如，环意对现有的数字基础设施进行了系统更新，建立了即时反馈机制，通过快速、及时地提供全面的信息，减少了信息的丢失和不对称，使得内部利益相关者出于对自己期望的响应，而非价值和管理上的原因做出品牌支持行为。这种增强的品牌身份也对员工在与客户接触时履行品牌承诺的行为产生积极影响。因此，数字传感和响应能力为提高企业对新的品牌机会的意识和鼓励内部利益相关者共同采取创新行动提供了潜力。

第三种方式：品牌引领者。在提升阶段，充分融合数码科技的机会，让员工成为品牌大使。开放参与性沟通是社会化媒体传播文化的默认模式，是员工角色从“反应性回应”的机构适应者向“积极融入”的品牌大使转变的代表（Huang et al.，2013）。社交媒体嵌入技术鼓励员工在个人生活中自由表达自己的“品牌”自我，因此他们身上带有“被品牌化”的形象，甚至在组织外部也扮演着品牌代表的角色（Muller，2017）。更重要的是，员工的个人生活活动可以转化为一种劳动形式，“通过建立品牌的真实性来创造价值”（Land and Taylor，2010）。反过来，员工也不是以品牌为中心的被动控制对象，而是积极参与形成这一过程的贡献者。

1.3.3 研究贡献与启示

首先，从组织战略的角度，通过演示数字技术促进品牌内化的实现机制，强调了 B2B 品牌化过程中技术—战略一致性的重要性。虽然采用新技术的主要原因经常被提到是为了追求更高效的工作方式，但这项研究是在品牌内化过程的不同阶段检验数字技术益处的首批尝试之一。而且流程框架从资源到能力的角度提供了对数字化赋能机制的全面理解。其次，研究为理解品牌内化背景下数字技术及其实践者的相互关系提供了更多重要参考，补充了现存品牌化与信息系统方面的文献。如案例分析所示，数字技术帮助员工形成新的工作习惯和共同的价值观、提高运营绩效、培养跨职能和跨组织业务目标的积极态度。同时，还有助于提升对动态能力文献的理解，从利益相关者的角度揭示有关内部品牌化结果的数字实现机制的“黑匣子”。最后，这项研究的发现对于数字基础设施薄弱的新兴国家的许多中小企业尤为重要。具体而言，本研究旨在引导实践者关注在不同的品牌发展阶段，如何利用数字技术来改善员工的品牌支持行为，进而帮助管理者证明数字化的优先级和评价原则。此外，研究成果建议 B2B 公司在投资时注重数字化和品牌内化的联合效应以实现协同作用，从而打造强大品牌。

2 旅游情境下社交媒体对虚拟文化适应的影响

2.1 研究缘起

众所周知，旅游业是一种信息导向型产业，随着社交媒体兴起，其已成为游客“搜索、组织和表达”旅行故事和体验的主要工具（Hua et al.，2017）。在过去，游客主要依靠问询处、礼宾服务人员、酒店服务台、手册指南等旅游业支持性基础设施在不熟悉的环境中提供指引（Berno and Ward，2005），而现在，游客可以使用社交媒体，通过在旅游前跟随其他人有关当地文化“所见”和“体验”的数字脚步，实现更快的文化学习和文化适应（Kim and Fesenmaier，2017；Wang et al.，2012）。由此可见，社交媒体已经成为数字时代媒体信息和社会支持的主要载体（DeAndrea et al.，2012；Ye，2006）。然而，令人惊讶的是，社交媒体在旅游情境中的重要虚拟文化功能在现有的文献中却涉及甚少。为了填补上述研究空白，本项研究使用来自中国的定性案例证据，扩展了 Ward 等（2001）的 ABC 文化适应模型，旨在探索社交媒体在游客的“虚拟文化适应”过程中发挥的各种作用。

2.2 研究内容

2.2.1 文化适应

文化适应的概念首先由人类学家提出（Redfield et al.，1936），然后在社会和行为科学领域受到越来越多的关注，该领域提出了有关跨文化交流后的文化适应压力因素、适应过程和适应结果的相关问题（Makarova and Birman，2015；Berry and Sabatier，2011）。总体而言，文化适应是一个多方面的概念，涉及群体间的接触、冲突和适应（Berry，1997）。Berry（1997）指出，跨文化适应可以产生四种不同类型的心理结果，即融合、同化、分离和边缘化，这些结果取决于该群体在接受当地文化方面的偏好。Ward 等（2001）以 Berry 的文献为基础，提出了一个文化适应的 ABC 框架，整合了心理应对和社会文化适应理论，为跨文化游客如何应对和适应新文化提供了更全面的框架。ABC 文化适应框架结合了三个概念：压力与应对、文化学习和社会认同，分别对应了文化适应的三个不同方面，即情感、行为和认知。

而旅游作为一个独特且重要的情境，值得在跨文化交流的过程和结果中进行单独探究。例如，不仅要调查国际旅游期间第一手跨文化交流的结果，更重要的是，要探究通过社交媒体进行间接社会接触的影响，以及该接触如何在旅游之前、期间和之后影响个人的文化适应。

2.2.2 社交媒体和文化适应

过往研究表明了不同情境下使用媒体与文化适应之间的关系。例如，Lee 和 Tse（1994）发现使用当地国家的媒体与移民对新社会规范的文化适应性呈正相关。DeAndrea 等（2012）认为，社交媒体有助于指导留学生融入陌生的社交环境等。此外，社交媒体在旅游情境中的作用也日益得到认可。随着游客越来越多地使用社交媒体来研究、探索、计划并最终分享旅行体验，游客自身也受到社交媒体的影响，学习新文化，形成对周围文化环境的感知以及随后的文化适应。然而令人惊讶的是，虽然社交媒体在旅游情境中的作用已成为一个新的研究课题，但是大多数现有的研究集中于社交媒体在旅行计划和目的地选择中应用的性质和程度（Fotis et al.，2011；Leung et al.，2013）以及社交分享的动机因素方面（Huang et al.，2010；Yoo and Gretzel，2011），旅游类文献中关于社交媒体如何影响整体旅游体验却鲜为人知（Kim and Fesenmaier，2017）。社交媒体如何被用作文化学习工具来促进文化适应、影响游客的心理态度和社会文化适应并最终影响旅游满意度仍有待探索（Berno and Ward，2005）。

2.2.3 社交媒体在虚拟文化中的作用

研究延伸了 Ward 等（2001）文化适应框架，并提出将虚拟文化适应概念化，认为由于“虚拟”的跨文化交流和远程文化学习，文化适应可以在实际到访外国文化之前发生。在虚拟文化适应框架内，研究的目标是探索社交媒体在潜在的过渡前和文化适应过程中的作用和功能，主要涉及三个方面，分别是社交媒体和文化接触、社交媒体和文化学习以及社交媒体和社会接触。

（1）社交媒体和文化接触

传统的文化适应理论将文化接触视为处于外国文化环境后直接且持续的接触。但是，这种假设最近受到了“远程”文化适应大量实证证据的挑战，这些证据表明个体能够并且确实接受他们从未经历过的外国文化的实践、价值观和身份（Ferguson and Bornstein，2012；Cheung – Blunden and Juang，2008）。“远程”文化适应与思想、产品和人员等文化接触同时发生（如通过媒体、食物和旅游），而这些文化接触受到“多元建构主义”全球化观点的推动（Ferguson et al.，2015）。此外，由于远程文化适应通过媒体进行思想和价值观交流，因此具有突出特点，研究团队称之为“虚拟”文化适应。

根据涵化理论，象征性的社会现实是个体建构潜在主观世界的输入，为个体的态度和社会行为提供基础（Liu，2006），这一过程也包括文化适应过程的一部分（Berry，1997）。在旅游情境中，构建主观社会现实的过程决定了目的地的认知和感知形象，从而决定了旅游目的地的选择以及预期和实际跨文化体验之间的差异。因此，社交媒体是潜在游客最喜欢且最有影响力的信息来源（Pan et al.，2007），因为社交媒体具有完整的语境维度，包括系统式和启发式线索，促进互动和协作的知识生产环境（Kim et al.，2017）。

（2）社交媒体和文化学习

Ward 的文化适应框架中关于行为的内容涉及文化学习理论，该理论侧重于跨文化交流的突出行为和互动方面（Berno and Ward，2005）。文化学习方法认为人们需要获得与文化相关的技能，才能在新环境中生存和发展。且人们普遍认为旅游业已将各种文化学习方式制度化，如旅游指南、小册子、短语手册和导游。然而，这些文化学习方式被应用于旅游社会文化及产生影响的文化适应程度的相关研究却相对较少（Berno and Ward，2005）。

基于 Bandura 的社会学习理论，文化学习可以作为社交媒体的四个子功能的结果：关注（观察）、保留（存储结构）、生产（表现）和动机（奖励）（Bandura，2002）。具体而言，在社交媒体被选为信息源之后，游客通过关注其过程从用户生成的内容中确定“在大量建模影响中选择性观察的内容以及从正在进行的建模事件中提取的信息”（Bandura，2002）。在第二个过程——保留过程中，游客积极地对先前提取的信息进行转换和重组，并形成象征性社会现实的新规则和新概念。游客根据所学到的知识，会对相似的文化情境中构建的规则和概念进行理解、应用和评估，直到最终文化学习和新形成的象征性现实在愉快的邂逅中得到加强。毕竟，人类的本性通过直接且看得到的经历不断得以塑造。而这些经历来自各种不同的成长过程，比如“内在的人性”“象征性能力”“自我调节能力”“自我反思能力”以及“替代能力”等能力的提升过程（Mbati，2013）。

（3）社交媒体和社会接触

社会文化适应中出现的最突出问题与文化身份认同和群际关系有关，研究者已使用社会身份理论对这些问题进行了大量研究（Berno and Ward，2005）。社会认同理论的基本假设是：社会身份是自我概念的一部分，其中包括群体成员的意识，该意识取决于社会分类和社会比较，从而导致了民族中心主义的必然结果。在文化适应相关文献中，个体对于自身所在群体和另一群体看法的差异通常表现在刻板印象和因果消耗方面，游客的传统刻板印象是富有、吵闹、自私以及对当地社区漠不关心（Yvette and Turner，2003）。另外，社会接触通常与感知的文化距离一起研究，后者指本国文化与当地文化的差异程度。

研究表明，增强跨文化交流至少在某些情况下会产生更积极的群体间看法，改善群体间关系，并缓解不同群体成员之间的紧张关系、减少偏见（Amir，1969）。基于与之互动的对象，社交媒体提供的社会接触可以促进群体间和群体内的互动。研究发现，使用侧重当地文化接触的社交媒体与社会文化适应呈正相关。与此同时，关注本国文化的交流与民族身份的维持呈正相关（Park et al.，2014）。群体内部与本国文化的社会接触也能提高游客的心理文化适应程度，因为人际交往所带来的社会支持会进一步减少跨文化交流带来的压力。

2.3 研究方法与发现

2.3.1 研究方法及案例选择

本项研究旨在探索社交媒体如何促进旅游业的虚拟文化适应。根据定义，文化适应是一个动态和纵向的过程，在本质上和解释范式内是主观的（Oliveira and Panyik，2015）。且在旅游相关研究中，定性法被认为是解释主义更好的研究方法（Decrop，1999）。因此，根据前人研究的以文化适应和社交媒体应用为重点的研究方法，本项研究采用了案例研究、内容分析和半结构化访谈的混合方法，同样选择环意这一组织作为案例研究对象，以展开旅游情境下社交媒体对虚拟文化的影响探究。

2.3.2 案例描述及研究发现

如前所述，环意是一家国际旅行社，专门为意大利的中国游客提供定制的旅游服务。在2015年米兰世博会期间，为70%以上从中国出发前来的客户提供服务。中国旅行社通常缺乏创新或差异化（Lui et al.，2012），与此不同的是，环意在发展过程中树立了自己的品牌形象，已成为一家现代化、敏捷的国际旅行代理公司。在一系列目的地品牌推广活动中，环意在微信和微博（中国最受欢迎的社交媒体平台）上展示了自身实力。值得一提的是，环意社交媒体帖子中的内容完全基于中国—意大利旅行，包括文化、历史、天气、景点、交通和旅游提示等广泛信息，吸引了40多万浏览者。因此，环意社交媒体内容的丰富性和独特性为探索社交媒体的使用与其对文化适应的影响之间的关系提供了独特的机会。

首先，2016 年 3 月—2017 年 11 月，研究团队应用文本内容分析法，从环意的微信服务账号上提取了 336 个帖子中的全部文本，以及来自评论者和游客的 11788 条评论，进而对高频词进行分类。表 2 列出了经过文本内容分析后选定的 40 个高频词，突出强调了评论部分中来自评论者和游客的内容，揭示了游客对旅行目的地的态度和看法。

表 2　从 HUANYI 的微信账号中选出的高频关键词

关键词	频率得分
玫瑰	0. 9806
时尚	0. 8802
罗马	0. 8551
古城	0. 7504
礼堂	0. 7287
咖啡	0. 7255
米兰	0. 7233
佛罗伦萨	0. 7071
美丽	0. 6919
高兴	0. 6902
艺术	0. 6885
创造性	0. 6752
旅行	0. 6742
历史	0. 6655
摄影	0. 6525
微笑	0. 6421
节日	0. 6383
葡萄酒	0. 6375
杂志	0. 6360
微博	0. 6349
天堂	0. 6339
设计	0. 6308
目的地	0. 6255
精神	0. 6217

续表

关键词	频率得分
欧洲	0.6187
卡普里	0.6173
风景	0.6162
冠军	0.6132
月亮	0.6131
电影	0.6115
宁静	0.6115
文化	0.6106
智慧	0.6099
奢华	0.6062
追求	0.6049
激励	0.6032
购物	0.6003
国际的	0.5982
品尝	0.5961
文化遗址	0.5944

文本内容分析结果显示高频关键词包括“高兴”“微笑”“天堂”“激励”等，表明游客能够在一个陌生的文化中积极探索并且轻松适应。在这一前提下，利用内容分析结果作为跨文化旅行后游客心理健康的输入，研究团队在2017年9—12月，对环意的个人和团体游客进行了14次半结构化访谈，进一步探讨了社交媒体在文化适应过程各个阶段中的作用，并归纳总结了3个研究主题。

研究的第一个主题是，游客经常使用社交媒体作为公司与客户以及客户与客户互动过程中获取重要信息的来源，即社交媒体作为信息来源。在访谈中，受访者表示社交媒体是他们探索、研究和规划国际旅行时首选的信息渠道。进一步的调查发现，受访者在旅行前和旅行后对目的地形象的评价始终保持一致。由此可见，社交媒体对于构建个人象征性的社会现实的帮助越来越大，并能影响旅行目的地的选择，从而催生文化适应旅行和相关的后续评价。

研究的第二个主题是，社交媒体成为社会学习或替代学习的重要工具，以实现社会文化适应，即通过社会学习进行虚拟文化适应。在利用社交媒体学习的过程中，跨文化游客能够学到适应新环境所必需的与文化相关的技能。例如，利用社交媒体学习如何使用当地的交通工具、如何点餐以及了解隐含的文化规范和习俗等。在进行社交学习之后，游客对自身处理跨文化旅行的能力充满信心，并且从实际的跨文化交流中体验到更多的轻松和愉悦。这证实了在旅行预过渡阶段通过社交媒体进行的替代学习可以起到缓解“文化冲击”的作用，使游客在接触新文化的刺激时产生“熟悉感”，从而带来更深入的文化理解或欣赏，并提高其在跨文化旅行中解决问题的能力。

研究的第三个主题是，社交媒体在帮助心理文化适应方面创造额外的社会接触机会的功能，即通过社会接触和支持进行虚拟文化适应。通过社交媒体，游客可以在出游前租用房间和汽车，与当地的主人和导游聊天；在出游期间，游客还可以与家人和朋友保持联系，分享旅行体验。总之，社交媒体通过为群体内和群体间的社会接触创造更多虚拟机会来促进旅行文化适应。此外，分享经历和接受反馈有助于对以前的经历产生更多的心理调节反应，缓冲消极的文化适应情绪，最终提高旅行后评价和满意度。可以说，社交媒体是一个重要的调解器，有助于共同创造旅行体验，从而带来“更有价值的旅行体验”和“重游计划”。

基于上述发现，研究提出了一个虚拟文化适应理论过程框架，通过识别社交媒体在促进旅行文化适应过程中的作用，扩展了 Ward 等（2001）的文化适应模型（见图 3）。与 Ward 等（2001）的工作内容不同，研究提出的虚拟文化适应框架强调了预过渡阶段，即可能的“虚拟”跨文化交流和旅行目的地实地考察前的远程文化学习。在虚拟文化适应框架中，进一步了解了社交媒体分别在目的地选择、过渡前和跨文化冲击过程中的角色和功能。

具体来说，首先，目的地的精确位置对文化适应的结果至关重要，因

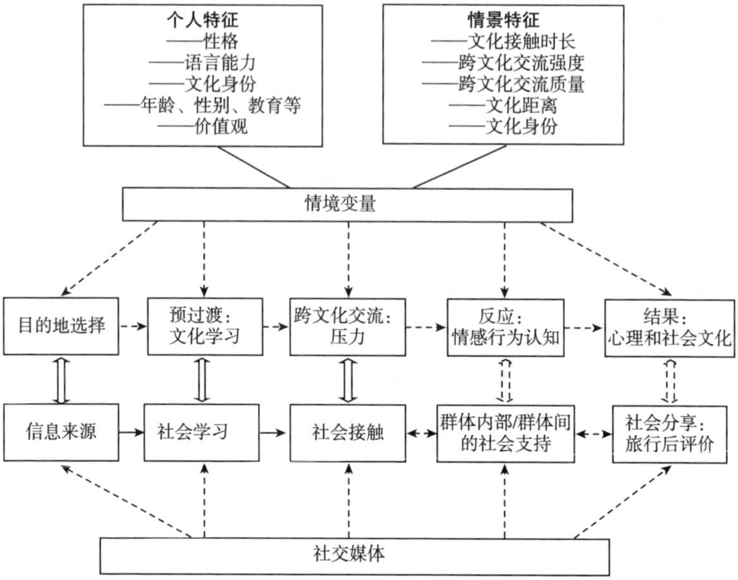

图3　旅游情境下的社交媒体和虚拟文化适应过程

资料来源：改编自 Ward et al.，2001.

为它是启动跨文化旅行的起点。因此，社交媒体作为旅行目的地选择过程中的信息来源，在旅行文化适应过程中具有重要的作用。因为它为文化适应旅行定下了基调，是塑造旅行期望的核心决定因素。

其次，社交媒体的流行增强了个人对地理位置遥远距离文化的“虚拟”接触，对文化适应的预过渡阶段起到缓冲作用。游客可以通过社交媒体实现社会学习或替代学习，以获得更好的文化适应结果。值得注意的一点是，借助于触摸或感觉传感器的虚拟和增强现实的新技术，甚至能够让预过渡阶段的社交学习更有效率，以达到虚拟文化适应的结果。

最后，社交媒体为群体内和群体间的沟通创造了更多的社会接触的机会，因为人际交往不再像过去那样受到距离的限制。此外，不同于调节沟通，群体内和群体间的接触程度所暗示的社会接触，也可能对游客的文化适应态度产生共同或单独的影响。通过详细阐述旅途的细节和目的来分享旅游后的旅行体验，这反过来也会造成更激烈或更稳定的情绪，从而对旅行产生更有意义的诠释和满足感（Harris and Baron，2004）。

2.4 研究贡献与启示

首先，借助社交媒体快速发展的信息通信技术（ICT）为文化适应提供了一个新的环境（Li and Tsai，2015；Park et al.，2014；Ye，2006）。事实上，随着社交媒体成为在公司与游客之间以及游客的社交网络之间进行营销传播不可或缺的工具（Niu et al.，2016），它为“虚拟文化适应”开拓了一个新的场所。游客或潜在游客可以通过该场所进行过渡前的适应，即便他们还未亲身游览该国。其次，研究系统地阐明了在旅游情境下，社交媒体的使用在虚拟文化适应过程中的作用。社交媒体是塑造用户文化取向和身份的重要力量，因此需要将其作为一个关键因素纳入未来的文化适应模式。具体而言，本研究将文化适应的经典定义进行延伸，从“持续的直接接触”延伸到社交媒体产生的“间接且/或间歇虚拟接触”。最后，从理论上讲，研究为虚拟文化适应的过程框架提供了更深入的见解，并将其与社交媒体的使用联系起来。实际上，这些信息可用于构思更好的目的地营销策略，以带给不同旅游群体积极且令人满意的旅游体验。换言之，为游客提供一个平台，让他们对目的地的社会环境获得有意义的理解，可以在游客心中留下难忘而独特的文化适应体验。

参考文献

[1]LI C，GUO S，CAO L，et al. Digital enablement and its role in internal branding：a case study of HUANYI travel agency[J]. Industrial marketing management，2018，72(7)：152－160.

[2]LI C，GUO S，WANG C L，et al. Veni，vidi，vici：the impact of social media on virtual acculturation in tourism context[J]. Technological forecasting and social change，2019，145(8)：513－522.

留心你的顾客是在“观世界”还是在“省自身”

——自我意识状态如何影响营销沟通策略

费显政　王海燕[①]

摘要： 与传统媒体相比，社会化媒体带来了一个非常重要的影响因素——自我意识状态。为了更好地理解社会媒体带来的自我意识状态如何影响企业营销沟通策略，本文归纳了自我意识状态的概念与维度，从多个角度揭示了自我意识状态在社会化媒体时代的重要性，紧接着进一步阐述了自我意识状态对消费者认知与行为的影响，最后着重为企业如何提升营销沟通策略有效性提供了相应建议。对企业而言，无论其选择何种营销沟通策略，都应该遵循基本原则，即企业的营销沟通策略需要与消费者的社会化媒体具体使用场景（自我意识状态）相互匹配。

请想象以下两种情景。

某天，小丽正在使用今日头条，突然看到一条奢侈品广告，正是小丽心仪的品牌 A。看着广告中模特高冷的气质和御姐范十足的气场，小丽心驰神往，联想到该品牌户外广告中同样高冷十足的风格，“这才是符合我的品牌”，小丽想，“先收藏，等下个月工资到手，就来‘拔草’。”

同样在某天，小美正在使用微信，突然看到一条奢侈品广告，恰好也是小美关注已久的品牌 A。看着广告中模特面带微笑，画面温暖而华贵。

① 费显政：中南财经政法大学工商管理学院教授、博士生导师、副院长。王海燕：江西师范大学商学院副教授。

小美怦然心动，仿佛心中的爱豆/男神正在含笑朝自己招手。“这才是我想要的”，小美想，“先收藏，等下个月工资到手，就来‘拔草’。”

仔细对比上述两种情境，我们发现它们涉及两个共同要素。

要素一：营销沟通策略，即在上述两个场景中，小丽和小美两位主人公接收的营销信息体现了营销者不同的沟通策略。具体而言，场景一中广告模特的高冷气质和御姐范气场代表的是一种高冷的营销沟通风格，场景二中广告模特的面带微笑和温暖华贵则体现的是一种温暖的营销沟通风格。对于一种实体产品（此处为奢侈品品牌 A），是采取高冷的广告方式，突出产品的排他性价值（针对小丽的广告），还是诉诸温暖的方式，提升消费者的个人自尊状态（针对小美的广告）？究竟哪种方式能产生更好的沟通效果？这是企业需要面对和回答的问题。

要素二：不同社会化媒体场景（今日头条 VS. 微信）带来的消费者自我意识状态。比较直观的是，在上述两个场景中，作为对照的两位主人公在使用不同类型的社会化媒体，或者说处在不同的社会化媒体场景之中。这种社会化媒体场景差异背后的本质，是消费者处于不同的自我意识状态。换句话说，无论人们使用传统媒体，还是社会化媒体，或者说使用不同类型的社会化媒体，又或者说用不同的方式使用某一特定的社会化媒体，最终都体现为处于不同的自我意识状态——要么是主体自我意识状态，要么是客体自我意识状态。在不同的自我意识状态下，人们对信息的关注点不同，对企业营销沟通信息的分析和处理也将会有不同。

在上述两个场景的介绍中，暗示了以下预设：企业在社会化媒体中采取的营销沟通策略与消费者当时所处的自我意识状态是存在某种匹配关系的。只有当两者相互匹配时营销沟通效果才最好，否则，效果就会不佳。具体而言，消费者在不同的社会化媒体场景中，会处于不同的自我意识状态，这影响了消费者对信息的关注点，营销沟通策略只有与消费者当前的关注点相互匹配，才更容易获得好的效果。

1 什么是自我意识状态?

根据早期 Duval 和 Wicklund 两位学者在 1972 年提出的自我意识理论（theory of self - awareness），人在某个特定时刻的注意力既可以指向自我，也可以不指向自我。当人们的注意力指向自身，人们的意识聚焦于自我时，他/她自己成为意识的目标和客体，此时人们处于客体自我意识状态（objective self - awareness）。与之相对应，如果人们的注意力从自我身上挪开，把自己当作感知和行为的来源时，人们就处于主体自我意识状态（subjective self - awareness）。简单一点来讲，客体自我意识状态，是指人们的注意力停留在自己身上，无论人们是在思考自己内心的想法，还是正在关注自己外部的样貌、言行举止等，只要是介于处理与自我有关事情的状态，都可称之为客体自我意识状态。相反，只要人们的注意力远离自身，也就是没有关注或思考与自我有关的事物，那么人们便处于主体自我意识状态。这两种自我意识状态是互斥的，无论在哪个特定时刻，人们都只能处于两种状态中的一种，而不能同时处于两种状态中。

上述界定是把自我意识作为一种特定情境中的状态（state self - awareness，或 situational self - awareness）来看待。除此之外，自我意识还可以被看作一种稳定的人格特质（trait self - awareness）。例如，不少研究发现，长期处于东亚文化、习惯采用以事件为时间提示的计划方式（event - time scheduling style）和具有低自我概念清晰度（low self - concept clarity）的个体往往是一类具有较高客体自我意识的人群。

理解自我意识，除对其概念有个清晰的了解外，还需要进一步识别自我意识状态的操控方式。通俗地讲，我们能够通过外部线索快速且准确地判断消费者在某个特定时刻或阶段是否处于客体自我意识状态。综合过往研究，我们将影响自我意识状态的因素按照时代背景划分为两大类：传统媒体因素和社会化媒体因素。首先，在传统媒体情境中，照镜子、听含有自己声音的音频或看含自己影像的录像带、写自传等都可以使得人们进入客体自我意识状态。其次，到了社会化媒体时代，能够引发人们客体自我意识状态的情境因素变得更加广泛，如不同社会化媒体 App 的使用（微信、微博、抖音……）、同一社会化媒体的不同使用状态（使用微信浏览个人相册、使用抖音浏览自己的个人作品）、移动支付和安防系统（人脸识别）、记录自己生活的 Vlog 等。总而言之，识别消费者是否处于客体自我意识状态的最关键因素在于个体的注意力是否聚焦自我。

2　自我意识状态的重要性

目前，社会化媒体不仅是企业广告投放的重要渠道，而且也已经成为人们接收营销沟通信息的重要媒介形式。作为占据消费者日常生活大量时间的媒体形式，社会化媒体场景对营销沟通效果的影响问题值得引起学界和业界的高度重视，尤其是需要重新对自我意识状态展开全面而崭新的认知。为什么本文如此强调社会化媒体时代背景下人们的自我意识状态呢？具体包括以下几点原因。

第一，一般认为，人们一天中大部分的时间处于主体自我意识状态，处于客体自我意识状态的时间相对较短。因此，现有文献大多默认人们处于主体自我意识状态。

第二，传统媒体时代，在人们使用媒体时，大多也处于主体自我意识状态，比如看电视就是典型的引起主体自我意识状态的行为。

第三，在移动互联网迅猛发展之前，人们的自我意识状态与消费之间的关联程度并没有达到今天的深度和广度。比如，在前移动互联网时代，人们即使因为某种诱因处于客体自我意识状态（比如对着镜子审视自己），也很难在该场景中马上切换到消费决策场景。而且即使可以马上切换，在这种切换中，人们的客体自我意识状态可能会慢慢调整为主体自我意识状态（比如，从照镜子到出门开始购物需要很长时间，此时人们的自我意识状态可能早已随着大量新信息的刺激，如户外广告、与朋友的交谈转换了），从而使得即时的客体自我意识状态对消费偏好产生的影响无法显现出来。而在如今的移动互联网时代，在智能终端（如手机）的方寸之间，人们可以非常迅捷地实现不同场景的切换，使得消费者在任何时刻所处的状态都可能对其消费偏好和消费行为产生影响，也使得时间上前后相连的不相关行为之间的联系变得越发重要。比如从阅读信息状态（如浏览今日头条），或社交互动状态（如使用微信），马上切换到消费状态，这一切只需要点击一下手机弹出的信息提醒窗口即可完成。此时，社交媒体产生的即时自我意识状态（比如长期被文献忽略的客体自我意识状态）就可能对消费决策产生实时的影响。

第四，随着技术的发展及移动互联网巨头的跨界并购，一些企业已经有能力实时了解，甚至影响消费者的自我意识状态，并可以针对性地推送与之匹配的营销沟通信息。

综上，一方面，社会化媒体的广泛使用导致人们的自我意识状态更加多变，同时人们处于客体自我意识状态的时间比传统媒体时代增多。另一方面，移动互联网的飞速发展使得人们自我意识状态对消费行为的影响变得更加直接和重要。

3　自我意识状态对消费者偏好的影响

自我意识状态带来的关注焦点差异，会通过影响人们的认知信息加工过程，继而影响消费者的态度和行为。

首先，自我意识会影响消费者对服务人员的满意度。一篇发表于营销学顶级期刊的研究发现，与主体自我意识状态的人们相比，处于客体自我意识状态的消费者倾向于将事情的结果（无论结果是积极的还是消极的）归因于自己，这就导致在与服务人员互动的过程中，如果结果是积极的，那么消费者对服务人员的满意度反而会降低，因为人们会认为这一积极结果是自己的功劳。相反，如果服务互动的结果是消极的，由于人们认为自己需要为该结果承担主要责任，所以最终会提升对服务人员的满意度。由此可见，通过引导消费者自我意识状态来改变其对商家或企业服务的满意度是一种非常可行且有效的方式。但是，值得注意的是，如果事件造成的结果很明显与消费者无关，试图通过诱发消费者不同自我意识状态来改变其态度，可能会得到适得其反的效果。

其次，自我意识还会直接影响消费者的决策策略选择。比如，Chang 和 Hung 在 2018 年的研究显示，在消费者购买过程中，具有客体自我意识状态的个体更加依赖他们的情感进行决策，以至于情感属性占优的产品也更容易获得消费者积极的评价。相对应地，主体自我意识状态的个体则更倾向于采用基于认知的决策策略。另有研究发现，当人们依赖情感（认知）的信息决策模式时，基于感性诉求（理性诉求）的信息就有更强的说服力，使人们更容易被说服，这间接说明了自我意识状态除影响人们决策策略外，还会影响不同广告诉求的效果。

更为重要的是，我们最新开展的研究也证明，自我意识状态确实对营销沟通策略有着十分重要的影响。与传统媒体时代人们长期处于主体自我意识状态不同，我们发现社会化媒体时代，人们处于客体自我意识状态的时间明显增多且可以自如地在这两种状态之间进行切换，而这一变化带来的显著影响就是营销沟通策略的转变。正如开头故事中提到的奢侈品营销沟通风格，以往大量研究及实践均证明奢侈品采用高冷的沟通风格明显好于温暖的沟通风格，但这一结论在社会化媒体时代可能并不总是能够适用。也就是说，当人们处于主体自我意识状态时，奢侈品的高冷风格效果更好。然而，当消费者的客体自我意识状态被诱发后，奢侈品更应该向大众展示其温暖的沟通风格。我们的研究结果不仅挑战了奢侈品高冷风格的主流做法，也警示企业需要特别留心时代发展给消费者心理及行为带来的无形影响。

除此之外，我们已经发表在《南开管理评论》期刊上的一项研究还探讨了广告诉求类型（利他诉求/利己诉求）与消费者自我意识状态之间的匹配关系。通过系列实验，我们得出了一致结论，即当消费者处于客体自我意识状态时，利己诉求的广告比利他诉求广告具有更好的效果。它不仅体现在可以让人们对该广告持有更积极的态度，而且能增强人们对广告中产品的购买意愿。同样地，当消费者处于主体自我意识状态时，利他诉求的广告比利己诉求广告具有更好的效果。为什么这样的匹配可以产生更好的效果呢？原因就在于信息加工的流畅性。也就是说，当看到与自我意识状态吻合的广告信息后，消费者会感知到该信息更容易被处理和理解，也更加符合此刻人们自身的需求。另外，我们的研究还进一步发现，上述验证的广告诉求与自我意识状态的匹配效应除了可以运用于商业广告信息，在公益广告中这一效应也是成立的。这表明，企业需要推送与消费者自我意识状态相匹配的营销信息才能取得更好的效益。

最后，在营销沟通策略中，还有其他一些决策需要营销者择优选择。比如做广告时，究竟是从消费者的角度出发，以消费者的视角来讲故事，还是从旁观者的角度出发，以观察者的视角来呈现营销信息？再者，关于广告诉求类型的选择，究竟是采用抽象的语言框架还是具体的语言框架？是上行比较还是下行比较？等等。总之，无论是哪种营销沟通策略，在信息制作或发布的过程中，除考虑其他因素外，企业尤其需要注意消费者自我意识状态的改变。

4 企业如何提升营销信息效用

对企业来说，如何提高营销沟通策略有效性一直以来都是管理者高度关注和迫切需要解决的问题。在讨论了社会化媒体背景下自我意识状态带来的各种消费影响后，我们将重点介绍可以帮助企业提高营销沟通信息有效性的两大策略。

策略一：主动配合。根据消费者所处的自我意识状态选择更有针对性的、差异化的营销沟通策略。这就意味着，营销人员需要实时洞察与辨识消费者当前所处的状态究竟是客体自我意识状态还是主体自我意识状态。因此，对企业来说，第一步就是能够快速且准确地判断消费者的自我意识状态。回顾前文所谈到的影响自我意识状态的各类因素，我们不难看出，社会化媒体场景是影响人们自我意识状态的一个重要因素。具体来说，管理者可以根据消费者的浏览记录或使用习惯来判定其当前的状态。比如，若消费者正在使用微博浏览热搜榜、使用今日头条查看近期新闻、使用微信了解朋友圈动态，或者正在抖音上观看直播，等等，这一系列将消费者的注意力集中在外部环境的行为都会导致人们处于主体自我意识状态。反之，若消费者正在微博、微信或抖音回忆自己曾经的过往，这种将注意力聚焦于自我的行为则会引发个体的客体自我意识状态。在识别了消费者所处的状态后，第二步，企业则需要根据消费者当前的自我意识状态向其推送匹配的营销信息。例如，企业应该对具有主体自我意识状态的消费者呈现高冷风格的奢侈品形象或利他的广告诉求信息，而对具有客体自我意识状态的消费者则应该展示温暖的奢侈品品牌形象或利己诉求的广告信息。与此同时，这也让企业意识到：在社会化媒体时代，同一版本的产品广告并不能适用于所有媒体场景，企业设计的广告内容也需要依据媒体场景因素的变化做出相应的调整与修改，而不能仅仅拘泥于单一不变的内容信息。

策略二：主动引导。根据本企业品牌、产品的特点和定位，先发性地创造和诱导消费者的自我意识状态，让消费者更愿意接纳本企业品牌、产品。相对于策略一中提出的企业迎合消费者需求，策略二更加强调企业的主动权，意思就是企业可以在有限的资源条件下创造和提供他们所能够满足消费者需求的产品或服务。具体来说，企业可以通过使用一些简单的外部线索或提示来主动诱发消费者的主体自我意识状态或客体自我意识状态，然后再向其推送与之匹配的营销信息，从而达到提高营销沟通策略有效性的目的。比如，当企业计划向消费者展示与客体自我意识状态匹配的广告内容时，管理者可以在消费者涉入广告信息前，通过让他们回忆自己过往的经历、表达内心想法或增加对自己外在形象的关注等来提高他们对自我的注意力，继而引发或强化其客体自我意识状态，促进消费者当前状态与广告信息的匹配度，使广告效果最大化。相反，当企业打算向消费者推送与主体自我意识状态匹配的广告内容时，管理者此时就需要尽可能避免与消费者自我有关的刺激物，并将消费者的注意力从自我转移到外部环境，诱导其主体自我意识状态。除了在发布广告前可以改变人们的自我意识状态外，还有一种方式是通过广告本身的内容发挥作用。具体来说，营销人员可以直接通过加粗、提亮、放大等方法将广告中与诱发自我意识状态有关的内容凸显出来，也可以在广告内容中增加其他信息来引发与广告内容匹配的消费者自我意识状态。

因此，不管企业最终选择何种营销沟通策略，为消费者提供与其自我意识状态匹配的营销信息都能让企业获得更好的效益。

5 结语

自我意识是一个人对自我感知的核心，是影响消费者态度和行为的重要决定因素。关于自我意识这一研究话题在移动互联网和社会化媒体迅猛发展的时代正逐渐彰显着其重要且独特的实践价值和意义。

所以，我们希望本文一方面可以帮助营销者加深对自我意识的了解，以在不同场景中策略性地提升营销沟通的有效性；另一方面也希望可以让消费者在接收营销沟通信息时，更符合其实时的心理状态，增加消费者的心理愉悦感，从而实现消费者福祉的提升。

参考文献

[1]费显政,王海燕,李若茜.“察自身”还是“观世界”? 社会化媒体使用中消费者自我意识状态对广告效果的影响[J/OL].南开管理评论,2021,https://kns.cnki.net/kcms/detail/12.1288.f.20211129.1625.002.html.

[2]CHANG H H, HUNG I W. Mirror, mirror on the retail wall: self – focused attention promotes reliance on feelings in consumer decisions[J]. Journal of marketing research,2018,55(4):586 – 599.

[3]DUVAL S, WICKLUND R. A theory of objective self – awareness[M]. New York: Academic Press,1972.

[4]FENIGSTEIN A, SCHEIER M F, BUSS A H. Public and private self – consciousness: assessment and theory[J]. Journal of consulting and clinical psychology, 1975, 43(4):522 – 527.

[5]PHAM M T, GOUKENS C, LEHMANN D R, et al. Shaping customer satisfaction through selfawareness cues[J]. Journal of marketing research, 2010, 47(5): 920 – 932.

[6]TANG Y, HUANG Z, SU L. The influence of event – time (vs. clock – time) scheduling style on satiation[J]. Journal of consumer psychology,2022:1 – 10.

[7]WANG J, YU Y. Beautify the blurry self: low self – concept clarity increases appearance management[J]. Journal of consumer psychology,2022:1 – 17.

人工智能的发展对于消费者体验感的影响

罗珊珊　朱立[1]

摘要： 人工智能以不可逆转的迅猛之势进入消费者的生活之中，人们时刻感受着AI的高效、便捷带来的便利。人工智能在消费者的工作、学习、生活中正在发挥着越来越大的作用。从消费者使用的智能手机、运动手环、扫地机器人、智能汽车到各种智能软件、远程医疗、远程银行办理业务，等等。人工智能所做的一切，正在改变着世界。人工智能善解人意，交互体验感强，帮助消费者提升了工作和生活的效率。不能忽略的是，人工智能也给消费者和研发企业带来了很多负面感受。本文从四个方面、两个角度（社会角度和心理学角度）阐述了人工智能消费者体验带来的优势和可能会带来的负面影响。

1　引言

人工智能（Artificatial Intelligence，AI）是一种衡量效率和准确度的工具，近几年频繁出现在各个领域。人工智能进入学术研究领域约为2010年，世界各地的实验室开始竞相研发AI。在2016年的世界围棋比赛中，AlphaGo击败了世界著名围棋手李在石取得了第一场胜利，它标志着人工

① 罗珊珊：云南财经大学商学院讲师；研究方向：品牌战略管理、新媒体营销。朱立：云南财经大学经济研究院教授，博士生导师；研究方向：品牌战略、东南亚国际政治经济。

智能进入社会大众领域且其发展达到了一个新的水平。同时，社会各界开始讨论与猜测人工智能在未来将如何改变人们的生活。人工智能除了在科技与学术范围内受到关注，在商业领域里也被商家大量地使用在商品的生产与制造之中，各种各样人工智能产品的出现给消费者的生活、学习、工作带来了很多的方便。

我们在探讨人工智能对人类生活的作用时，应该先明确人工智能究竟是什么?“智能”为研发使用高科技模拟人的思维与行为制造出来的设备和装置，“人工”则是具体使用此科技的人而并非研发此科技的人。人工智能产品的产生与使用是根据使用者的需要，以及实际使用环境而研发生产并由不同科技支撑的解决方案。支撑人工智能运转的就是大数据，即具体使用者和所处环境的数据化。

人工智能的出现提升了消费者工作与生活的效率与准确性，为消费者带来了很多的方便。例如消费者电费、水费的缴纳，银行转账，证件办理等业务，现在都可以通过指纹识别、语音识别和面部识别这些人工智能技术足不出户办理完成；更不用说智能健身镜、无人机、电动智能汽车、超市扫描货物自动购物等人工智能科技与产品的出现，极大地提升了消费者的生活质量与效率。同时，我们也应该考虑人工智能的一些缺陷，比如从社会和心理学的角度分析消费者在使用人工智能的时候会有什么损失(Pution et al. , 2020)。

人工智能科技和商品的出现将消费者的时间和行为分得越来越细密。消费者与商家之间的接触和沟通的方式与渠道趋于多元化，消费者体验对于提供人工智能科技和产品的企业而言也有至关重要的作用。消费者体验即为消费者对于企业所提供的服务或者产品的印象以及直接或间接的感受。消费者的体验是会随着社会的宏观和微观环境改变而发生变化的，所以提升消费者的体验并维持消费者体验，对于企业来说并不是一件容易的事情。提升消费者体验有助于企业不断提升产业价值、完善产品服务，以此有效地提高消费者满意度，同时提高企业投资回报率和产品的竞争力。

2 消费者体验

消费者体验对于传统商品与人工智能商品又有所不同，传统意义里的消费者体验是指消费者对于企业提供的服务和商品的感受，具体表现为消费者的意识、情感、触觉、行为以及知觉等的综合体验和评价（Schmitt，1999）。Brakus 等（2009）与 Lemon 和 Verhof（2016）对于消费者的体验有了更精确的解释——消费者与企业之间的互动贯穿了整个消费体验过程，同时消费者的情感、意识、行为、触感和社交都在运转并发挥作用。

与此相对，人工智能消费者的体验与传统的消费者体验相比，因为企业所提供的服务与产品不同，因此概念也有所不同。Agrawal 等（2018）阐述消费者在人工智能科技和产品的体验为一个和谐的生态系统，包含了三个要素：数据捕捉存储、数据分析统计以及输出体系。这三个要素的共同作用使人工智能的商品、科技和服务可以在短时间内智能和自动地做出决策或者判断，以代表使用的消费者们。人工智能科技与商品具备了倾听、预判、交流与制造等一部分类似于人类的能力，因此可以迅速智能地帮助消费者做出决策与判断。人工智能科技与商品所具备的三要素通过类人类的能力带给消费者不同的体验，同时三要素互相配合作用，缺一不可。数据收集系统从不同的地方广泛地收集信息。例如，无人机的传感器不断地扫描观测周围的环境以及可穿戴电子设备记录运动状况。运算法则分析收集数据并做出判断。例如，喜马拉雅 App 以及网易云 App 会根据消费者不同聆听兴趣与偏好来推荐类似节目或者曲目。输出系统则会把最终的决策或者所做的决定与消费者交流。例如，人工智能交通工具通过与消费者交流后明确出发地与目的地，甚至可以执行自动驾驶任务。

Puntoni 等（2021）的研究从社会学和心理学的角度阐述了人工智能消费者体验并将其划分为四种：①人工智能数据捕获体验；②人工智能分类体验；③人工智能授权体验；④人工智能社交体验。（见图 1）

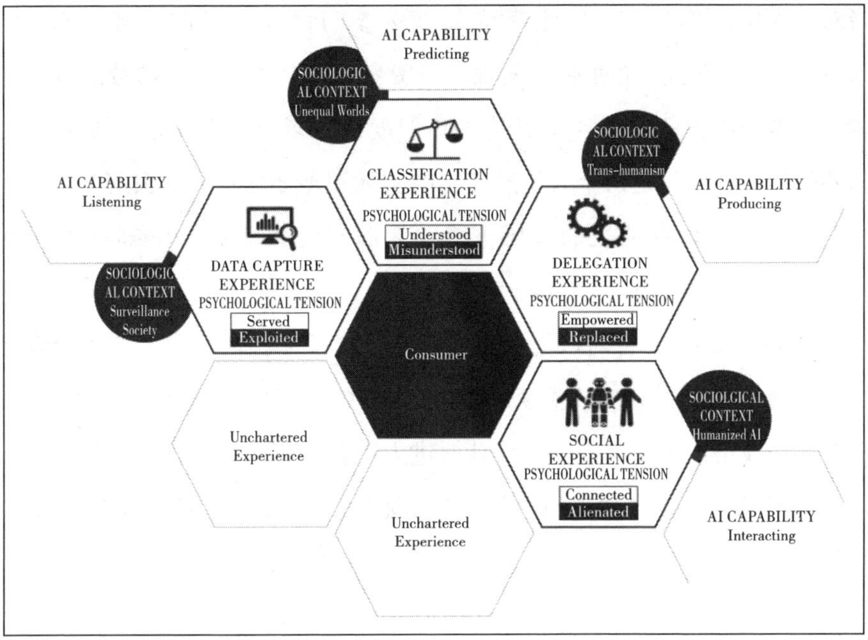

图1　消费者人工智能体验

2.1　人工智能数据捕获体验

人工智能数据捕获体验即消费者在不同的工作与生活环境中的数据收集。研究者发现人工智能数据捕获体验可以给消费者带来益处与便利，即可以让消费者知道并且感受到自己是被人工智能服务的，例如，安装了Google相机软件的消费者可以通过Google数据捕获自动分类拍摄的记忆，按照不同的情绪表达及不同的场合存储（Andre et al.，2018）。人工智能数据捕获体验还可以提供客制化的服务，例如，Alphabet公司的一个项目提供健康维护，即从消费者的基因组、智能手机和手环等设备收集数据以根据个人不同健康状况提出治疗方案。

消费者的人工智能数据捕获体验也会给消费者带来不便甚至是威胁。从社会学的角度来说，人工智能数据捕获体验中所捕获数据的所有权不明确，最终会造成消费者数据信息控制丧失。同时，人工智能可以破坏消费者对个人信息的控制，将消费者转变为参与商业开发的主体（Zuboff，2019）。从心理学的角度研究发现，消费者意识到人工智能的数据捕获体验是为他们所服务的，但AI固有的透明度缺乏会让消费者觉得被利用了。这些被利用的感觉是由个人信息控制的实际和感知的丧失所引起的，最终会造成消费者具有消极的情感，感到无助与无欲消费（Horcher，2018；Fitzsimons and Lehmann，2004）。

Putino（2021）针对以上人工智能数据捕捉体验的不足，建议企业提高对消费者隐私的组织敏感度，平衡企业对于消费者数据控制的不对称。同时，企业可以利用组织学习设计改进人工智能数据捕捉体验，例如，给予消费者选择特定数据收集过程的可能性，并向消费者说明数据如何使用。

2.2 人工智能分类体验

人工智能分类体验里使用精密的算法，囊括的信息较多，包括现在消费者的特征和行为与过去消费者的消费特征和行为。例如，奈飞公司利用人工智能分类技术向消费者提供客制化的影片观看推荐。在分类数据推荐时，不仅包括了消费者以前的浏览观赏爱好记录，还会推荐与该消费者有关联的其他消费者的浏览记录，比如其他相关消费者在相同的位置、相同的时间周期的浏览观赏记录（Kathayat，2019）。一方面，消费者人工智能分类体验会带来正面与积极的影响：消费者不论从客观还是主观的角度都可以感受到自己的需要被满足。例如，消费者从人工智能分类里可以肯定自己，这是非常有价值的，同时，个性化的分类可以识别标示出消费者被所属群体接受的身份或者地位（Summers et al.，2016）。

另一方面，人工智能分类体验也会给消费者带来负面影响：从社会学的角度看，人工智能分类体验在社会学空间里并不存在，而是受到社会流行事件的影响。所以，在面临种族问题和社会群体时，人工智能分类不会从社会学的角度公平地分类，从而导致种族和部分社会群体遭受歧视（Seaver，2019）。从心理学的角度看，人工智能分类体验之下当消费者接收到人工智能错误的分类或者歧视时，消费者会感觉被误解。消费者也会恐惧人工智能在分类时使用社会类别，对他们做出有偏见的预测。例如，越来越多的金融科技公司喜欢使用一些比较容易收集的消费者个人信息——网络注册信息来预测消费者的支付行为和可能违约的行为，以此来判断他们的信誉度（Berg et al.，2020）。

企业应该注意到在人工智能分类算法中可能会出现的偏见，与社会学和心理学领域的专家合作，并分享分类算法的过程与结果，以此来尽量避免消费者受到歧视。同时，在体验设计部分，企业在开发人工智能分类体验时，应该研发学习如何尽量降低消费者产生偏见和误解的可能性。同时，企业可以对产生了偏见的消费者进行调研和访谈，以此来设计不带歧视或者反歧视的人工智能分类体验（Clegg，2020）。

2.3 人工智能授权体验

人工智能授权体验具体表现为人工智能科技或者产品代表消费者做出决策。例如，Google 助手可以根据消费者的需要帮他们预约理发师，同时对接消费者和理发师的时间，之后会用类人的声音来约定时间并把约定好的时间记录在消费者的电子日历里以提醒他们；还有恒温器设备，当消费者回到家里时会自动调节到消费者喜欢的、习惯的温度（Putino，2020）。有了人工智能授权体验，消费者可以节省出时间和精力去做其他的事情或者过得更轻松一些（Fishbach and Choi，2012）。消费者可以做一些，也能多做一些更符合他们技能与擅长的事情，可以把不擅长的事情的处理权与决定权交给人工智能（Bandura，1977）。基于人工智能授权体验的这些优势，企业管理者有把更多消费者的事务授权给人工智能去处理的趋势，但是这样或许会降低消费者的安全感（Iyengar and Lepper，2000），同时过多地授权给人工智能有可能达不到预期的效果甚至会有更多负面结果。

从社会学的角度看，过多地授权给人工智能除了导致消费者安全感更多地丧失外，人工智能获得更多的权力服务消费者还会导致某些特定工作岗位的人大量失业，以至于引发更多的社会问题（Sassen，2014）。从心理学的角度看，过多的人工智能代替人类劳动，将导致消费者觉得不再需要练习或者巩固已具备的技能，也会导致消费者无法正确判断自我价值和随波逐流，不愿意动脑动手（Seabrook，2019）。

企业在设计人工智能授权体验时应该从保护与不破坏消费者原有的自我效能感和自我认同出发（Leung et al.，2018），也可以进行客制化设计，当消费者觉得某些特殊的技能或者事情可以由人工智能来决定和处理时，可以在平台里专门地授权给消费者专属的人工智能去做（Fuchs et al.，2010）。

2.4 人工智能社交体验

人工智能社交体验是沟通的桥梁，帮助消费者与企业进行信息的交流与沟通。现今，类人的技术已经更多地应用于人工智能产品：自动驾驶汽车使用了类人的技术，在与消费者沟通中增强了消费者对人工智能产品的信任感（Kim and McGill，2011）。社交机器人学的快速发展在人工智能为消费者提供服务、与消费者交流互动时，可以使消费者感觉到沟通更舒适、有意义和人性化（Van Doorn et al.，2017）。人工智能社交体验也更有效与便捷，特别是当企业与消费者沟通时，人工智能可以随时候机与消费者沟通，帮助解决问题（Van Doorn et al.，2017）。当然，人工智能社交体验也会造成负面的结果，比如当人工智能在比较复杂的文化背景里沟通时，有可能引发一些社会和个人矛盾甚至是种族之间的歧视。

从社会学的角度来说，人工智能社交体验在与消费者交流的语言中反映了隐藏在语言中的以男性为中心的模式。例如，在设置苹果 Siri 或者天猫精灵智能助手时，通常是把语音设置为女性声音，这是为了加深消费者的参与感与人工智能助手的亲切感。但这同时反映了一种社会学里的性别歧视现象——助手通常是女性（Rawlinson，2019）。

从心理学的角度来看，人工智能社交体验会加剧特定社会群体获得基本社会服务的障碍，加剧社会不平等现状。科技的发展促使企业在研发人工智能社交体验时做得越来越贴近真实社会的人与人之间的交流，可是这同时也需要企业从组织发展和营销的角度去考虑社会道德的因素。

3 人工智能消费者体验未来发展应该考虑的问题以及方向

3.1 人工智能消费者体验发展中应该考虑的问题

（1）人工智能数据捕获体验应考虑的问题

A. 社会经济地位会如何影响人工智能数据捕获开发?

B. 文化规范会如何影响人工智能数据捕获开发?

C. 所收集数据的性质（如环境、行为、生理）会如何影响人工智能数据捕获?

D. 数据捕获的体验是否取决于消费者使用的设备?

E. 消费者会在何时、以何种方式影响人工智能的数据收集，以回应被利用的感觉?

（2）人工智能分类体验应考虑的问题

A. 个体差异引起的歧视在什么情况下会让消费者觉得被人工智能误解了?

B. 消费者如何判断人工智能是使用哪些变量进行个性化预测的?

C. 独特性和归属感这两个变量哪个被消费者误解的可能性更大?

D. 哪种类型的推断分类更容易引起消费者的误解?

（3）人工智能授权体验应考虑的问题

A. 人工智能可执行任务的范围会不断地扩大，人工智能算法的任务边界应该如何界定？

B. 在什么消费环境里人工智能授权委托会使消费者反感？

C. 消费者感觉被人工智能取代的可能性是受到消费结果的影响还是消费过程的影响？

D. 消费者感到被人工智能授权替代威胁时，会在什么时候、以什么方式通过限制人工智能的能力来解决威胁？

（4）人工智能社交体验发展应考虑的问题

A. 文化差异如何影响消费者对社会体验的认知？

B. 什么时候消费者会更倾向于将人工智能具体化以应对疏离感？

3.2 人工智能消费者体验未来的发展方向

现阶段人工智能消费者体验学术研究的主题为四个方向：人工智能数据捕获体验、人工智能分类体验、人工智能授权体验以及人工智能社交体验。这四种消费者体验也是将来人工智能体验继续深究的方向。同时，在未来研究中也应该考虑在消费者体验中这四种体验是否会互相影响（Giesler and Fischer，2018）。例如，消费者在人工智能数据捕获体验中感到被人工智能服务或者感到被人工智能利用偷取了他们的信息这一体验是否会影响到消费者在人工智能分类中的体验。

同时，消费者通过企业获得的人工智能体验四个环节，也会评测出来企业对人工智能的科技或者产品的投入与重视程度（Grafanaki，2017）。

4 人工智能对企业战略管理的启发

人工智能的使用是未来的一个趋势，在将来人工智能的应用会越来越多地出现在不同产品的生产与企业提供的服务中。所以，对于企业而言，需要注意消费者在人工智能体验中会出现的一些负面问题，并从社会层面以及心理层面了解和衡量成本，从而更精确地定位企业在人工智能时代的角色。

同时，企业需要做到在研发人工智能消费者体验之前有所知晓和了解：首先需要与社会学、心理学以及其他相关组织和公共政策制定者共同协作。人工智能体验的研发不只是企业自己的事情，还关系到整个社会的福祉，应从社会层面进行干预机制的建立。

再回到企业的层面，产品体验的设计也有很多启示。比如，要去除算法中对刻板分类的认知，使用更加精确的分类技术，或者打乱传统的分类方法，尽量减少因为错误分类产生的消费者负面情绪的激发，比如歧视。再比如，在人机互动界面对自我效能的感知和控制感的给予，以及去人工智能的人性化。与普遍认为的“机器人越像真人越好”的认知不同，实验证明，机器人保持机器人特性更能增强使用者的体验。所以，现在很多企业在研发尝试让人工智能在发声时使用中性（非男性或女性）的声音去替代一贯使用的女性的声音。这样可以避免消费者可能会产生的性别歧视感，另外也阐明机器人和人是有区别的，它们有属于自己特有的声音。

人工智能在研发和使用之中还有很多的问题需要讨论和解决，例如商业伦理、产品和科技的设计研发以及社会的福祉等。人工智能体验给消费者带来了很多的便利并提升了效率，但是，我们也需要提防和注意人工智能体验带来的负面影响。

参考文献

[1] AGRAWAL A, GANS J, GOLDFARB A. Prediction machines: the simple economics of artificial intelligence[M]. Boston: Harvard Business Review Press, 2018.

[2] ANDRE Q, CARMON Z, et al. Consumer choice and autonomy in the age of artificial intelligence and big data[J]. Customer needs and solutions, 2018, 5(1/2): 28-37.

[3] BRAKUS J, SCHMITT B H, ZARANTONELLO L. Brand experience: what is

it? How is it measured? Does it affect loyalty? [J]. Journal of marketing,2009,73(3):52 - 68.

[4]FITZSIMONS G, LEHMANN D R. Reactance to recommendations:when unsolicited advice yields contrary responses[J]. Marketing science,2004,23(1):82 - 94.

[5]FUCHS C, PRANDELLI E, SCHREIER M. The psychological effects of empowerment strategies on consumers' product demand[J]. Journal of marketing, 2010, 74(1):65 - 79.

[6]GIESLER M, FISCHER E. IoT stories:the good,the bad and the freaky[J]. Marketing intelligence review,2018,10(2):24 - 28.

[7]GIESLER M, VENKATESH S A. Reframing the embodied consumer as cyborg: a posthumanist epistemology of consumption[J]. NA - Advances in consumer research,geetaMenon and akshay R. Rao, eds. Duluth,MN:Association for consumer research,(32):661 - 69.

[8]GRAFANAKI S. Autonomy Challenges in the Age of Big Data[J]. Fordham intellectual property, media & entertainment law journal,2017(27):803.

[9]KATHAYAT V. How Netflix Uses AI for Content Creationand Recommendation[EB/OL]. [2019 - 09 - 28]. https://medium. com/swlh/how - netflix - uses - ai - for - content - creation - and - recommen dation - c1919efc0af4.

[10]EUGINA L, GABRIELE P, STEFANO P. Man versus machine: resisting automation in identity - based consumer behavior[J]. Journal of marketing research, 2018,55(6): 818 - 831.

[11]RAWLINSON K. Digital Assistants like Siri and Alexa Entrench Gender Biases, Says UN[EB/OL]. [2019 - 05 - 21]. https://www. theguardian. com/technology/2019/may/22/digitalvoice - assistants - siri - alexa - gender - biases - unesco - says.

[12] SASSEN S. Expulsions Cambridge [M]. Boston: Harvard University

Press,2014.

[13]SCHMITT B H. From atoms to bits and back:a researchcuration on digital technology and agenda for future research[J]. Journal of consumer research,2019, 46(4):825 - 832.

[14]ZUBOFF S. The age of surveillance capitalism:the fight for a human future at the new frontier of power[M]. New York:Profile Books,2019.

新媒体营销十大新概念盘点

课题组①

本部分的新概念主要是从年度召开的重要国际国内学术会议、研讨会及部分期刊上收集而得，旨在反映学界对新媒体营销研究的新动向，以及由此给业界带来的启发和借鉴。主要有数字感官营销、鼠标轨迹、机器人拟人化设计、数字化服务体验、迷因、人工通用营销智能、评论通胀、新媒体叙事、网络社会易感性和去所有权。需要说明的是，本年度报告列出的一些新概念，在以前的文献中可能已经出现过。本年度报告中专门列出只是为了强调研究的趋势。

1 数字感官营销（digital sensory marketing）

1.1 词语释义

数字感官营销，是指通过计算机等新兴媒体刺激用户感官促进用户购买行为的营销模式。[1]数字感官营销可以从用户的线上感官模式以及新兴媒介的不同刺激方式两方面入手，帮助企业更好地构建用户线上体验。[2]

---

① 戴鑫：华中科技大学管理学院教授、博士生导师、副院长。朱立：云南财经大学经济研究院教授、博士生导师、院长。黄子业：华中科技大学管理学院硕士生。但昭杰：华中科技大学管理学院硕士生。张佳龙：华中科技大学管理学院硕士生。

1.2 应用拓展

首先，在用户方面，数字感官营销基于用户线上购买过程中对于视觉与听觉的高度依赖性，在强化二者体验的基础上，尝试把其他信息转化为视觉或者听觉信息，进而将感受传递给用户。例如，B 站 up 主“超感官世界”，通过第一视角直观展示了极限运动的危险与刺激，同时辅以“翻译腔”解说，以文字的方式，传达了视频所不能传达的触觉、失重感等体验。其次，在新型媒介方面，数字感官营销从新兴媒体刺激方式入手，利用不同数字媒介的传播方式，针对不同设备的特征，营造不同的感官体验，可以更为真实地构建线上体验。例如，近年来大火的 ASMR 直播便是数字技术应用与感官营销的良好范本。其通过耳机的左右声道加上各种拟声道具如沙锤、水瓶的辅助，为用户营造了良好的立体感，进而把本应由多个感官才能感受到的“恬静环境”带到用户面前。

2 鼠标轨迹（mouse tracking）

2.1 词语释义

鼠标轨迹，是指用户在线上页面进行购买时，操作鼠标形成的轨迹。[3] 在线上购买过程中，传统心理学中的表情、语言、语气以及肢体动作等信息难以捕获，因此可以考虑对消费者在网络世界中的延伸——鼠标轨迹进行分析，进而把控消费者的心理。在进行鼠标轨迹测量时，可以通过曲率、总操作时间、轨迹长度等信息对轨迹进行量化处理。[4]

2.2 应用拓展

鼠标轨迹对于消费者心理的预测在新媒体环境下有着天然的优势。首先，鼠标的移动反映了用户第一时间的想法，能较好地预测用户心理。其次，鼠标轨迹的数据多维化，承载的信息量更大。传统研究过程中往往使用点击率等线性指标，而鼠标轨迹包含了鼠标的路线、停留页面等更为多维的信息，包含了更多信息量。最后，鼠标轨迹的来源较为广泛，且普适性强。鼠标是电脑端互联网用户必不可少的互动工具，因此，鼠标轨迹的研究结果适用性广泛。但是，在处理鼠标轨迹的过程中，仍然需要注意以下两个问题。第一，鼠标轨迹储存信息量大，因此需要较大的存储空间。第二，鼠标轨迹结构复杂，对数据处理能力提出了更高的要求。

3 机器人拟人化设计（anthropomorphic designs）

3.1 词语释义

机器人拟人化设计，是指在机器人设计的过程中，投入更多人性化的设计思维，使机器人产品具有更多的人格化思维或者能力。数字科技、人工智能的进步，促使用户开始对机器人（包括语音助手、服务机器人等）提出更高的要求。[5]在机器人拟人化程度提升的同时，用户对于机器人的看法以及体验感受是营销从业者需要重点关注的方向。一方面，机器人拟人化程度的高低会影响用户的使用感受；另一方面，用户在不同场景下对于拟人化程度的要求也会有所区别。[6]

3.2 应用拓展

机器人拟人化设计不仅仅是一个需要从技术角度思考的问题，也需要考虑产品的设计以及定位。首先，拟人化程度不一定是越高越好。研究表明，在服务机器人不能很好地为用户提供或者检索到所需的服务时，用户对于糟糕体验的归因就会随着机器人拟人化程度发生变化。当拟人化程度较低时，用户往往会归结于自己表述不清等自身原因，而随着拟人化程度的提升，则会逐渐归结为机器人设计的缺陷。早期语音助手出现时，多数人因为拟人化的声音，对其功能抱有极高的期望，因此有许多用户尝试了许多复杂指令，结果却令人失望，因而产生了“人工智障”这一调侃。这便是因为开发者利用语音赋予机器人高度拟人化特征的同时，在功能实现上缺少跟进，导致用户将服务失败归因于产品的设计。其次，不同场景对于机器人拟人化程度的高低也会不同，机器人的拟人化程度需要以用户的需求为导向进行设计。如今语音助手在智能家居领域的应用大获成功，便是成功匹配了使用场景与机器人拟人化水平的结果。用户要求助手执行开关及模式切换等指令具有线性、明确的特点，语音助手可以很好地执行，满足了用户的需求。

4 数字化服务体验（digital servitization experience）

4.1 词语释义

数字化服务体验是用户在互联网等新兴媒体环境下，接受组织提供数字化服务过程中的体验感受。[7]对数字化服务的研究是站在组织的角度上思考“如何提供、提供什么样的数字化服务”，而数字化服务体验则为营销从业者提供了新的观察角度，它启示要从用户的角度思考“需要什么样的数字化服务”“服务的质量如何”。数字化服务体验的范围与新兴技术的出现高度绑定。随着 AR 与 VR 技术的发展以及在各行各业的应用，营销领域也有了新的服务体验需要进行量化与评价。[8]

4.2 应用拓展

要提升用户的数字化服务体验，可以从两方面入手。一方面，需要提高数字化服务内容质量。例如，在针对 VR－AR 支持的酒店预先体验的研究中，体验内容越真实，对于用户订单的达成越有效果。除此之外，

VR 内容的展示需要结合消费者的背景情况，不同的背景针对 VR 的场景构建会有不同的感受。另一方面，配置越好的数字化服务设备，设备的拟真度越高，如 VR 头盔相较智能手机屏幕，就会获得越好的体验。其中，在数字设备支持下实现的个性化服务有助于极大程度上增强用户的体验感受。

5 迷因（meme）

5.1 词语释义

meme 指互联网在传播过程中可以通过模仿、二次创作等形式得到传递的文化符号或者热点事件。meme 一词来源于希腊语“mimema”，是由英国进化生物学家 Richard Dawkins 在他的作品 *The Selfish Gene* 中提出的。meme 是互联网用户沟通过程中重要的文化工具。通过 meme，互联网用户可以迅速找到共同点或传递相关观点，提高了他们的归属感和交流效率。[9] 营销从业者如果想要将产品深入人心，那么构建一个广为流传的 meme 便是其中一条道路。

5.2 应用拓展

meme 的产生与定义清晰地解释了许多互联网热点事件以及通用的网络用语流行的背后逻辑。综合来说，企业在意图构建新的互联网 meme 时，至少需要满足以下三个条件：①形式易于模仿。meme 在互联网上的传播多以词句或者视频翻拍等方式呈现。形式简单、易于模仿，极大方便了在人群中的传播。②具有明显的特征。meme 有关的词句通常精炼关键信息，视频往往精简短小，以较短的篇幅强调了事件或文化的重点，便于用户迅速了解梗概并快速使用。③贴近大众生活经历。meme 往往产生于一个大群体的集体记忆，例如一部电视剧中的具体情节、一个事件中的某段文字材料等。当单一用户使用特定词句或者翻拍相关经典桥段时，唤起了相关事件的用户回忆，进而引发共鸣，使彼此产生归属感。在新媒体营销过程中，如果将 meme 应用到品牌或者产品的宣传中，借助网络社群的力量，能起到事半功倍的效果。例如 2021 年《蜜雪冰城主题曲》便满足了上述三个特征，在互联网中引起巨大反响。

6　人工通用营销智能（Artificial General Marketing Intelligence，AGMI）

6.1　词语释义

AGMI 是利用人工智能对企业进行风险评估与机遇把控的营销战略规划方式。人工智能的出现极大地影响了营销领域以及企业的战略规划，但目前缺少一种学科将传统营销领域的因素与人工智能结合起来。[10] 因此，有学者提出将 AGMI 作为二者的结合。AGMI 运作过程中，需要先将企业的外部环境进行建模，再将外部环境量化输入模型中，利用人工智能对战略进行规划。[11]

6.2　应用拓展

AGMI 的出现是人工智能在更高层面的应用。其将人工智能的应用从较小的业务层如推荐算法、路径规划以及客服等方面提升到了战略规划的高度。应用 AGMI 规划的优势是十分明显的。首先，对于外部变量的高度量化，使其决策更为科学。其次，人工智能的高执行力，可以对环境的每个方面进行考虑，决策较为全面。最后，人工智能高度精准，决策水平稳定，不易受到状态的影响。将其应用于战略层面，仍需注意以下两个方面：一方面，开发者要提高人工智能的智能水平以加强决策能力；另一方面，作为企业管理者还要重视企业内决策权力的分配，什么地方应用人工智能做战略决策以及是否信任人工智能所做的决策，避免过度依赖人工智能决策或者决策资源浪费。

7 评论通胀（review inflation）

7.1 词语释义

评论通胀，是指在线评价商品的过程中，用户由于担心影响商家销售或者担心商家报复而被迫给出高分评价，使在线评价不能真实反映商品情况的现象。[12]线上购物普及的今天，商品评价在线上购买的过程中不可或缺。商品评价是帮助潜在用户降低搜索成本，降低接受服务的不确定性的重要工具。评论通胀的存在不仅会减少潜在用户对于产品以及生产者的信任，而且会对后续产品的开发起到误导作用。作为营销从业者，如何避免评论通胀的产生乃至如何更加科学地利用消费者的反馈，是亟待解决的问题。

7.2 应用拓展

改善评论通胀有两种方式。一方面，从现有在线评价体系入手。例如在评价过程中，改善评价鼓励机制，以更为实质、更为精细的奖励机制鼓励用户输出自己的评价内容，而不是利用“返现”“让利”等手段收获用户好评，从根源上减少评论通胀。除此之外，在统计评价得分时不应只是简单取平均数，而是利用字数、重复度等指标对评论的质量进行量化，再对评价分数进行加权后汇总，从机制上减少评论通胀。另一方面，可以对评价模式进行改变。显而易见的是，消费者留下精细评论的可能性较小。因此，是否有必要强求每一位用户留下评论？同时，在评论通胀的背景下，互联网测评内容的自媒体开始变得火热。评测视频通过第三方主播的实拍镜头以及更多使用场景的评测方式，加上粉丝对于主播的信任，往往会给予观众更为真实的使用评价以及决策帮助。因此，在构建新的评分系统时，可以考虑借鉴第三方测评模式。在保证独立性的情况下通过第三方给出的具体评价，结合用户给出的用心、精细的评价，再进行分数计算。将评价从多而粗糙朝小而精细的方向进行转化，提高评价的可靠性与有效性。

8 新媒体叙事（new media narrative）

8.1 词语释义

新媒体叙事指政府、企业、组织、机构等利用多样的新媒体工具向用户讲述品牌、产品、服务等故事的过程。新媒体叙事主要包括网页布局、广告设计等传播手段和故事情节等内容要素。新媒体叙事是对新媒体传播的进一步推进，反映了营销工作者对新媒体营销认知的深化。

8.2 应用拓展

研究新媒体叙事可以有效帮助营销从业者了解在多种场景下不同设计如何影响用户购买意愿和满意度，同时增强对不同类型的用户决策过程的理解。以下是新媒体叙事在实际营销场景中的体现：在线平台会针对不同商品的购买类型设置水平或垂直的显示方向，因为不同商品的购买类型会因其显示方式以及人类视野、决策策略和处理流畅性所起的作用而引发不同程度的选择满意度[13]；广告中的叙述者声音数量可以影响用户行为，听到多个解说员（而不是一个解说员）发出的有说服力的信息的用户将更容易接受新产品[14]；慈善广告中使用手写（相对于打字）字体设计会增强用户进行慈善行为的意愿。[15]

9 网络社会易感性（susceptibility to online social influence）

9.1 词语释义

网络社会易感性是对用户在社交网络上受他人影响程度的表征。[16] 近年来，社交媒体和移动通信技术的飞速发展极大促进了用户之间的互动。成功的产品营销策略不仅需要了解网络意见领袖，还需要识别易被影响的用户。因此在新媒体环境下，探究如何影响用户的易感程度并使其转化为消费者成为重要议题。

9.2 应用拓展

互联网给用户带来了更开阔的视野，使他们更愿意去了解新的事物。因此，用户在网络社会易感性方面的提升并不等于实际的销量提升。营销者要在新媒体营销环境下注意提升以下三方面的能力。第一，对用户的细分需求进行深刻洞察，准确把握其心理，才能够生产出让用户真正喜爱并追随的产品，将新品打造成经典产品。第二，构建品牌社群，拉近品牌与用户之间的关系，让用户以“参与者”的身份为品牌提供建议，通过用户价值共创与他们形成纽带。[17] 第三，提高与用户的共情意识与能力，比如可以通过邀请用户参与线下体验活动，与他们展开主动、真诚的沟通与互动，打造有温度的品牌。

10 去所有权（de – ownership）

10.1 词语释义

去所有权，是指消费者在消费行为中未获得商品所有权而只使用商品所提供或产生的服务的过程。[18]这一过程中未发生所有权的转移，消费者只获得使用权。该现象来源于共享经济，当消费者只需获得商品提供或产生的服务，而无须占有或者处置该商品的时候，所有权就给商品带来了冗余的附加价值。[19]去所有权由此而生，这可以帮助消费者节省开支。

10.2 应用拓展

去所有权本质上是对商品价值拆分后的重组，其应用场景大致可以分为两类。一类是平台对实体产品提供使用权限的消费。如近两年话题度不断的共享充电宝，用户通过 App/小程序租赁共享充电宝后，可以自由使用，只需使用后归还到指定位置并根据使用时间付费即可。另一类是平台提供单位时间服务的消费。各大音视频播放 App 上的 VIP 消费便是这一场景的应用，用户购买一段时间的 VIP 权限，可以收听或者收看仅属于 VIP 用户的音乐或者视频，这一过程服务的使用权被平台或者资源提供方扩大发放到所有 VIP 用户。以上场景均体现出对商品价值的最大化发掘和利用。[20]未来从业者可以利用这一体验加大对商品剩余价值的使用和冗余价值的解除，从而在更加节省成本的前提下提供更好的服务。

参考文献

[1]ZAHEER N, RIZWAN M. Digital Sensory Marketing: A Meta - analysis of Holistic Consumer E - retail Experience[C]. Proceedings of the European Marketing Academy, 2021.

[2]DE K L, VAN K A, TESSITORE T. Can You Feel the Advertisement Tonight? The Effect of ASMR Cues in Video Advertising on Purchase Intentions [C]. European Marketing Academy Conference,2021.

[3]PATRICK W N. Mouse Tracking in E - commerce: Predicting Product Returns and Psychological Ownership Via Consumer's Hand Movements[C]. AMA Win-

ter Academic Conference, 2021.

[4]SCHNEIDER I K, MATTES A. Mix is different from nix: mouse tracking differentiates ambivalence from neutrality[J]. Journal of experimental social psychology, 2021, 95: 104106.

[5]LI – KENG C, HONG – WEI L, PEI – YU C. Service Robot's Anthropomorphism Levels and the Attribution Effect in Service Failure[C]. AMA Winter Academic Conference, 2021.

[6]ARAUJO T. Living up to the chatbot hype: the influence of anthropomorphic design cues and communicative agency framing on conversational agent and company perceptions[J]. Computers in human behavior, 2018, 85: 183 – 189.

[7]SKLYAR A, KOWALKOWSKI C, TRONVOLL B, et al. Organizing for digital servitization: a service ecosystem perspective[J]. Journal of business research, 2019, 104: 450 – 460.

[8]KIM J S, JANG K K, BAE J, et al. The Effect of Digital Servitization Experience on Consumer Response in Streaming Service[C]. European Marketing Academy Conference, 2021.

[9]DENIZ O, NESENUR A. The Effect of Typography on Brand Credibility: The Mediating Role of the Message Persona[C]. AMA Summer Academic Conference, 2021.

[10]KAMRAN Q. The Design of an Artificial General Marketing Intelligence (AGMI)[C]. AMA Winter Academic Conference, 2021.

[11]QEIS K, ARD R. The Design of Artificial General Marketing Intelligence (AGMI) As a Ubiquitous Control System[C]. AMA Winter Academic Conference, 2021.

[12]SYLVIA X G, JINAN L. Bad Review System Drives Out Good? [C]. Marketing Science, 2021.

[13]PRAMIT B, JIHOON J. The Effect of Display Orientations on Post – choice Satisfaction from Experiential and Material Purchases[C]. AMA Winter Academic

Conference,2022.

[14]HANNAH H C, ANIRBAN M, AMITAVA C. Designing Persuasive Voiceover Narration in Crowdfunding Videos[C]. AMA Winter Academic Conference,2022.

[15]XING - YU C, DICKSON T, JUNJIE G. Why not Set Pen to Paper? How Typeface Design Influence Charitable Behaviors[C]. AMA Summer Academic Conference,2021.

[16]STÖCKLI S S, BARTSCH F, SHEN H, et al. Measuring Susceptibility to Online Social Influence[C]. Proceedings of the European Marketing Academy,2021.

[17]ELISA K B. How do Others Feel about it? How Emotional Contagion via Customer Reviews Influences Consumer Judgment[C]. AMA Winter Academic Conference, 2022.

[18]KHALEK S A, CHAKRABORTY A. "I like to use but do not wish to own": exploring the role of de - ownership orientation in the adoption of access - based services[J]. Journal of retailing and consumer services,2022,67:103035.

[19]KOKLIC M K, KUKAR - KINNEY M, VIDA I. Consumers' de - ownership as a predictor of dark - side digital acquisition behavior: moderating role of moral intensity and collectivism[J]. Journal of business research,2022,138:108 - 116.

[20]LINDBLOM A, LINDBLOM T. De - ownership orientation and collaborative consumption during turbulent economic times[J]. International journal of consumer studies,2017,41(4):431 - 438.

行业专题研究报告

中国露营行业新媒体营销专题研究报告

杜　鹏[①]

1　露营经济发展简介

1.1　露营发展概况

露营（camping）一词最早可追溯到古代人类在游牧、狩猎、迁徙、军事等活动中临时搭建的野外住宿场所和设施。经过历史的沿革与时代的变迁，当今露营与旅行的关系逐渐变得密不可分，露营成为人们娱乐生活、放松身心的娱乐方式之一，是人们选择户外活动或户外运动时必不可少的组成部分。

露营成为娱乐活动起源于1853年。来自美国的托马斯·海勒姆·霍丁（Thomas Hiram Holding）同300多人的队伍一起跨越了美国1930千米的大片草原，沿途的风景令他心驰神往，之后于1908年编写了 *THE Camper's Handbook*，中文名为《露营者手册》。此书一出，立马得到西方国家贵族们的热烈追捧。美国野营杂志 *The Dyrt Magazine* 在《美国休闲露营简史》一文中也指出，除了大萧条和第二次世界大战之外，美国人都对露营表现出分外狂热。时至今日，露营活动依然受到西方国家人民的喜爱，并成为其重要的娱乐生活方式之一。

---

① 杜鹏：中南财经政法大学教授，中国市场学研究会新媒体营销专委会秘书长。

我国露营于20世纪90年代兴起，随着市场经济的繁荣，露营方式逐渐丰富多样，露营概念也不断得到拓展完善。2020年被称为“露营元年”，新冠疫情的暴发，限制了人们的自由出行与满足娱乐需求的心理。出境旅游、长途旅游受到疫情的影响，不再火热，反之短途旅游与近郊旅游成为人们出行的首要选择，露营热潮一炮而红。随着中国居民人均可支配收入及人均消费支出的增长，露营行业在我国迎来了高速发展阶段。

1.2 露营行业概述

1.2.1 露营的含义

随着“露营”在更多领域内的广泛使用，广义上的露营（camping）是指一种短时的户外生活方式，为了工程、军事、测绘、旅游等特设临时的户外驻扎区，包括营帐、草棚、车房等简易形式的短时户外居住营所。军事露营往往有复杂的构造，细分为生活区、食宿区、通信区、指挥区等，而旅游露营多采用更方便小巧的户外装备，达到户外休整娱乐的目的。历经时代与社会的进步，现今的露营更多偏向于娱乐大众生活的行为方式，狭义上关于露营一词的定义更多偏向于娱乐性质。在此基础上，则认为露营是人们自带设备在特定营地开展野外停宿、休闲、娱乐、训练等特定活动的行为方式。

1.2.2 露营形式的分类

露营活动发展久远，欧美等发达国家起步较早，露营文化兴盛，露营形式风格各异，并已形成一套完整的体系，同时国外露营旅游已逐渐发展成为一种旅游休闲产业。国内露营行业起步较晚，直至2020年才得到快速发展。结合国内外露营发展的历程以及当前露营现状来看，露营形式可简单划分为以下几类（见表1）：

表1　露营形式分类

露营形式	内容	特点
传统露营	崇尚极简主义，可以被简单定义为以有限的现代装备，利用露营者的野外知识和技能，度过质朴而简单的山野生活	倡导人与自然直接和深入的互动 露营设备强调实用与功能化
房车露营	自备露营车（车顶帐篷）和房车进行露营活动，现今露营产业发展逐渐成熟，市场上也出现了许多以租赁房车为主的企业，更加方便了露营者	房车本身具备床铺、厨房、卫生间等生活必备空间设施，冬暖夏凉 适合长时间、路途遥远的露营活动
特殊露营	主要针对有特殊活动的露营者，例如，在长时间的攀岩或者野外生存时需要休息驻扎帐篷等	要求露营者具备过硬的野外生存技能与知识，门槛较高
精致露营	区别于传统露营的穿冲锋衣、睡帐篷，精致露营注重舒适，提倡在亲近自然的同时享受生活，可以自己带帐篷，也可以直接去露营地或者木屋风格的酒店	追求轻度户外体验 享受休闲趣味和社交体验 通常选择在城市近郊、市内公园等地点进行 露营设备以美观与舒适为主

资料来源：根据公开资料整理。

目前大多消费者偏向于选择精致露营，因为其参与门槛低，露营者不需要过多专业知识作为支撑。本报告也主要针对精致露营展开。

2　露营经济市场环境分析

2.1　政策环境

21世纪初，我国露营经济正处于萌芽阶段，市场规模较小，发展缓慢，同时也缺少国家政策的扶持。在经过十几年的发展后，我国经济水平逐渐上升，人民生活水平整体得到了大幅提高。艾媒咨询数据显示：2015—2017年，中国政府相继出台了多项露营产业相关政策，对露营产业的发展起到重要的推动作用（见图1）。

2021年中国露营产业政策背景分析：露营相关政策　　艾媒咨询 iiMedia Research

近年来中国露营产业相关政策分析
Analysis on relevant policies of China’s camping industry in recent years

时间	政策	简要内容
2017.7	《汽车自驾运动营地发展规划》	推出一批主题鲜明的汽车自驾线路，壮大一批具有影响力的汽车自驾运动营地连锁品牌企业，建成1000家专业性强、基础设施完善的汽车自驾运动营地，初步形成“三圈三线”自驾线路和汽车自驾运动营地网络体系。
2017.2	《“十三五”现代综合交通运输体系发展规划》	规划明确提出要拓展交通运输新领域、新业态，积极引导交通运输新消费，大力发展自驾车、房车营地，鼓励规划建设一批航空飞行营地、汽车综合营地、山地户外营地和徒步骑行服务站。
2017.2	《全国国土规划纲要（2016—2030年）》	法令对涉及国土空间开发、保护、整治的各类活动具有指导和管控作用，对相关国土空间专项规划具有引领和协调作用。
2015.10	《休闲露营地建设与服务规范》	提出了休闲露营地通用的基础性规范要求，突出了安全、环保和自助服务等方面；对驾车营地的选址、规划、功能区、服务设施和质量提出了具体要求；对帐篷营地的分类、选址与布局、服务及质量提出了要求；对青少年营地，结合青少年的身心特点，全面细致地对相关指标进行规定。

艾媒报告中心：report.iimedia.cn ©2020 iiMedia Research Inc

图 1　中国露营产业相关政策

资料来源：艾媒咨询《2022—2025 年中国露营经济发展前景与商业布局分析报告》。

2020 年因疫情暴发，短途露营受到人们的热烈喜爱，成为人们出行旅游的第一选择，露营行业成为我国新消费热点。此后政府不断推出相关政策，以促进行业发展。2021 年 12 月，《“十四五”旅游业发展规划》中提到，要促进旅游装备技术提升，重点推进夜间旅游装备、旅居车及营地、可移动旅居设备等相关产业的发展。总体而言，国家日益健全的政策体系助推着露营行业的发展。

2.2　经济环境

党的十八大以来，我国经济发展迈入新阶段，经济发展稳中有进，居民生活水平也得到大幅提高。国家统计局数据显示，2021 年全年国内生产总值为 1143670 亿元，比上年增长 8.1%，两年平均增长 5.1%。人均国内生产总值 80976 元，比上年增长 8.0%。后疫情时代，经济形势逐渐恢复且整体好转。

艾媒数据显示，2013—2019 年中国居民人均可支配收入复合增速为 9.0%，人均教育、文化和娱乐支出比例也从 10.6% 上升至 11.7%。2020

年由于新冠疫情，居民人均可支配收入的增速以及人均教育、文化和娱乐支出比例受到一定程度影响。后疫情时代，我国旅游业也逐渐从疫情的打击中恢复过来，国家统计局公开数据显示：2021 年我国国内游客约达到 32.5 亿人次，比上年增长 12.8%。国内旅游收入（旅游总消费）为 2.92 万亿元，比上年同期增加 0.69 万亿元，增长 31.0%（恢复到 2019 年的 51.0%）。

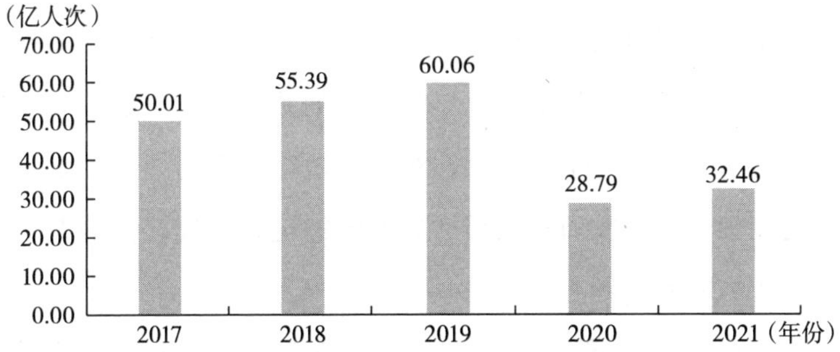

图 2　2017—2021 年国内游客人次变化情况

资料来源：国家文化和旅游部。

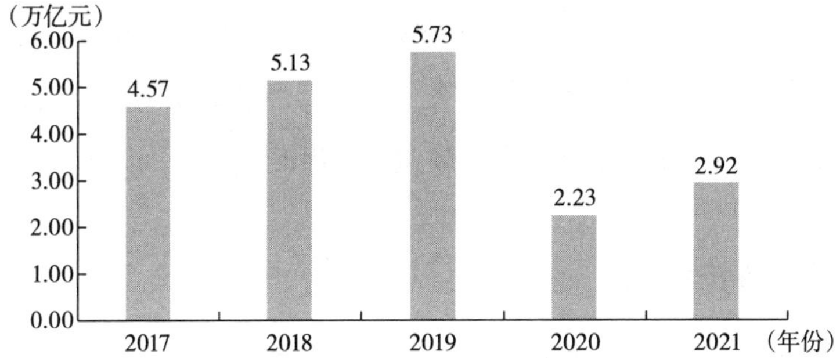

图 3　2017—2021 年国内旅游收入变化情况

资料来源：国家文化和旅游部。

疫情常态化下，我国经济不断恢复，旅游业也持续升级，为露营经济的发展奠定了坚实的经济基础，也为露营经济打开了新的旅游市场。

2.3 社会环境

受高速发展的经济水平影响，我国居民消费观念也逐渐发生转变。根据马斯洛需求层次理论，当人们满足了基本的生活需要，就会产生更高层次的需求。当前，物质生活水平的提高，使得越来越多的人比以往更注重娱乐与精神层次的消费。旅游作为一个幸福产业，是人们生活水平提高的重要标志。消费者不再只是单纯追求“打卡式”旅游，而是更多地考虑旅游的品质化与体验性。疫情常态化形势下，消费者对于旅游的需求日趋理性，长途旅游与出境旅游不再火热，相反，短途旅游与周边旅游更受大众喜爱。这也促使更多开发商对城郊区旅游资源进行开发，为消费者提供更多露营地，扩大露营市场。

此外，旅游市场的拓展以及旅游产品的丰富，为消费者提供了更多的旅游选择。2021 年《旅客价值指数报告》显示，有 75% 的旅行者表示打算前往他们从未去过的目的地，52% 的人准备换一种从未体验过的出行方式，22% 的人计划在下一次旅行中突破界限，去体验“一生一次足矣”的旅途。露营经济的发展，不仅倒逼企业为露营经济提供更多样化、更高品质的服务，也吸引更多消费者选择露营方式出游。

2.4 科技环境

科技创新是现代化发展的第一生产力。智慧化与数字化是旅游现代化发展过程中的必由之路，其核心是依靠科技的最新发展，改革旅游管理方式、优化旅游服务流程、创新旅游产品供给、提高旅游营销的影响力和购买转换率。新一代信息技术如虚拟技术、人工智能、大数据等技术的突破与交叉应用，正在对旅游业的发展格局和趋势起着广泛而深刻的影响作用。

当下精致露营的火热发展，离不开信息技术的应用。露营设备在保证安全与功能的前提下，兼具时尚与美观的设计也离不开科技的应用。新媒体平台借助大数据为消费者推荐更舒适的露营方式，消费后的体验与评价通过新媒体平台完成分享与传播，带动更多消费者选择露营旅游。科技的进步与信息技术的革新为露营经济的发展提供了技术支撑，助力露营经济快速发展。

3　露营经济新媒体平台消费者画像分析

2020 年被称为“露营元年”，在两年的发展时间里，露营依靠新媒体技术赢得发展红利，新媒体平台上的用户逐渐被露营吸引，成为露营经济的主力消费群体。

整体来看，露营经济在新媒体平台上呈现的特征可以归结为三个关键词——“年轻人”“她经济”“新中产”。

3.1　年轻化特征明显

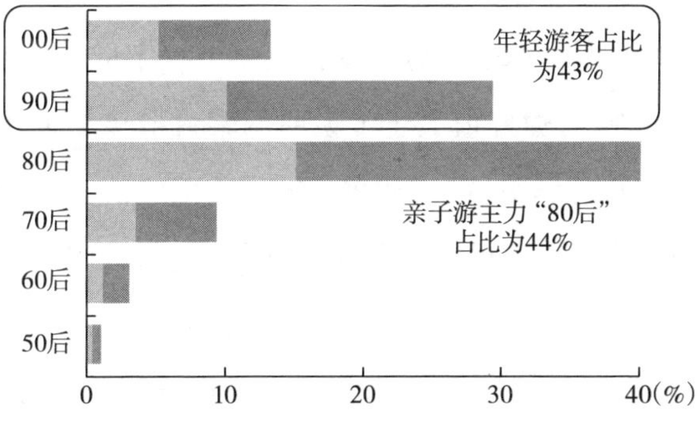

图 4　2021 年露营消费者性别年龄分布

资料来源：马蜂窝《2022 露营品质研究报告》。

从年龄划分来看，《2022 露营品质研究报告》显示，“90 后”“00 后”的年轻游客与“80 后”亲子游是露营圈的主力，共占比 87%。精致露营的客户群主要集中在 25～45 岁，其中，35 岁以上的基本是亲子游客，35

岁以下的主要是讲究特色体验、追求高质量旅行的年轻游客。每日互动大数据显示，资深露营玩家中 25 ~ 34 岁年龄段人群占比最高，达 41.12%；35 ~ 44 岁年龄段人群占比次之，达 31.23%，这两个年龄段人群占比均高于全量人群同年龄段人群占比。

3.2 “她经济”力量崛起

从性别来看，整体男性占比较女性高。每日互动大数据对专业露营类 App 用户的调查显示：资深露营玩家中男性占比高达 83.68%，女性仅占 16.32%。但是随着对女性经济独立的倡导，“她经济”与“她旅行”上升趋势明显。携程数据显示：2021 年携程露营用户中女性占比近 50%，徒步游客中女性占比也达到了 45%，大有超越男性的潜力。同时携程主题游数据显示，2021 年，绑定闺蜜参加户外旅游的女性同比上涨 76%，独自报名户外旅游的女性增加 50%。

3.3 经济实力中等偏上

从消费者职业偏好来看，资深露营玩家中程序员对露营的偏好非常明显，偏好值达 4.99（偏好值大于 1 说明洞察人群该特征比对照组人群明显，数值越大，特征越明显）；其次是医生，偏好值达 2.82。这说明压力较大的职业对追求身心放松、亲近自然的旅游有较大的需求。

从消费者城市分布来看，资深露营玩家中来自一线城市人群占比达 22.00%，二线城市人群占比达 34.56%，足以说明“露营热”已经在一、二线城市星火燎原，露营成为人们外出旅游、放松身心的首选（见图 5）。

由此可见，追赶潮流的年轻人和重视陪伴的中产家庭，是露营爱好者的重要组成部分。目前我国的露营参与率非常低，据东兴证券参考 2020 年美国露营参与率估算，我国潜在露营人群高达 1.81 亿人。这就意味着，随着露营需求的增长，露营整体市场规模潜力巨大。同时在居民生活水平不

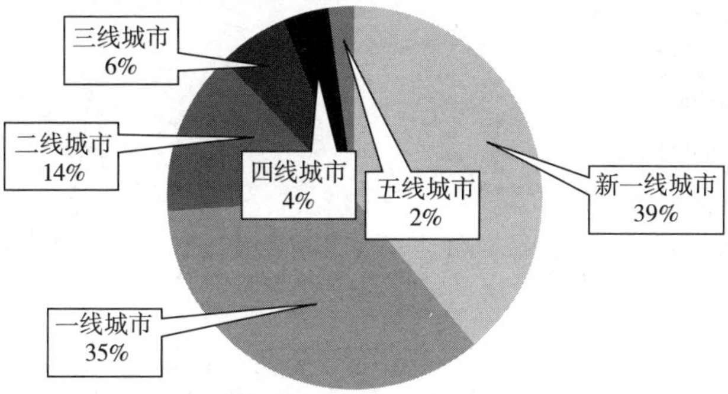

图 5　2021 年露营消费者客源城市水平分布

资料来源：马蜂窝《2022 露营品质研究报告》。

断提高的背景下，消费者对于露营的旅游需求不断增加，且对旅游品质、种类等的要求不断升级。

4　露营行业新媒体营销热度表现

4.1　话题热度居高不下

露营经济的火速“出圈”，离不开各媒体平台的营销助力。自 2021 年起，有关露营的话题在各个社交媒体平台上层出不穷，小红书、抖音、微博等以“露营”为主的话题成功获取了不少用户的关注。数咖平台统计显示，2022 年 4 月 1 日至 5 月 16 日，全网关于“露营”的舆论声量高达 47.81 万条，全网舆论声量呈波动上升态势，在“五一”小长假期间涨幅尤为明显（见图 6）。

作为带货露营经济贡献最大的平台——小红书发布的《2022 年 10 大生活趋势》可以看到，小红书平台上露营话题的发布量较 2021 年增长 5 倍，目前平台上与露营相关的笔记已经有 377 万余篇。创物界发布的消息显示：通过在小红书平台上搜索“露营”关键词，对前 1000 篇笔记进行统计分析后，排名前十的关键词有“出片、氛围、自然、精致”等（见图 7）。

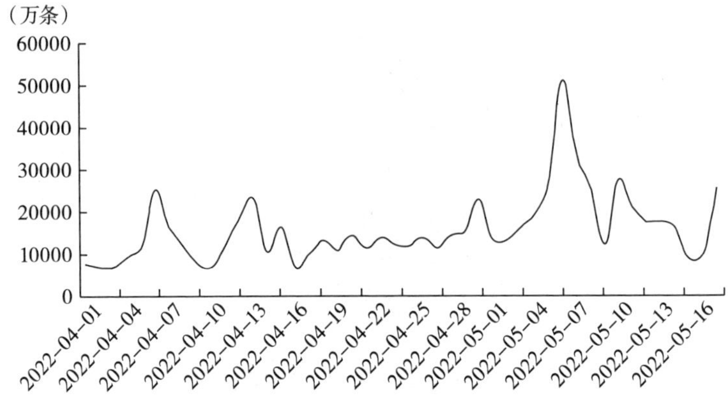

图 6　全网“露营”相关的信息变化走势

资料来源：数咖（2022 年 4 月 1 日至 5 月 16 日）。

图 7　小红书“露营”笔记关键词排行榜

资料来源：网易数读（统计时间截至 2022 年 5 月 15 日）。

露营话题的火热，也让各品牌看到了营销的新机遇，各大品牌纷纷开始创造“露营+”话题，为自家品牌宣传造势。例如，2022年5月20日，小度旗下汽车品牌MINI向用户发起“开车唱歌去露营”倡议，为品牌吸引了一波不小的关注度。

4.2 平台订单量持续增加

露营经济的消费升级离不开线上旅游平台的支持，从各个平台发布的数据中便可见一斑。去哪儿大数据显示：2022年“五一”假期期间，露营相关产品（住宿、出游）的预订量是2021年的3倍；飞猪平台上，“五一”露营订单量较上月增长超350%，同程旅游增长117%。携程发布的《春季出行趋势报告》数据显示，3—4月的露营产品预订爆满，环比增长120%。假期首日露营在平台的访问热度达到历史峰值，2022年开年至今，平台露营产品增长率已经达到800%，而在2022年1月至4月上旬，通过携程报名露营游的用户数量是2021年全年的5倍以上。

4.3 户外用品成交额上升趋势明显

旺盛的消费需求自然也带动了露营装备的畅销，《天猫2022年“五一”消费趋势报告》显示：露营相关商品销售额同比增长超440%。在细分产品类目中，“五一”期间，天猫户外咖啡壶销售额同比增长4600%，烧烤盘增长310%，户外桌增长400%，营地车增长1400%。京东平台的消费情况亦显示：2022年4月30日至5月3日，全国用户购买野餐用品（成交额同比）增长181%，吊床类增长102%，帐篷/垫子类增长100%，烧烤用具增长41%。在拼多多上，露营相关的防潮野餐垫销量早已突破“10万+”。

如此可观的销售数据也吸引了不少户外运动品牌入驻电商平台，露营相关设备企业纷纷转战新媒体，品牌间的竞争日益激烈。

5 露营行业新媒体营销内容及案例

露营的快速发展，离不开新媒体的助力。在当下内容为王的新媒体时代，用户只需将美好事物分享到各类媒体平台上，就能得到大量的曝光和飞速的传播，这也解释了为何疫情后露营行业可以火爆“出圈”。

5.1 露营行业新媒体营销内容

我国的这一轮露营风潮是通过社交媒体传播开的，它几乎与传统的旅游行业发展模式脱离。在新媒体的助力下，平台内的自媒体创作者成长为露营业态中重要的信息分享者、传播者。旅游相关创作者对露营内容产出占比更高，美食、汽车类创作者也与露营匹配度较高。文化教育、时尚、娱乐类创作者更积极，而政务媒体类创作的露营内容权威性更高、传播力更强。

媒体特点上，精致露营与小红书、B 站等新媒体分享经济助推有很大关系，也成为重要的获客渠道、宣传渠道。公开数据显示，B 站露营相关内容的浏览量在 2022 年“五一”节前同比增长了 160% 。早前，小红书发布的“五一”假期出行报告显示：2022 年“五一”前 3 天，小红书上关于“露营”的搜索量比 2021 年同期上涨了 230% 。在小红书上的“露营”笔记中，“Glamping”“精致露营”“轻奢露营”等词语频频出现。其中，以“Glamping”为关键词的笔记就达 6700 多篇。随着“Glamping”的流行，露营相关产业也如雨后春笋般涌现。而露营旅游正是凭借小红书的“种草”生态迅速走红。正是依托小红书等社交平台，许多新露营品牌被大众知晓，例如“大热荒野”这一露营设备品牌正是在小红书上一炮而红。据悉，“大热荒野”有超过 70% 的订单来源于小红书。

当下流行的自媒体平台，为露营相关产业的营销提供了丰富的展示舞台，一切与露营相关的事物或经济形态都可以成为种草的对象。一些已经小有名气的户外主播，早已将身份转换为露营装备和露营地的体验达人。

在新媒体的影响下，露营也逐渐成为一项强社交属性的旅游品类，“种草式营销”已成为露营品牌或玩法“出圈”的必备手段。据统计，在小红书上，“露营”相关笔记数量已超258万篇。在携程上，露营内容关联商品的点击率约是平台旅游内容大盘水平的3倍。艾媒咨询数据显示，综艺、短视频平台、社交内容分享平台是中国消费者获得露营资讯的主要线上来源，比例分别达50.9%、48%、33%（见图8）。“半个朋友圈都在露营”成了社交网络的常态。

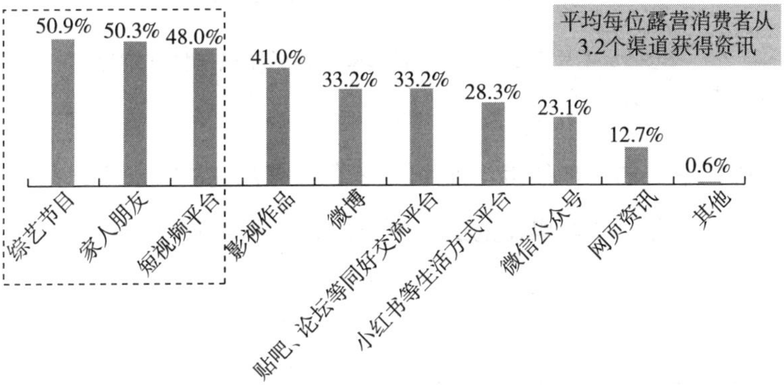

图8　2021年中国露营消费者获得露营资讯的渠道

资料来源：艾媒数据中心。

社交媒体上，露营作为流量模块，与它有关的话题总是呈指数级增长。继2020年“五一”搜索量同比增长290%，2021年“五一”同比增长230%后，2022年“五一”期间小红书上露营相关搜索量同比增长746%，创下新高。如今在小红书主站搜索“露营”，相关笔记多达418万余篇，比曾经占据第一的内容品类美妆（414万余篇）还多出几万篇。微博上跟露营相关的博文超过5万条，点赞数高达1600多万，而阅读量更是超29亿（见表2、图9）。

表2　4月9日—5月9日露营微博话题热度情况总结

项目	总微博数（条）	总博主数（人）	总阅读数（次）	总点赞数（条）	总评论数（条）	总转发数（次）
数据	5.55万	2.09万	29.44亿	1676.07万	279.28万	581.83万

资料来源：西瓜微数。

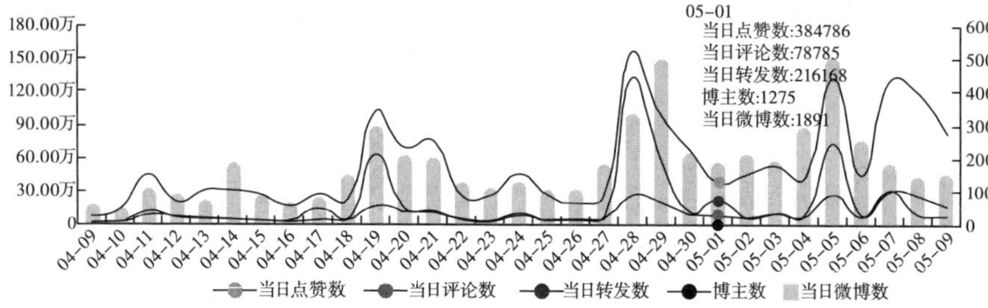

图9　4月9日—5月9日露营微博话题热度情况统计

资料来源：西瓜微数。

新媒体平台的增加使得当前中国露营消费者获取露营资讯的渠道更加多样化、便捷化。在新媒体的助力下，未来我国露营经济也会发展得更加完善与丰富。

5.2　露营行业新媒体营销案例——小红书

5.2.1　露营风起小红书

国内露营风起小红书，近两年露营的持续火热离不开小红书各种活动的加持。露营尤其是精致露营，在小红书平台上的热度居高不下。

出行旅游的第一步是做出决策，小红书最初构建的露营生态便是从影响消费者决策的第一步开始。头豹研究院统计，在用户旅游决策方面，2020年上半年小红书就已超越携程、飞猪、马蜂窝、同程旅行等传统旅游服务平台（见图10），成为消费者旅游决策的第一入口，而用户在旅行结束后又回到小红书进行分享和二次传播，形成内容“闭环”。以露营为例，小红书数据显示，2021年1—5月，“露营”的搜索量比2020年同期增长

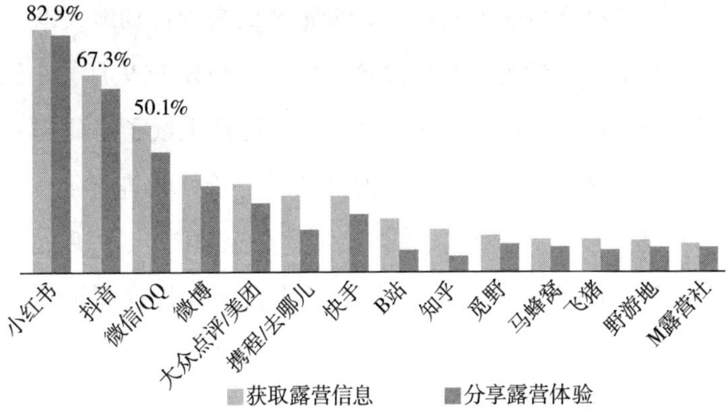

图 10　用户获取露营信息、分享露营体验的平台统计

资料来源：《中国露营市场专题洞察 2022》。

428%；而 2022 年清明假期这一数据比 2021 年同期增长 427%，“露营”相关笔记发布量同比增长了 271%，浏览量则同比增长 170%（见图 11）。

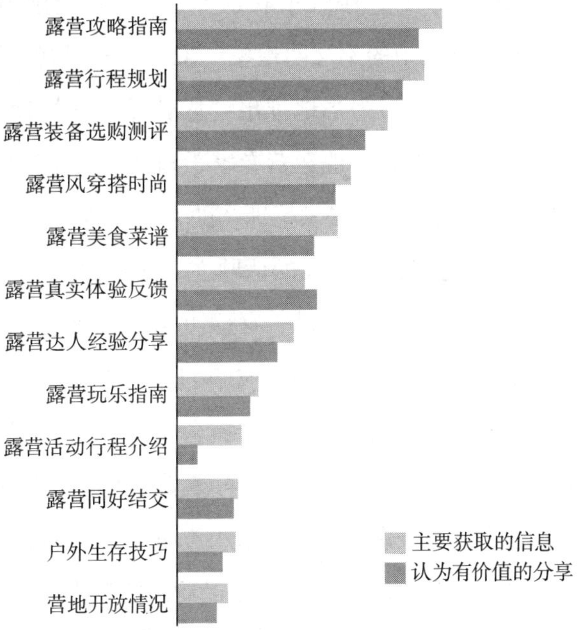

图 11　用户在小红书平台关注的露营信息统计

资料来源：《中国露营市场专题洞察 2022》。

第二步，在确定好旅游行程后，最重要的是预订场地，以“露营”为发展风向的小红书自然也不会放过这个机会。2021 年 9 月，小红书成立旨在服务优质露营地商家的 IP“露营公社”，随后上线了自研露营地预订系统，该系统针对露营行业的特点，对露营地评价体系进行了优化，可以让用户被“种草”后直接预订。数据显示，截至 2022 年 6 月底，小红书上入驻的营地数量已经超过 1000 家，为不少营地大幅提高了数字化运营的效率。

5.2.2 创造露营话题提升热度

露营地只是露营经济中的一个环节，内容社区带来的价值，同样也给品牌在研发、营销上带来了“共创”的灵感。

为了支持露营产业的健康可持续发展，扶持露营品牌，小红书也推出了多项措施。2021 年 11 月，小红书联合多方力量推出国内首份《无痕露营倡议》，呼吁避免露营中的不文明现象；2022 年 6 月初，“小红书露营季西安站”启动，小红书宣布为当地推出“露营品牌扶持计划”，同时落地“露营学堂”，邀请小红书露营地运营专家、国内优质露营地运营商、露营博主等，为本地露营地从业者提供培训，助力露营地品牌发展。

露营的季节性也是小红书热衷的话题之一（见图 12）。从“#春日露营计划”到“#夏日露营计划”再到“#秋天的第一场露营”，每个季节，小红书都会发布相应话题的流量激励，鼓励创作者根据不同内容特性更新。2022 年小红书趁热打铁，接连推出多个露营主题营销策划活动：4 月上线“小红书露营季”，鼓励用户参与投稿，分享露营体验；5 月推出自制生活系列 IP《我要这样生活》露营季，邀请小红书达人体验春日露营；7 月的“夏日露营企划”，为用户提供 10 个营地品牌的露营券。

此外，小红书还专门设立了户外主题电商平台“小绿洲”，从露营穿搭到装备用具一应俱全。平台推出的“先鉴别再发货”功能，颇有户外露营界的“得物”之感。不过小绿洲上的产品过于小众，价格偏高，销量数

图 12　小红书上线的露营部分话题

资料来源：小红书平台。

据并不亮眼。后续小红书在露营品类的选择上还需更加斟酌。

总体来看，小红书在露营经济上的贡献功不可没，从旅游决策到场地预订，从打造专属 IP 到设立专属电商平台，小红书一直在利用自身新媒体平台的优势，助力露营产业的发展，让更多人了解露营、喜欢露营。

5.3　露营行业新媒体营销案例——西瓜视频

近年来，短视频媒体平台依靠大量的优质原创内容、成熟的大数据技术在我国深受广大消费者的热爱。西瓜视频作为其中的一类视频平台，一直以来都在不断激励创作者输出优质内容，平台内创作者人数迅速增加。早在 2020 年 8 月，平台内创作者人数就已超 320 万。据西瓜视频数据，平台“钓鱼”标签创作人破万名，钓鱼相关视频月度播放量破亿。坐拥百万级别的原创群体，覆盖各行各业的视频内容一直是西瓜视频的优势。

被疫情催热的露营产业，西瓜视频自然也不会放过这样的盈利机会。2022 年以来西瓜视频于平台内部发起户外兴趣运动类长线活动“野人计划”（见图 13），其中春季活动的“露营漫时光”选择与吉利博越合作。无论是“种草”生活方式，还是科普冷门知识，或是展现自身才艺，西瓜视频都在努力用多元化的内容将露营活动与合作品牌相关联。

西瓜视频发起的“露营漫时光”活动分为线上、线下两部分，线上包括西瓜特色征集活动、抖音话题热点营销、品牌信息强曝光强关联等多端

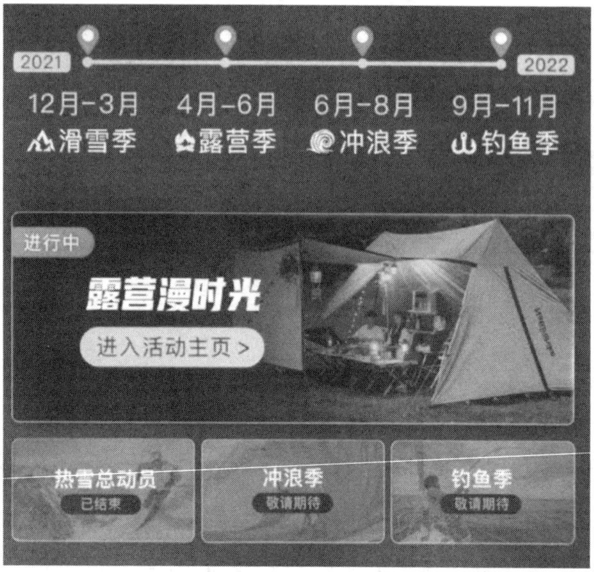

图 13　西瓜视频“野人计划”

资料来源：西瓜视频。

的资源支持。5 月初，“露营漫时光”征稿活动在西瓜视频、抖音、今日头条、剪映四端上线，充分调动了广大用户“云露营”的积极性。以“#露营漫时光”为话题标签，围绕大热话题“露营”，在用户中征集露营体验师、露营美食家、露营推荐官，不仅满足了露营爱好者对干货内容的需求，也营造了年轻人喜欢的仪式感和氛围感，跨端刷屏式的露营话题点燃了用户的露营热情。最终不仅在西瓜视频热度极高，而且抖音话题曝光量也高达数亿，实现多个平台的共赢。

线上活动的火爆，也引起了线下活动网友们的反响。除了“露营漫时光”的特约活动之外，征稿活动也获得了广泛响应，投稿作者数和投稿数量都超过五位数。

在线下，“露营漫时光”于 6 月下旬举办并多达 60 人参与，其中包括 15 位西瓜邀约创作人、众多品牌方定制达人和嘉宾参与的娱乐活动。三天两晚的活动设置了露营初体验、美食大作战、星空电影院等多个游戏互动环节，让创作人及观众充分体验了“露营”这一潮流户外休闲娱乐项目的巨大魅力，活动视频曝光接近1亿（见图14）。

“露营热”不仅帮助西瓜视频获得流量优势，也带动了更多用户参与露营旅行。新媒体平台对露营的持续加热对于自身平台和整体露营产业是一个双赢过程。

话题	分类	最新上榜时间	搜索量	当天日排名
#王源加盟一起露营吧#	综艺	2022-05-09 16:50	16.5万	第48名
#我也不明白为啥要去露营#	社会	2022-05-07 09:10	21.6万	第41名
#露营或成假期旅游新趋势#	社会	2022-05-06 15:40	16.1万	第49名
#武汉人的朋友圈都被露营刷屏了#	社会	2022-05-06 05:10	1.5万	第39名
[illegible]	综艺	2022-05-05 14:30	15.5万	第46名
#新手露营怎么玩#	[illegible]	2022-05-05 11:30	16.8万	第47名
#露营用品企业订单排到9月#	财经	2022-05-05 07:10	4.2万	第49名
#五一假期露营火了#	财经	2022-05-05 02:15	2.5万	第50名
#五一江苏人一半的朋友圈都是露营#	社会	2022-05-04 22:50	14.5万	第50名
#爆火的露营是真趋势还是伪精致#	社会	2022-05-04 22:30	16.4万	第47名

图14　露营相关话题热搜分析

资料来源：西瓜微数。

5.4　露营行业新媒体营销总结

自疫情常态化以来，从综艺宣传兴起到自媒体平台种草火热，露营在短短两年内完成“破圈”效应。抖音、小红书等平台充斥着各种相关话题，精致的城市白领朋友圈也在各种花式晒露营，露营成为高频话题。小型投资运营主体应研究对策，运用新媒体宣传营销，抓住窗口期，把握趋势。

5.4.1　依托社交内容平台获取信息

线上平台的内容化、社交生态化改变了年轻用户获取潮流生活方式的渠道：年轻用户聚集在社交内容平台，平台将海量露营内容根据精准标签以社交传播、算法推荐的方式传播至同好人群。在多个社交内容平台的推动以及旅游业受疫情的影响下，露营作为新潮消费方向的代表获得了更多关注，进一步促进了露营快速“出圈”（见图15）。

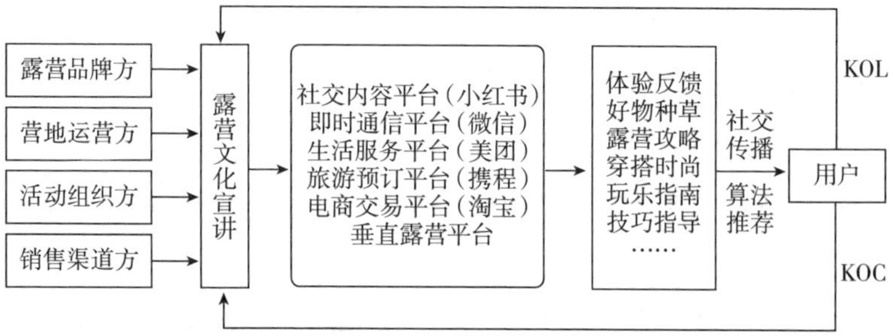

图 15　露营社交传播路径

资料来源：易观分析。

5.4.2　社交内容平台助推露营文化传播

国内露营文化的初期传播由户外爱好者等从国外借鉴而来，疫情后一批拥有高影响力、高创造力的兴趣玩家通过社会化媒体分享传播。拥有海量用户与内容的抖音、小红书、快手、B 站等社交内容平台，基于创作者与兴趣标签，依托算法规则，容纳了大量垂直兴趣圈层，并持续孕育出更多的与兴趣相关的图文、短视频内容。一旦垂直兴趣圈层出现热点事件或人物，大量圈层外用户通过搜索、点击等快速进入推荐算法，随即将其识别为爱好者向其推送信息，大大降低了新兴事物“破圈”门槛，带来的结果是流行时差大大缩短，新生活方式从小众圈层关键用户快速向大众用户传播覆盖（见图 16）。

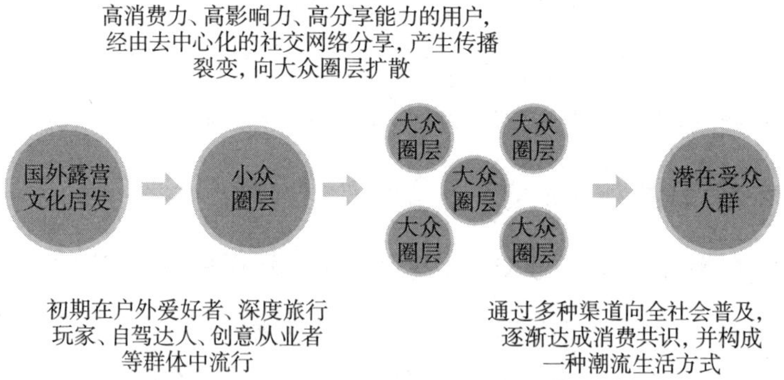

图 16　露营圈层快速传播路径

资料来源：易观分析。

中国新式茶饮行业新媒体营销专题研究报告

杜　鹏[①]

1　新式茶饮发展概况

1.1　新式茶饮简介

新式茶饮，是指选用优质茶叶和新鲜水果等天然、高品质的食材，使用不同萃取方式提取浓缩液作为原料，加入新鲜牛奶、奶油或各种水果调制而成的饮料。新式茶饮的出现，不仅满足了新时代茶叶市场消费的个性化需求，也是解决茶叶消费和培养新一代茶叶消费者的技术新路径。

与传统现制茶饮不同，新式茶饮注重产品原料选择和搭配的多元化，通过创新生产工艺，加强门店运营管理来提高产品品质和服务质量，进而打造自有品牌文化和品牌价值，同时通过新潮、时尚的门店装修为消费者提供所需的社交场所，使产品具有社交价值和休闲价值的双重属性。因此，随着新式茶饮在满足口感的同时不断追求品质升级，它的消费市场不断扩大，得到了众多消费者的喜爱。

除此之外，在互联网技术背景的支持下，新式茶饮品牌十分注重渠道建设，不仅有传统线下门店消费方式，还开通了线上购买渠道，包括自有渠道（品牌 App、小程序）和第三方渠道（美团、饿了么等）。在营销推

---

① 杜鹏：中南财经政法大学教授，中国市场学研究会新媒体营销专委会秘书长。

广方面，内容营销是新式茶饮品牌的制胜法宝，例如通过与其他品牌联名合作，不仅可以带来新品销售吸引力，也创造了营销话题，进而提高品牌的知名度。

1.2 新式茶饮行业发展历程

1990—1995 年，奶茶逐渐进入中国内陆市场，早期的奶茶以粉末调制为主，配料多为奶精、奶茶粉、合成剂及人工色素等，并以人工制作为主，使用的配料也多是经过加工后的传统配料。店主常常在街边临时租赁商铺或支摊售卖，少有固定店铺。早期的奶茶在口味与健康上都不能很好地满足大众的需求，并且行业整体发展缺乏规范化运营。

1995 年以后，茶饮行业逐渐进入传统连锁时代，这个时期的茶饮店铺开始出现连锁经营形式，门店装修也开始有标准化的风格。此时的奶茶饮品逐步发展为以茶叶、鲜奶、蔗糖和鲜果等天然食材为原料，辅以仙草、现制“珍珠”、冰激凌等配料的真正含茶奶茶，加工过程中也开始部分使用机器代替人工，最终由人工现场调配和机器辅助相结合而制成。2010 年开始，随着人们生活水平和对美好生活需求的提高及生活节奏的不断加快，年轻消费者已不满足于不方便的传统“杯泡热饮”方式和同质化、无个性的液态罐（瓶）装即饮茶饮料产品，并且对街边现调茶饮的“天然”“健康”“方便”和“时尚”等特性都有了更高的要求，以天然高质和现调现制为核心的新式茶饮逐渐成形。

2016 年至今，茶饮行业正式进入新式茶饮时代。茶饮材料品质逐渐升级，种类不断丰富，并加入各种新鲜水果、配料等。在制作加工上，从原有的人工与机器混合加工，升级到新设备、新技术的应用，如专业的冷萃手法等。茶饮产品的升级不断满足消费者高层次的需求，产品价格也不断提高，店铺覆盖人群也逐渐扩大。茶饮店铺开始出现在各大商场或写字楼附近，店铺装修更加高端化与专业化。新式茶饮行业发展历程如表 1 所示。

表1　新式茶饮行业发展历程

项目	1990—1995 年（粉末调制时代）	1996—2015 年（传统连锁茶饮时代）	2016 年至今（新式茶饮时代）
原配料	奶精、奶茶粉、合成剂及人工色素	主要为罐头水果、果酱及调味糖浆、碎茶及奶精，并加入人工合成配料	原配料品质进一步升级，种类呈多样化，并辅以各类新鲜水果等多种配料
制作加工	人工为主，使用已加工传统配料	开始采用部分机器加工，过渡到人工 + 机器，开始出现现制传统配料	在人工 + 设备的基础上，应用新食品加工技术和设备，如专业的萃取工艺和设备的使用
店铺	街边店铺	街边连锁店铺，开始出现标准化装修风格	商场或写字楼附近，空间更大，装修更加专业、高档，打造更多社交空间
消费场景	店铺	店铺 + 外部平台	店铺 + 外部平台 + 自主平台

资料来源：红星资本局《2022 年中国新式茶饮研究报告》。

1.3　新式茶饮行业发展现状

1.3.1　市场规模扩大，资本增加

新式茶饮行业虽然进入市场发展较早，但随着人民生活水平的提高，新式茶饮行业的发展市场依然广阔，发展潜力依然可观。iiMedia Research（艾媒咨询）数据显示，2021 年中国新式茶饮市场规模为 2795.9 亿元。预计 2025 年新式茶饮市场规模达到 3749.3 亿元。同时《新式茶饮品牌经营白皮书》数据显示，基于当前人们旺盛的消费能力，预计 2023 年，新式茶饮市场规模将有望突破 3333.8 亿元大关（见图 1）。

2022 年经济走势向好，新式茶饮市场迎来新一轮的高速增长周期，标准化、数字化的发展模式有潜力成为新式茶饮品牌的增收良方。艾媒咨询调查数据显示：2022 年有 59.1% 的中国新式茶饮消费者表示未来消费频次

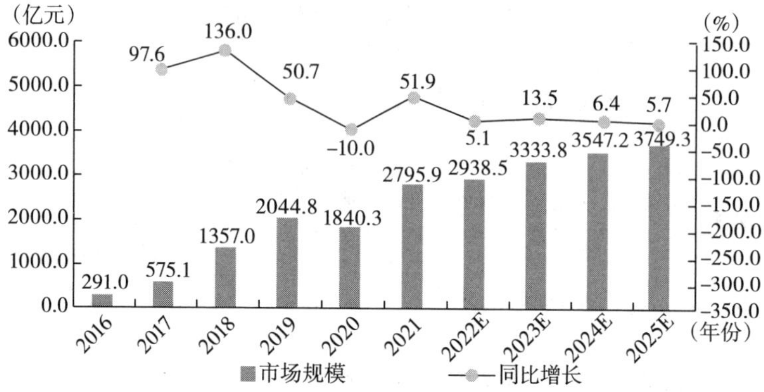

图1　2016—2025年中国新式茶饮市场规模及预测

资料来源：艾媒数据中心《2022年上半年中国新式茶饮行业发展现状与消费趋势调查分析报告》。

不变，26.2%的中国新式茶饮消费者表示未来消费频率将增加，表示未来消费频率减少的消费者仅占14.7%，这意味着消费者对于新式茶饮的需求有持续上涨的趋势，将为行业发展提供动力。

此外，自2016年以来，随着社会经济及行业技术的不断发展，现制茶饮发展环境发生了根本性改变，逐步转变为“新式茶饮”时期。在这一发展时期，消费者对茶饮发展提出了更高的要求，在兼顾产品本身功能价值的同时，其社会属性价值越发显现出来，与此同时也受到了资本市场强烈关注。天眼查数据显示，新式品牌茶饮涉及的过亿元级别的融资达到8次。根据红餐网报道，截至2021年11月25日，新式茶饮行业已触发32次投融资事件，共筹集140亿元的巨额款项，成为2021年餐饮市场最吸金的赛道，也为疫情当下的餐饮业态描绘了浓墨重彩的一笔，例如，奈雪の茶成功赴港上市坐实新式茶饮第一股；喜茶D轮5亿美元的巨额款项打破2021年融资纪录，估值超过600亿元，是当之无愧的新式茶饮之王；蜜雪冰城则主攻下沉市场，融资20亿元后以泉涌之势加快拓店步伐，只身挺进门店数量2万家大关……总之，潜在的市场规模、持续的行业增长，利好的消费政策、关键的技术进步等因素使新式茶饮行业炙手可热。

1.3.2 经营业态固定，价格层次丰富

随着新式茶饮的火爆，涌入茶饮行业的品牌也逐渐增加，但究其经营业态主要分为直营模式与加盟模式（见表2）。

直营模式是公司总部直接投资经营，以一个品牌为主导，在各地投资设立分公司或子公司的经营管理模式，企业实行统一核算制度，各直营店实行标准化经营管理。该模式的优点在于可以统一调动资金，统一经营战略，统一开发和运用整体性事业；在人才培养使用、新技术产品开发推广、信息和管理现代化等方面易于发挥整体优势。但往往也正是由于企业统一管理使得运营成本增加，提高了整体生产成本。因此，大多采用直营模式的茶饮品牌往往主打中高端市场，产品价格高昂。其中，喜茶、奈雪の茶客单价在30～50元不等，茶颜悦色客单价也均在15元以上。

新式茶饮的加盟模式，实际上属于“特许加盟”，据我国商务部的相关解释，“特许加盟”也被称作“商业特许经营”。在加盟模式下，品牌方可以吸引众多的加盟店，相较于直营模式使用较低的资金运作，帮助品牌进行大幅高效扩张，抢占市场份额。与此同时，加盟方也可以省去自身创业所花费的时间与精力，借助品牌的优势，谋取更多的利润，最终双方达成互惠共赢。从定价来看，加盟模式下的品牌产品价格在5～15元波动，品牌多定位于中低端消费者，如蜜雪冰城主打低端市场，产品价格在5～10元内，一点点主打中低端市场，产品价格在10～18元。

表2 中国新式茶饮行业品牌基本情况

经营业态	品牌	覆盖城市数量（座）	门店数量（家）	价格区间（元）
直营模式	喜茶	60+	660+	12～30
	奈雪の茶	70+	550+	10～29
	乐乐茶	13	75	12～30
	茶颜悦色	3	300+	9～20

续表

经营业态	品牌	覆盖城市数量（座）	门店数量（家）	价格区间（元）
加盟模式	一点点	90 +	3000 +	8 ~ 20
	CoCo 都可	200 +	4000 +	6 ~ 20
	蜜雪冰城	350 +	10000 +	4 ~ 12
	书亦烧仙草	290 +	6000 +	8 ~ 18
直营 + 加盟	古茗	140 +	4700 +	8 ~ 18
	沪上阿姨	220 +	2500 +	10 ~ 22

资料来源：艾瑞咨询研究院、品牌点单小程序。

1.3.3 品牌数量众多，更新迭代速度快

新式茶饮行业品牌数量众多，不同品牌目标定位市场也不同。总体来说，按照市场定位划分，可以将现有茶饮品牌划分为以下三类：高端品牌、中端品牌及低端品牌。高端茶饮品牌以喜茶、奈雪の茶为主，中端茶饮里各品牌百花齐放，低端茶饮里蜜雪冰城独占鳌头。

其中，高端茶饮在新式茶饮行业脱颖而出。从市场规模上看，高端现制茶饮产生的零售消费价值从 2015 年的 8 亿元增长至 2020 年的 129 亿元，年复合增长率为 75.8%，远高于中低端茶饮平均增速；预计到 2025 年将进一步增长至 522 亿元，占中国现制茶饮店现制茶饮消费总值的 24.7%。高端茶饮在产品上专注于使用优质、新鲜的原材料，既迎合消费者对健康的迫切需求，又能扭转消费者对奶茶“不健康”的固有印象；在门店上致力于提供愉悦的茶饮体验和放松的社交氛围，抓住了年青一代的社交需求和身份认同，因此能够从传统茶饮店和其他现制茶饮店中脱颖而出。

中端茶饮品牌数量最多，代表品牌有古茗、茶颜悦色、茶百道、CoCo 都可、一点点等众多商家。《2020 中国新茶饮行业发展白皮书》数据显示，40.7% 的新茶饮消费者会选择 16 ~ 25 元价格带的产品；此外，《2020—2021 中式新茶饮行业发展报告》显示，在单杯奶茶可接受的价格区间中，10 ~ 15 元对应的消费者群体占比为 57%，15 ~ 20 元对应的消费群体占比

为27%。由此可见，中端价格带是新茶饮的主流消费市场。因此，活跃在中端市场里的品牌所占数量较多，竞争也较为激烈。

低端市场里蜜雪冰城断层领先。蜜雪冰城最早从郑州起家，主打下沉市场，在2020年实现了65亿元销售额的业绩。本就在三、四、五线已经有扎实基础的蜜雪冰城，后又迅速打入一、二线城市，门店扩张速度非常快。2021年10月，蜜雪冰城对外宣称其门店突破2万家，成为茶饮行业中首个门店破2万家的国民级茶饮品牌。

此外，新式茶饮行业进入门槛低，同质化严重，品牌之间的竞争尤为激烈，因此品牌更新迭代速度非常快。据第一财经调查，2021年全国经营超过1年的奶茶店数量占比仅18.8%，近八成新品牌茶饮店倒闭。

1.3.4 品牌数字化趋势明显

《2020中国新茶饮行业发展白皮书》显示，新式茶饮品牌普遍面临高昂的租金以及持续上涨的人力成本等问题，此外人员流动性大、人才高度稀缺阻碍了新式茶饮品牌的扩展之路。同时自2020年以来，由于疫情反复，冲击线下店铺的经营，对新式茶饮发展的阻力较大，尤其在上海、北京等地，部分店铺营业额损失过半。每个茶饮品牌都在思考如何通过门店智能化，实现降本增效、对冲风险、稳步扩张的目的。互联网技术的迭代和网络支付技术的完善，使得网络购物更加方便，为新式茶饮缓解在疫情期间的损失提供了解决思路。

曾经的“排队王”喜茶利用数字化手段精准预估出餐速度，大大提升了运营效率；对于茶百道来说，从外卖到小程序，多个城市、多家门店外卖月销量突破万单，线上渠道已经成了它难以割舍的营收来源。2019年下半年，奈雪の茶推出会员化体系运营，产品上线当天对产品的销售数据、顾客评价数据进行统计，之后3天进行信息验证以调整SOP，并在产品上线后1个月通过相关数据分析判断是否将其作为长期产品。此外还有部分品牌选择了新零售模式，在数字化的辅助下，直播带货成为各家茶饮品牌的新思路，奈雪の茶6周年生日之际直播72小时，销售额达到1.9亿元，相当于全国700家门店一周的业绩，再次创造新式茶饮行业纪录……

新式茶饮行业市场竞争激烈，各品牌需要研究更多发展机会，寻求差异化发展，数字化技术是当前各品牌转型的突破口，也是目前新式茶饮品牌发展的最大机会。

2 新式茶饮行业新媒体营销现状

2.1 构建新媒体平台矩阵，抢占私域流量

在传统的营销中，新式茶饮企业往往先制定战略，继而推出产品，然后进行营销推广，渠道铺货。但这样的营销方式只能面对消费者进行单向传播，消费者作为被动方接收信息。互联网时代的到来，为茶饮行业利用新媒体营销打开了新思路。一系列社交媒体的出现，为新式茶饮企业的营销活动提供了多样化的途径与方式。随着多种平台类型的出现，新式茶饮品牌逐渐形成一套成熟的新媒体平台营销方式（见表3）。

表3 新式茶饮新媒体平台营销方式

平台类型	代表性平台	使用方式
综合性社交平台	微博、微信、QQ等	创建自媒体账号 设计点单小程序
图文性社交平台	小红书、知乎等	创建自媒体账号 与KOL合作发布品牌相关内容
视频直播平台	抖音、快手、西瓜视频等	创建自媒体账号 与KOL合作发布品牌相关内容 线上直播销售
音频社交平台	喜马拉雅、唱吧等	与KOL合作宣传品牌
社交电商平台	支付宝、淘宝、京东等	创建店铺进行线上销售 创建自媒体账号 设计点单小程序

资料来源：作者整理。

新式茶饮品牌借助不同的新媒体平台开展不同的营销方式。例如，通过微博、抖音、小红书等社交媒体，茶饮商家与自媒体、网红合作构建“粉丝”社群，从而形成品牌的私域流量。互联网在年轻群体中渗透率更高，中国互联网络信息中心发布的第48次《中国互联网络发展状况统计报告》显示，截至2021年6月，我国网民规模已超过10亿人，互联网普及率达71.6%，其中有8.88亿人浏览短视频、6.38亿人看直播，短视频、直播正在成为全民新的娱乐方式。新式茶饮正是抓住了这一机遇，为品牌发展打造了良好的宣传与销售渠道。

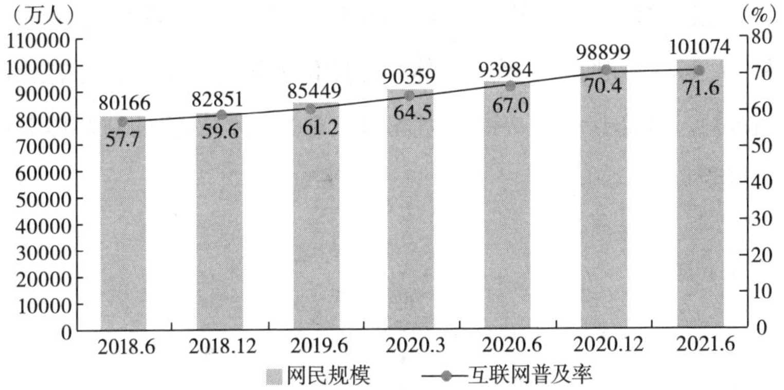

图2　网民规模和互联网普及率

资料来源：中国互联网络信息中心第48次《中国互联网络发展状况统计报告》。

2.2　双向营销吸引用户

新式茶饮新媒体线上营销主要分为正向营销与反向营销。

正向营销主要利用新媒体进行宣传，打造短期的消费热点。在各类社交平台与粉丝互动，针对顾客意见给出反馈并做出改良；发行周边、衍生产品，制造话题；利用社交平台发布奶茶试喝与各类相关活动信息，如奈雪“奶茶节”，形成网红效应，激发消费者购买欲望，打造高流量，带动“奶茶经济”。

反向营销则是利用粉丝晒图对品牌反向营销，形成商家与客户之间的良性互动。用户在朋友圈晒图，获得满足感，晒出消费体验，为奶茶商家做出免费宣传。当然不排除饥饿营销手段，例如喜茶店内排队暴增热度，利用饥饿营销，反向对奶茶品牌进行宣传，激发用户猎奇心理。又如微博上爆火的“秋天的第一杯奶茶”是一次成功的网红营销。寻找巧妙的切入点撬动、带动群体情绪，成为微博热搜与短期的消费热点。

这样的营销方式体现了新式茶饮品牌捕捉到当下用户容易吸收新事物、爱好潮流的消费心理。中国互联网络信息中心发布的数据显示：我国网民整体的年龄结构较为年轻（见图 3），30～39 岁网民占比为 20.3%，在所有年龄段群体中占比最高；40～49 岁、20～29 岁网民占比分别为 18.7%和 17.4%，在所有年龄段群体中占比位列第二、第三。年轻化的互联网使用者对新业态接受度更高，因此对于新式茶饮品牌的新媒体营销内容更容易接受。

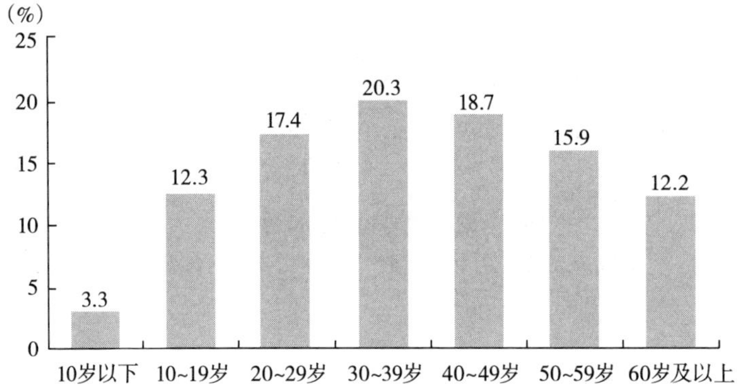

图 3　网民年龄结构

资料来源：中国互联网络信息中心第 48 次《中国互联网络发展状况统计报告》。

此外，新式茶饮品牌也逐渐学会利用网红与社交平台的营销力，提高茶饮品牌的知名度。新式茶饮行业的营销模式正从简单的图文内容，快速地向短视频、直播等互动式营销升级，原有的中心化广告营销模式，正在逐步被 KOL 或者 KOC 营销等去中心化的社交裂变替代。对新式茶饮品牌来说，网红与社交媒体投放已成为品牌与消费者建立与维护长期关系的重要渠道。

3 新式茶饮行业新媒体营销案例

3.1 新媒体营销案例——喜茶

喜茶于2012年起源于广东江门，原名叫皇茶。后因“皇茶”商标注册失败，改名为喜茶。喜茶在中国所有门店全自营，产品最初定价为25～32元，主打高端产品，门店多以黑白灰简约现代风格为主，个性鲜明，开在最繁华的地段。品牌最初主打年轻、时尚与社交的营销理念，吸引热爱分享的年轻消费者，并借此达到品牌传播的目的。

3.1.1 借助社交媒体宣传引流

纵观喜茶自诞生以来的新媒体营销手段，我们可以发现：喜茶在营销前期，利用各方媒体资源，如公众号、微博等社交平台进行宣传，营造出各界积极支援的景象，充分激发消费者猎奇心理，提前给消费者“种草”，使其在店铺开业前就获得一大批潜在消费者，等到开业时一次性激发他们的消费潜力。中期，喜茶拍摄了店铺内“排队盛况”的视频，发布的相关微博获得近万条的转发，被称为“病毒式传播”。在高峰时期，“网红喜茶”这一微博话题达到了近4000万的阅读量。由此，一种炫耀“经历漫长的等待，终于与喜茶相见”的热潮在消费者群体内流行起来。喜茶所采用的由朋友圈等个人社交平台宣传、好友推荐等方式，颠覆了商家自推广的传统模式，更容易让消费者接受。

由此可见，通过新媒体平台的营销，喜茶获得了在产品及品牌上的迅速“出圈”，同时借助新媒体平台，不断为消费者输出品牌内容，一再刷新自身在大众心中的认知形象，这也是喜茶能在市场中占据一席之地的原因。

3.1.2 跨界联名提高品牌热度

纵使市场上新茶饮品牌层出不穷，喜茶始终是大多数消费者心里的“白月光”。喜茶能够如此深入地占领用户心智，离不开品牌对社交媒体的灵活营销。喜茶主打“灵感”理念，形成了以联名进行社交话题传播的营销套路，在与其他品牌IP的互动过程中，可以获得“1+1>2”的传播甚至“破圈”效果。据统计，从2017年至2021年5月，4年间喜茶已经联动了74个不同的品牌。截至2022年7月，喜茶已联动了超过100个不同品类的品牌，并在社交媒体上不断刷新每次联名的话题热度。

表4 民族省区旅游市场双循环

联名品牌分类	数量（个）	案例
食品	20	7喜，M&M
服饰潮牌	12	耐克，太平鸟
文创	6	大英博物馆，芝麻街
生活用品	6	多芬，杜蕾斯
美妆护肤	5	科颜氏，Fenty Beauty
互联网平台	3	QQ音乐，爱奇艺
其他	2	

资料来源：DT财经，统计截止时间为2020年6月14日。

联名营销对于品牌的拉动作用非常明显，喜茶的社会化营销打法，实质上是在打造“交际花产品”，让喜茶成为一种IP形象及社交货币。喜茶借此也获得了在新茶饮品牌的头部位置，根据时趣洞察引擎对喜茶、奈雪の茶、乐乐茶、蜜雪冰城、茶颜悦色等品牌横向对比数据，可以发现喜茶处于媒体流量中高内容量高互动量的第二象限区域。

2022年暑期剧《梦华录》的播出，唤起了观众对于茶文化的兴趣和向往。喜茶也率先借助现象级影视IP，实现品牌更广泛的“出圈”，为新茶饮注入了新生机。此次联名活动无论是线上制造话题吸引热度，还是线下在特定城市举办快闪活动，都取得了不错的成绩。据统计，联名茶饮首日上线就售出近30万杯，单店最高销量近1000杯，话题热度迅速冲上热搜，

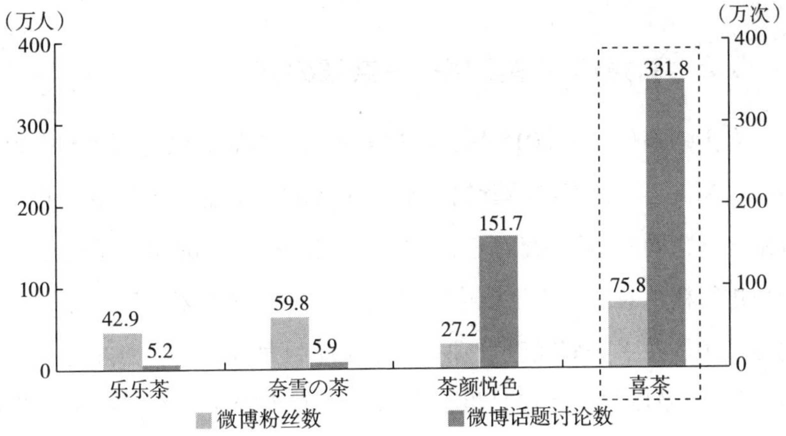

图 4　喜茶微博粉丝数、话题讨论数与同类品牌比较情况

资料来源：2020 中国新式茶饮报告，海通证券所。

一度排到热搜榜第四位！喜茶与《梦华录》的联名，是喜茶乃至新茶饮行业首次跨界合作热播影视类 IP，呈现出丰富多样的创意玩法，是一次非常成功的营销活动（见图 4）。

3.1.3　品牌直播打通全域流量

2021 年 12 月 27 日，喜茶微信视频号贡献了自己的“直播首秀”——《小憩茶话会》。12.5 亿月活、“10 亿 +”商业支付日均交易笔数，基于微信生态所构建的流量矩阵体系，能够为每个品牌带来强大的品牌、交易赋能。打造精品化、品牌化、差异化的视频号直播内容，完善“视频号 + 搜一搜 + 公众号 + 小程序”的流量生态，凭借微信生态“统一的账号体系 + 成熟的交易闭环 + 强大的社交基础”，最终形成品牌与用户之间的感知与信任，而在这一生态体系中公私域流量互通和双向流动的全新标的，就是视频号直播。此次直播，也意味着喜茶以微信视频号为连通器，打通了朋友圈、公众号、小程序的“流量闸口”，实现了微信生态全域联动。最终该次直播观看人次超过 20 万，点赞次数超 23 万，实现了品效合一的双丰收。

3.2 新媒体营销案例——奈雪の茶

奈雪の茶创立于2015年，经过多样营销发展为国内领先高端现制茶饮品牌。相比喜茶的新媒体营销，奈雪的营销推广建立在和用户的情感共鸣基础之上，同时会持续凸显奈雪的“艺术基因”。例如，通过艺术创作与用户进行精神对话、产生价值共鸣的“奈雪CUP美术馆”计划、传承茶文化的“中国茶·美好赋新”项目、记录品牌力量和点滴美好的“美好自有力量”，以及以与《人民日报》联名的“有为青年·看报喝茶”为代表的一系列优质跨界项目。奈雪の茶文化传播路径如表5所示。

表5 奈雪の茶文化传播路径

合作品牌	国产虚拟偶像IP——Ling（翎）	网易云音乐	奈雪梦工厂	奈雪CUP美术馆
案例内容	打造虚拟概念股短片《Ling类茶研室》	推出主题区《夏日瓜瓜乐》，“AR小纸条”玩法	为消费者提供多样的社交场景，满足各类消费需求	与艺术家推出多种创意茶杯

资料来源：安信证券。

3.2.1 数字化营销触达更多用户群体

不同于喜茶的联名营销，奈雪の茶热爱探寻数字化营销新玩法。中国新闻周刊此前发布了“2021年十大热词”，其中最“破圈”的热词非“元宇宙”莫属。这个概念从本质上来说是对现实世界的虚拟化、数字化，需要对内容生产、经济系统、用户体验以及实体世界内容等进行大量改造。在疫情背景的催化下，元宇宙有了快速发展的有利条件。

围绕“元宇宙营销”，奈雪推出了各种玩法，为营销市场带来了新的想象空间。在品牌上市一周年纪念活动中，奈雪の茶发布了“元宇宙奈雪乐园寻宝派对”活动。在“元宇宙奈雪乐园”中，用户可进行个性化捏脸变装，置身于360度全景立体沉浸式体验，交互场景极具未来感。虚拟股东可以用199个奈雪币抢兑限量500张门票，获得门票者可使用专属游戏

ID 进入会场并定制游戏形象。游戏玩法也紧扣主题，乐园中为消费者提供近 50 处交互触点，使用视频、图片等多种形式展示品牌信息。奈雪の茶“奈雪乐园”玩法如图 5 所示。

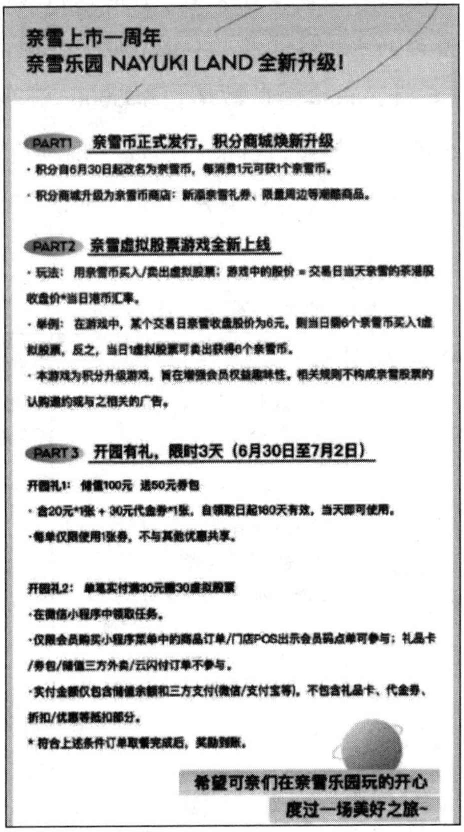

图 5　奈雪の茶“奈雪乐园”玩法

资料来源：奈雪の茶微信公众号。

借助潮流文化触达年轻用户一直都是奈雪坚持的理念，除了紧跟元宇宙潮流，创新数字化玩法，奈雪还借助嘻哈音乐丰富品牌文化理念。

2022 年 4 月，奈雪“霸气杨梅”系列与新锐唱作人 Jinx 周，共同创造嘻哈单曲《霸气杨梅》及 MV。并鼓励消费者扫码专属杯贴收听观看，为消费者带来一场视听盛宴。奈雪也让新式茶饮用嘻哈音乐的全新表达方式，用潮流焕新中国茶文化，再次为创新营销提供了全新样板。

3.2.2 各项平台流量拆解

奈雪的新媒体营销充满创意与科技化，总能在新的领域吸引消费者的眼球，这样的营销方式也为奈雪带来了不错的业务成绩。在私域流量的运营上，截至2022年6月，奈雪会员数增长至5000万；在业务拓展方面，奈雪瓶装茶一经推出即登上热搜，目前已形成“现制茶饮”“奈雪茗茶”“奈雪果茶”三大业务板块。奈雪の茶公域流量简介、私域流量平台矩阵如表6、表7所示。

表6 奈雪の茶公域流量简介

项目	小红书	抖音	微博
账号简介	粉丝数11.2万， 点赞收藏数56.6万	粉丝数114.1万， 点赞数881.1万	粉丝数133.4万， 转赞评数249万
引流方式	账号简介引导关注、评论区引导互动抽奖：以产品介绍/新店开业/优惠活动为主	评论区互动抽奖 围绕用户消费场景，创造有创意、接地气的内容 直播带货，团购优惠券 定位附近门店，为门店导流 tag话题引流	账号背景墙设置新品 以新产品活动为主，引导用户参与抽奖 微博超话设置板块，引导用户积极参与
用户体验	①内容简洁清晰，图片色彩清新，且具有艺术感，容易引起20~40岁女性用户的好感 ②评论区互动抽奖活动是宠粉行为，吸引用户成为粉丝，使之产生持续关注就能“薅到羊毛”的感觉 ③小红书平台用户年轻女性居多，比较符合品牌用户画像	①抖音用户偏爱短视频和直播，奈雪在抖音投入内容生产力更多，用有趣的情景剧方式展现，制作连续剧合集，吸引用户持续观看 ②抖音集引流转化于一身，购买链路方便快捷，可以用较短链路快速收获用户	①微博以抽奖活动、公益活动宣传为主，调性清新可爱，目标用户以女性为主 ②奈雪CUP美术馆活动充满文化艺术感，代表作置顶可以很好地留住用户 ③超话话题丰富，看到其他人都在打卡分享，容易被从众效应推动一起做

资料来源：各平台品牌账号数据。

表 7　奈雪の茶私域流量平台矩阵

账号形式	账号简介	引流端口
公众号	粉丝数 800 万 +	新关注用户欢迎语里直接置入社群链接，菜单“交个友”也可以直接加入社群，根据 LBS 定位到附近的门店群 直接关联到小程序下单 推文内容主要是产品介绍，引导用户下单购买，内嵌小程序
视频号	—	引导用户关注视频号 视频内容和抖音的一致
小程序	—	小程序引流到社群 直接点单付费，可以选自取/外卖 邀请好友拼单
社群	—	主要引导用户在小程序下单 内容：产品上新/优惠通知/福利发放/门店客服，通过这些内容来留存用户

资料来源：品牌微信平台账号数据。

无论是探路元宇宙，还是上线虚拟数字代言人、发行 NFT 数字盲盒，在互联网数字化浪潮中，奈雪都已经成为玩转各大平台的科技弄潮儿。

当下新式茶饮品牌运用新媒体营销方式的并不少见，高端茶饮市场的品牌凭借雄厚的资本基础，不间断地输出品牌内容，中低端茶饮市场自然也不甘落后。天眼查数据显示，蜜雪冰城也已经完成了 4 款元宇宙主题商标的申请注册。新式茶饮行业入局元宇宙，也将进一步提高茶饮品牌自身的市场估值。

新式茶饮行业中不仅有品牌自身发力，还有新媒体平台为茶饮行业带来的发展红利。借助平台裂变式的传播机制，“秋天的第一杯奶茶”话题一经出现便迅速“出圈”。从文化背景和传播意愿上看，秋天本身是一个可能会产生消极情绪的季节，在这样的时间点，互联网平台上出现一个有话题度的“治愈系”话题后，用户就会有很强的意愿去表达和传播。这样的热度再利用话题载体带动群体情绪，满足消费者的社交需求，从而实现奶茶在 2020 年消费额的暴增。

4 新式茶饮新媒体发展趋势

《2020 新式茶饮白皮书》中来自饿了么的新式茶饮用户城市分布数据显示，2020 年近五成外卖渠道的新式茶饮消费者来自三线及以下城市。54% 的消费者选择通过线上渠道购买新式茶饮。与 2019 年相比，新式茶饮线上订单占比提升近 20%。截至 2020 年，共有 9 家茶饮品牌组建了数字化团队，其中奈雪の茶数字化团队已超百人，奈雪の茶消费者有 80% 来自线上，线上小程序点单已然成为奈雪の茶用户首选。

除了点单的线上化，天猫电商渠道也成为新式茶饮新的增长点。《2020 新式茶饮白皮书》数据显示，新式茶饮品牌天猫旗舰店的用户中，一、二线城市消费者占比超过六成，是新零售的消费主力军。

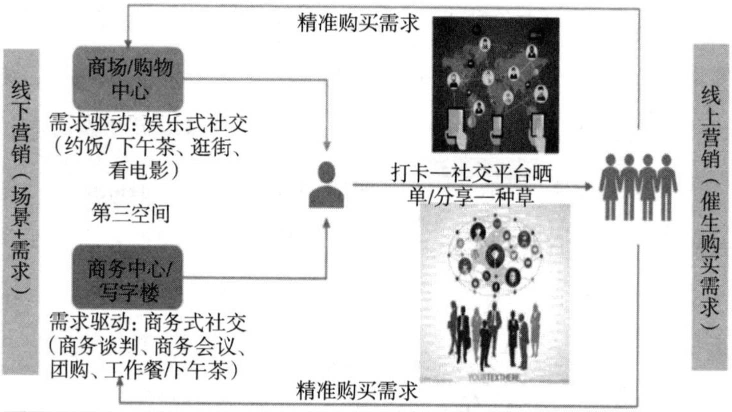

图 6 新式茶饮行业“线上＋线下”营销线路

资料来源：艾瑞咨询研究院。

线上借助电商平台，线下各大茶饮品牌也在努力打通各种消费场景。大多数新式茶饮门店选择开在一、二线城市主城区人流密集的商业或购物中心，不仅能够将高密度的线下客流成功集聚，又能够为产品进行社交传播提供流量入口和传播媒介，从而将产品的网红基因成功表达，实现“免费”的人际传播效应，实现消费者的正向循环导流。

复制线下店的热门爆品以及在线上店频频推出跨界联名产品和周边产品是多数茶饮店的营销惯数。精美的图片和详细的文字说明，不仅能全方位、无死角展地现产品的颜值和设计，也利于为线下店引流，打造基于新零售的消费场景，逐渐展现新式茶饮品牌全渠道融合的转型趋势。

新媒体营销实战案例

本篇导语

随着互联网技术的高速发展，越来越多的新媒体平台出现在大众的视野中。传统的营销模式更多的是品牌方通过媒体向消费者进行单向的品牌信息传播，而随着媒体环境的变化，新媒体的出现让消费者可以通过丰富的手段进行互动，在媒体平台的选择上也越来越多，因此新媒体营销呈现了明显的互动性、体验性等特点。新媒体技术的应用不仅使企业能迅速推广品牌、节省时间和成本，还可以使其快速占领消费市场并有效控制失败风险的增加，所以越来越多的企业选择使用新媒体营销方式与消费者进行互动。

为了客观真实地反映我国目前新媒体营销使用现状和背后的逻辑，为学者、企业家以及新媒体应用者等广大读者提供有关新媒体营销的启示，本篇分三部分进行展开，每个案例都是近年来能够反映新媒体营销新特点的典型案例，供读者进行阅读、思考以及研究。

由于篇幅限制，本部分对与新媒体相关的案例进行了筛选，案例来源主要有以下五种：①与大连理工中国案例共享中心合作，选取年度百优案例中的新媒体营销专题案例，邀请原作者团队进行改写；②定向邀请年度代表性企业提供案例，并由专家团队采编；③由组建的中国媒体营销产教融合联盟内的企业提供案例素材；④根据专委会每年设立的“中国新媒体营销学院案例奖”等系列奖项，编写获奖企业的案例；⑤对专委会本年度会议上的企业家发言稿进行整理编写，形成案例；所有备选的案例均需结合专委会特邀专家（专委会常务理事）的点评意见。

具体的选取案例过程为：①从确定的案例来源中进行初步筛选，整理出与新媒体营销紧密相关的案例；②仔细阅读初步选取的案例，筛选出能够反映新媒体营销现状、趋势以及展现具体新媒体应用的案例；③确定预收录案例，并与案例原作者团队取得联系，获得授权；④秉持“既符合新媒体营销主题，受众对象又广泛”的原则，制定统一的案例修改标准，邀请原作者团队进行修改完善，并由专委会特邀专家进行点评；⑤将最终修改完善的案例按照统一的格式收编于本部分。

接下来对最终选取的三部分进行简单的介绍。

《元宇宙营销：国际前沿案例的启迪——内容营销视角解析》：在整个元宇宙生态尚未完全成形、元宇宙商业模式依然“摸着石头过河”的前提下，元宇宙营销也还处于探索及发展阶段——虽然有一些企业已经做出了有益的尝试，但整个元宇宙营销的战略方向依然不够清晰明确。在总结分析了一系列国际前沿元宇宙营销案例的基础上，本文从内容营销的视角出发，提出了具体的元宇宙营销框架，重点在于把内容营销的视角融入元宇宙营销。以虚拟内容营销作为元宇宙营销的重点，最终给用户提供耳目一新的虚拟品牌体验，且鉴于虚拟品牌体验难以实体感受存储，企业会借助NFT的力量把虚拟品牌体验固化及价值化，促进用户品牌价值体验转换为品牌态度，从而实现其元宇宙营销的目标。

《马应龙：传统药企如何借力新媒体营销》：新兴媒体的兴起给很多企业带来机遇的同时，也让很多传统企业面临巨大的挑战。本案例以传统医药企业——马应龙为例，阐述了传统的医药企业在面临互联网的冲击之下，如何积极融合新媒体营销方式，利用网站、社交软件等新媒体，借助短视频、微博、微信等平台，与线下实体店相结合以提高品牌知名度、解决品牌老化等问题，为读者展示了传统企业进行新媒体营销时如何抓住时机、找准切入点并选择合适的新媒体营销方式，从而在品牌基础上成功地实现品牌形象的重新塑造。

《新媒体营销十大案例盘点》：本部分在选取新媒体营销业界案例时，主要遵守以下5个原则：行业代表性、市场代表性、企业代表性、互联网影响力和理论典型性。根据这些原则，主要选取了蜜雪冰城网络神曲传播、鸿星尔克河南大水捐赠等10个典型案例，分别从案例回顾、案例点评和案例关键词三个方面对案例进行简要分析，既揭示新媒体营销的实践基础，又具有理论深度，对新媒体营销业界内外都有很重要的启发意义。

由于案例来源丰富，所以本部分主要秉持典型性、代表性和案例可获得性的原则进行目标案例的选取。特此感谢目标案例的作者团队，正是因为他们提供的支持和帮助，才能顺利完成案例部分的整理工作。由于案例数目多、来源广泛，若出现纰漏之处，敬请读者批评指正。

元宇宙营销：国际前沿案例的启迪

——内容营销视角解析

窦文宇[①]

1 前言

2021 年 10 月 28 日，来自全球互联网巨头总裁扎克伯格的一则声明震动了世界：成立了 17 年之久的 Facebook 改名 Meta。扎克伯格表示，这次改名意味着宣布公司将把业务重心全面转向元宇宙。曾经只在 IT 精英圈中享名的元宇宙，一夜之间走到了大众的面前。

元宇宙（metaverse）这个词最早出现在 1992 年。作家 Neal Stephenson 创造了这个词，意指他的小说《雪崩》中的一个虚拟世界。在这个被叫作元宇宙的虚拟世界中，人们以数字化的本体四处探索，并可以与数字化的他人互动。虽然元宇宙这个概念已有 30 年历史，但借由 Facebook 的全力加持，其再次跃入大众眼帘并超越虚幻落地，演变为一个通过 VR、AR 等技术，融合了虚拟化的物理现实和数字现实的连续沉浸式数字世界。身临其中，人们可以工作、生活、聚会、互动、做生意、打游戏等，沉浸式体验虚拟世界的无拘无束、天马行空。在元宇宙中，每一个人都能拥有“身份认定”和“价值认定”。人类可以通过 VR 设备、手机、电脑等进入虚拟世界，实现实时交

---

① 窦文宇：教授，法国 SKEMA 商学院中国校区学术校长，南京审计大学 – SKEMA 国际联合审计学院法方副院长。

互。这个生态系统包含了以用户为中心的要素，例如个体身份、内容创作、虚拟经济、社会可接受性、安全和隐私、信任和责任等。

Asiapac（2022）总结了元宇宙的五大特征：一是元宇宙总是在进行中。用户何时出现在虚拟世界中并不重要，因为它无休止地在运行。二是元宇宙与现实生活同步存在，每个人都可以如在真实世界一般拥有自我个性，可以单独做自己喜欢的事情，也可以根据意愿选择参与群体活动。三是元宇宙有其独立的数字经济生态系统，可以支持鼓励内容创造及商业交易。四是元宇宙实现了多渠道无缝连接。透过混合数字和实体世界，元宇宙提供了一种身临其境的体验，企业或机构建立的虚拟世界也在元宇宙中互通有无，并允许用户无缝穿越不同平台的元宇宙空间。五是元宇宙充满了来自全球个人、团体、机构、企业贡献创造的内容和体验。

正如数字支付促进了互联网与社交媒体平台的商业化发展，在数字货币（如比特币）和非同质化代币（Non－Fungible Token，NFT）等金融工具的加持下，元宇宙开始向一个虚拟经济体系发展。目前 NFT 的应用已经包括游戏、数字艺术、房地产、时装、数字藏品等。

既然元宇宙经济与商业已初具雏形，那么元宇宙营销的闪亮登场也就不足为奇了，元宇宙将改变消费者与品牌互动的方式。营销人员可以打破常规，提供多元化的 3D 数字营销方式；对于消费者而言，未来将收获身临其境的购物体验。目前常见的元宇宙营销方式主要有六大种类（PWC China，2021）：①品牌在虚拟的元宇宙做广告，就像在实体世界中做广告一样；②将产品植入虚拟世界场景中；③品牌体验，比如在虚拟世界的新产品发布；④线上线下混合活动，比如线下的参加者通过穿戴 VR 设备进入线上元宇宙；⑤NFT，即通过发布有交易或收藏价值的数字产品传递品牌理念或价值；⑥自建品牌的元宇宙以适应独特需求。

从元宇宙营销发展的全局来看，整个领域还处于非常初期的探索阶段，无论是业界还是学界对于元宇宙营销究竟应该如何做还缺乏清晰系统的指引，大多数企业目前的元宇宙实践仍在“摸着石头过河”，且并非所有企业的元宇宙营销都能获得良好的市场反响。

有鉴于此，本文提出可以从内容营销的视角解析元宇宙营销。事实上，目前企业在虚拟元宇宙的营销，本质上就是一串数字化的内容足迹。比如，品牌的展示型内容与互联网中的官方网站或官方社交媒体账号内容类似。品牌的元宇宙游戏则是采用游戏的手法与逻辑，呈现植入的品牌内容。品牌建立的虚拟社区则可以通过规则、场景设计及辅助，促进用户产生社交型内容（在品牌大背景下）。最后，品牌在虚拟空间举办的主题活动，则可以通过活动本身的设计激励用户积极参与分享，从而产生可观的活动型内容。

从内容营销分析视角出发，本文总结了最近一年广受市场赞许的部分元宇宙营销案例，分析它们成功的秘诀，梳理总结共性。在每个案例的内容正式展开之前，笔者会以案例背景及重点关注点为铺垫，对案例内容做出点评，最后综合所有案例总结出规律。

案例 1

ANGEL'S ENVY（威士忌酒）

关键词：品牌体验展示及游戏内容

在 web1.0 时代，“内容”主要指的是静态网站内容；在 web2.0 时代，基于手机（电脑）的社交内容（如直播内容）带动人们参与共创，不过它们通常需要一个中心化平台（如 Facebook，TikTok）；而在 web3.0 时代，内容不再局限于手机屏幕，各种基于物联网技术（IoT）的智能硬件（如音箱、VR 头盔）都可以协助激发产生内容。此外，web3.0 用户可以互动、交换、认证、支付各种形态的内容，从过去的内容用户变成内容所有者，从而激发用户的内容创造性。这个优点对于数字艺术（内容）尤其重要，在原创者权益（难以轻易复制分享）得到保障的前提下，数字艺术的场景及适用性大幅扩张。

对于目前还在初期成长阶段、内容比较稀疏的元宇宙而言，丰富多彩的数字艺术的填充十分关键。从内容营销发展阶段来看，品牌从web2.0阶段的单件文字、图片、视频作品，开始过渡到构建品牌元宇宙中的虚拟世界。这样的品牌虚拟世界通常可分为类似公司网站的品牌展示型虚拟世界，或是主题活动型虚拟世界。企业利用品牌元宇宙做内容营销，主要通过搭建虚拟世界架构，呈现数字艺术，设计虚拟访客在品牌元宇宙中的活动，从而创造用户眼中的品牌元宇宙价值。

不过，这样的品牌元宇宙，似乎对于那些较易体现数字化价值的产品种类（如娱乐、传媒、教育）而言更好操作，而当面向那些消费者亲身感官体验非常重要的快消品（如酒类）时，品牌元宇宙营销又该如何呈现呢？

ANGEL'S ENVY是2010年在美国肯塔基州创立的波本威士忌酒，核心热卖产品线为波特酒桶装的纯波本威士忌（Straight Bourbon）、黑麦威士忌（Rye Whisky）、加勒比兰姆酒桶（Caribbean Rum Casks）。

2022年7月4日，随着公司在州首府LouiSville的新旗舰店开业，ANGEL'S ENVY的“元宇宙酒厂”成为在元宇宙品牌Decentraland上的第一家“酒厂”。这个品牌元宇宙由ANGEL'S ENVY和来自温哥华的元宇宙设计师Terrazero Technologies共同打造。

虚拟访客们首先会从和现实中看起来一模一样，花费1200万美元翻新的ANGEL'S ENVY新工厂及游客中心的大门进入品牌元宇宙，展开他们的调酒研学之旅。从整个酒酿造过程的源头开始，他们可以在原料车间自己挑选各种原料（玉米、黑麦、大麦），尝试不同比例混合，调配以波本威士忌为基酒的鸡尾酒，并储藏在个性化的酒桶中发酵。

辛勤劳作之后，换上奇装异服的虚拟访客们，还可以惬意地坐在酒吧高脚椅上，从酒水单中选择特调鸡尾酒（Signature Cocktails），并由非玩家角色（Nonplayer Character，NPC）的酒吧服务员呈上。如果想要这个经历更加真实，订购的酒还可以由工厂的快递发送至实体地址。

此外，为了加深与品牌的线下感性链接，在一个小游戏中，访客还可以在 ANGEL'S ENVY 的元宇宙工厂周围种植虚拟的白色橡树；而这个参与活动不仅仅是“玩玩而已”，访客种植的虚拟树也会在现实中的工厂周边相应种植。

当然，虚拟世界中的活动，如果没有一些实实在在的“抓手”，难免会让人们感到些许遗憾。为了让访客的参与更具纪念意义及长期价值，ANGEL'S ENVY 为他们提供个性化的 NFT 虚拟衣服，如双肩包或酒吧围裙。他们也会获得“出勤证明协议（Proof of Attendance Protocol，POAP）”，可用于未来再次访问 ANGEL'S ENVY 元宇宙的时候获得折扣或其他特权。

窦教授点评

在 web2.0 场景下，类似 ANGEL'S ENVY 元宇宙探寻这样的营销思路，大致可以考虑通过拍摄系列短视频或 Vlog 来呈现；但和元宇宙的呈现效果对比来看，前者更多的还是品牌单向输出给观众（虽然可以评论互动），后者则是用户以自己的视角及节奏自由探索品牌。此外，高度的互动真实性（AR/VR 增强），使得远在世界各地的品牌粉丝，可以近乎真实地体验参与，这是 ANGEL'S ENVY 展示型及游戏型内容难以比拟的优势。

不过，从内容营销业者专业质素要求来看，元宇宙场景下的内容工作者，或许需要跳出文字工作者或视频创作者的舒适圈，尽快掌握数字艺术、游戏设计、空间透视感、虚拟社会结构等技能，如此方能为这个蓬勃发展的营销领域提供足够的人才支撑。

案例 2

卡塔尔航空关键词：品牌体验展示内容和主题活动内容

自 2020 年起的全球新冠疫情，导致航空业及公司受到诸多冲击，尤其是在盈利至关重要的商务出行市场。该市场业务下降幅度巨大，不仅仅是因为商务人士出于健康考虑，数字化的工作方式也让商务出行的需求不再突出。人们逐渐适应了每天挂在ZOOM、腾讯会议上的工作讨论，与客户或合作伙伴的交流谈判，甚至是行业会展。虽然不少人声称向往能够自由出差的日子，但现实及未来发展趋势则表明：在各种会议或远程工作软件功能越来越强大的情况下（比如，Meta或Microsoft开发中的逼真元宇宙会议），商务出差的迫切性及频次将不可避免地走低，这个航空公司盈利水龙头的水流可能会越来越细。

未来，可能将不再有大规模的商务飞行旅程（刚需除外），几乎所有飞行旅程都将是休闲型（leisure travel）。一旦高端的商务飞行总数减少，航空公司要依靠什么来弥补收入减少？元宇宙营销能提振航空业吗？或许可以发力虚拟品牌体验。

2022年4月22日，卡塔尔航空公司在官方网站上发布了自己的首个元宇宙项目，起名为QVerse。参加者无须佩戴VR眼镜，只需要靠鼠标的点击及拉动即可进入这个元宇宙世界，目前已经发布的内容聚焦于两个主要部分：一是其在多哈的旗舰休息室（lounge），用户可以进入虚拟休息室，了解它的布局，选择最佳风景座位，观看提供的数字娱乐节目（影视、电子报刊），甚至可以“选尝”这里提供的各种丰富菜肴及点心。除了食物及饮料无法真的落肚，用户在整个元宇宙休息室的体验的全面性及逼真性，与线下的实际体验已经非常接近。二是机上不同舱位的虚拟体验，重点在平时一般旅客难以触及的头等舱及商务舱。

对这些元宇宙体验，卡塔尔航空的现有商务舱乘客会有很大兴趣吗？估计不会，甚至其他航空公司的商务舱乘客可能兴趣也一般，因为他们早已熟悉。故而这个元宇宙品牌体验应该面向的是Next Generation of Travelers（下一代飞行者）。正如前面分析，过去的商务舱主要依靠出差群体，而未来随着数字化办公导致的飞行需求减少，高端舱位空缺可能需要“休闲旅游者”（leisure travelers）来填补。他们可能对于商务舱的服务特色及卖点知之甚少，对于体验的价值感知不明显。过去，让这个“小白”群体免费试用商务舱，对于航空公司来说是一件成本高昂的事，但元宇宙的模拟体验可以让高端的品牌体验在不影响成本的情况下落地。此外，面对过去大宗商务客可能一去不复返的困境，从年轻人中培养潜在用户也可以认为是一项品牌播种工程——这种形式与乐于探索元宇宙的年青一代契合。

不过，对于依赖高端商务出差旅客贡献主要利润的一些航空公司而言，从年青一代或者休闲飞客中培养未来的自费商务舱乘客，既要花时间培育市场，也可能催生出填补不了商务出差下降的窟窿的新需求。这该怎么办?

或许，忘了自己只是做飞行的（一个同质性大的业务），而是把自己当作从事品牌体验（brand experience）的，从这个视角出发或许航空公司能够在元宇宙时代找到新的利润增加点。不少大的航空公司就像银行一样运作（now behave like banks），他们通过庞大复杂的常旅客计划（loyalty programs）从合作伙伴那里换取提成，甚至可以不用靠飞行本身积攒里程数。比如拥有花旗银行 Citi / AAdvantage 美国航空联合信用卡的人，如果在头 3 个月刷卡超过 2500 美元，则可以获得 50000 美国航空里程数，相当于两张国内往返机票。故而，如果能把常旅客计划与元宇宙打通，可能带来别具一格的业务模式。

2022 年 5 月，来自拉脱维亚的 AirBaltic 准备发行 1000 份 NFT；这些以公司旗下飞机为原型的可爱 Planies，既是数字艺术品，也是飞行爱好者（或 AirBaltic 忠粉）的收藏品。不过 AirBlatic 这次并不只是打稀缺性的牌，而是将 Planies 与公司常旅客计划福利及优惠打通。比如，购买 2 个 Planies，就可以享受 AirBlatic 贵宾休息室两次，或获得一次免费升舱。所以，将来或许 AirBaltic 的盈利，并不一定完全依赖实体飞行，而是可以靠精巧可爱的 NFT Planies“卖萌”销售。

窦教授点评

在航空业，过去谈品牌体验（brand experience），重点离不开服务营销（service marketing）；但在依托元宇宙的营销范式中，虚拟的品牌体验已经越来越被内容强化。卡塔尔航空主要呈现的是品牌展示内容，AirBlatic 则是展示了依托于 NFT 发行的主题活动内容。从这个角度来看，元宇宙时代过得最滋润的航空公司，不一定是航班及乘客数最大的，而是那个精灵可爱，（虚拟）内容创造品牌体验最让人欲罢不能的。“会飞”，可能真的不是最重要的（因为大家都飞），创意及创新商业模式的实施效果才是，因为其可能千差万别。

案例 3

Adidas 关键词：品牌新品体验游戏内容

全球新冠疫情使得人们的工作及生活都发生了翻天覆地的变化。随着实体与数字世界的融合加深，人们在实体世界的一些心理行为特征开始向虚拟世界扩散。比如，女士对于眼妆产品的兴趣及购买意愿上升。据报道“A bright，bold，graphic eyeshadow”（大胆、闪亮的眼线）成为线上会议化妆的一个趋势。随着元宇宙的兴起，人们的喜好特征开始在虚拟世界找到对应。比如，对于球鞋迷（sneakheads）来说，精心挑选、收藏、穿戴的球鞋就是他们的延伸自我（extended self，Belk，1988），对他们的个人身份（personal identity）有着明确的象征意义（比如，I am a Vans guy）。因此，他们的球鞋购买，不仅仅出于功效（如跑得快），也是为了象征（symbolic）意义。这样来看，既然球鞋对于球鞋迷们有着如此不同寻常的意义，那么若想要吸引他们进驻元宇宙，帅酷的鞋子将不可或缺。

2022 年 4 月 5 日，Adidas 在全球推出 Ozworld 系列，与德国主要电商平台 Zalando 合作。这个充满浓厚未来风的系列主打自我表达概念，设计风格则致敬经典的 Ozweego 款式（1996）：网格型绒面革，TPU 鞋面，adiPRENE 鞋跟减震技术。Ozelia 型号为流线型的全黑设计，Oznova 型号则是采用了会反光的黑色鞋底镶板。

对企业而言，费尽心血精力研发的新产品上市，当然期望声势越大越好，但在营销信号已高度饱和的今日商业社会，要想脱颖而出需要独特创意。于是，和许多潮流及奢侈品牌一样，Adidas 义无反顾地投入元宇宙营销推广新品。不过，和其他品牌做法有所不同，Adidas 认为比起新鞋本身，应该让 Ozworld 系列的所有者成为元宇宙中开疆拓土的英雄。

对这群关注个人身份（personal identity）的鞋迷而言，能吸引他们进驻元宇宙的，不仅仅是一个虚拟的头像或身型，而是清晰的人格与自我。Adidas 与 Ready Player Me 公司合作，利用其人工智能技术创建“气质逼真”的三维虚拟 avatar。访问 Adidas Originals 网站的用户需要回答一系列有关个人偏好及兴趣的问题，通过人工智能程序解读分析这些答案，才能建立一个展现个人性格气质的数字人物。

不仅如此，既然“穿鞋行千里”，若虚拟人物只能在一家元宇宙平台溜达未免局限，于是 Ready Player Me 的技术参照了热门游戏的设置，使虚拟人物就像功夫游戏中的大侠一样，自如穿梭于不同元宇宙平台。当然，如此飘逸潇洒的风度，如果光脚岂不是有点煞风景？顺理成章，虚拟人物穿上专门设计的数字版 Ozworld 闪亮登场元宇宙。目前已经在网站登记设计的一批鞋迷，他们的虚拟人物于 4 月 28 日激活。

窦教授点评

元宇宙时代的内容营销这么卷了吗？短视频、直播、网红或许都不够酷了，如果没能像 Adidas 这样在元宇宙场景中玩出花活，都不敢称自己的品牌潮。当然，在元宇宙中创造内容（如虚拟人物）的壁垒比单纯文字

（甚至视频）要高，品牌需要真正去融合创意与技术（窦文宇，2021）。虽然这并不意味着 Adidas 数字营销人员需要掌握 AI 或编程，但了解 AI 及相关技术的原理，仍有助于开拓思路。就这个意义而言，未来的营销可能需要综合性的技能。不过话又说回来，在 Adidas Ozworld 这个案例中，核心竞争力还是他们通过对用户的洞察（鞋迷个人身份表达的重要性），为制造虚拟人物的程序提供了精准的维度指引，协助创造了有趣的游戏型内容。故而，营销从用户出发，为用户服务的初心不改。创意与新意，哪怕就是到了广袤的元宇宙，依然是王道！

案例 4

Heneiken 关键词：品牌体验的悖论（paradox for experience products）展示型内容、游戏型内容

Heineken 是全球知名啤酒品牌。它过往的营销与产品卖点都聚集在鲜活、生动、充满情感张力的顾客体验上：无论是在小酒馆球迷的狂欢还是朋友的欢聚、同事下班后的小酌等。可以说产品价值依附在真切的顾客体验上。这样一个核心生命力在于线下体验，连广告口号都是“Better Together”的品牌，如果要放弃自己谙熟于心的营销套路，跟风跑到元宇宙中去开疆拓土，有可能吗？

2022 年 3 月 17 日，Heneiken 宣布推出世界上首款虚拟啤酒——Heineken © Silver，这款啤酒由元宇宙平台 Decentraland 上的虚拟啤酒厂酿造推出。它号称零卡，零隐藏成分。不过，这款虚拟啤酒的原料不是大麦麦芽，而是千百万像素。自然，也就是“no beer”。听起来有点尴尬，不是吗？于是，Heineken 全球品牌官 Bram Westenbrink，在这场元宇宙中举行的新品发布会上自我解嘲道，Heineken © Silver 这款虚拟啤酒，不过是公司对于一众像我们一样的高度体验性品牌（如饮料、餐饮、旅游），一窝蜂涌入元宇宙的调侃而已。

不过，虽然 Bram Westenbrink 话说得谦虚，但 Heineken 的元宇宙首秀精益求精，毫不含糊。首先，Decentraland 上的虚拟品牌世界的设计别具一格，由名气不俗的西班牙街头艺术家 J. Demsky 操刀，他的风格集传统涂鸦与未来艺术于一体，经常运用诸如滑板、日式漫画、漫威、星球大战等潮流元素。所以，当别的商家只是在元宇宙中竖起一个中规中矩的虚拟方盒时，Heineken 的元宇宙呈现本身就是一场视觉盛宴，紧密连接潮流文化，符合其目标群体——年青一代的时尚口味。

岂止于潮与美，Heineken 打造的虚拟啤酒坊元宇宙仿佛一个功能齐全的游戏：进入其中，访客可以看到虚拟的酵母——A – Pixels，在一个大罐子里“发酵”。这个 A – Pixels 虚拟酵母，对应的就是 Heineken 在现实世界啤酒酿造中使用的经典 A – yeast（A – 酵母）。访客还可以观摩忙碌的非选手（non – player character）农夫在虚拟农场中种植的虚拟啤酒花，美其名曰“二进制啤酒花”。访客在 Heineken 虚拟啤酒坊的整个参观互动经历，都会有虚拟酿酒助手陪同——他们对应的是现实世界中的啤酒坊工人。

品牌教育之外，寓教于乐也不可或缺。访客们可以趁机大快朵颐，品鉴像素龙虾（pixelated lobster）及鱼子酱，也可以端着虚拟 Silver 啤酒罐，与 Heineken 品牌大使推杯换盏一番，比如足球明星 Thierry Henry。虽然这个梦想在现实生活中实现渺茫，但在 Heineken 的元宇宙中只是一步之遥。

诚然，如 Heineken 全球品牌官 Bram Westenbrink 在元宇宙啤酒坊发布会上提醒的那样，至少在可预见的未来，人们还不可能在元宇宙中畅饮啤酒。所以目前一堆饮料（啤酒）品牌蜂拥扎堆元宇宙，未免有点讽刺。自家的元宇宙啤酒首发活动，也就当调侃逗乐一下吧！

Heineken 此次元宇宙营销活动，线下则由 Publicis Italy 及 Le Pub——一家专注于啤酒行业，涵盖创意、数据及品牌体验的精品广告公司，通过视频营销的方式协助推广，从而把活动的影响力扩大到现实世界。

窦教授点评

不少高校营销老师抱怨，在一些家长眼里，营销就是销售，太辛苦，宁愿孩子学习“安稳”的专业，比如会计。但实际上并不是每个孩子都喜欢学习会计，而且随着人工智能的发展，简单的会计工作反而会被机器取代。但营销则是一个需要紧贴商业潮流的专业，能抓住环境及消费者的变化，施出灵巧、创意营销组合拳的人才，才是企业长盛不衰的关键利器。

1873 年由 Gerard Adriaan Heineken 在荷兰创建的 Heineken 品牌，与“10 后”出没的元宇宙看起来似乎风马牛不相及，而且啤酒产品高度体验性的特征，与虚拟的元宇宙似乎也有点不搭界——尤其是对比那些和元宇宙链接更自然一些的行业，比如游戏、教育、音乐等。但 Heineken 这次绞尽脑汁，发挥创意，以自嘲幽默的方式，通过品牌展示型内容及游戏型内容，把品牌送入了元宇宙世界（管它是不是尴尬）。

Heineken 虚拟啤酒坊，只是其元宇宙营销的首次探索，品牌宣传及公关意味较浓。未来如何深度将其元宇宙营销及其他数字营销、线下营销打通，应该是其需要继续探索发展的方向。不过，只要元宇宙能避免昙花一现，汇聚更多人气，则 Heineken 的“Better Together”品牌理念就有可能在元宇宙中继续绽放！

案例 5

Forever 21 关键词：展示游戏社交型内容

2021 年 10 月 28 日，Facebook CEO 扎克伯格宣布将 Facebook 改名为 Meta，正式跨入元宇宙行业。对于这个大阵势的宣布，Roblox 的联合创始人 David Baszucki 一脸不解地看着他，“老兄，我们早已经是了”。的确，随着 2021 年元宇宙概念的流行及各路企业的大举布局，本来就是元宇宙雏形的Roblox开始走到普罗大众的眼前。

2006年成立于加利福尼亚州的Roblox是一家游戏（平台）公司，自成立以来虽然一直在成长，但真正的爆发还是在2020年。在全球按下暂停键的大半年内，不少学生虽改成在家上网课，但他们社交及探索世界的兴趣并未磨灭，于是让Roblox这样的多人共体验（multiplayer, co-experience）沙盒游戏大火。2020年，Roblox全球范围内新增了8000万用户；2021年，活跃用户量在4亿左右，核心用户人群为小学及初中学生，54%的用户年龄在9~12岁。

Roblox不仅是游戏公司，也是游戏平台。900多万的开发者，可以通过Roblox Studio提供的编程工具开发游戏，再投放至平台供用户使用。现在其平台上共有5000万个游戏，其中最著名的是Adopt Me（虚拟宠物领养，访问量250亿次）。2021年3月11日，Roblox在纽约证券交易所上市，首日股票价值380亿美元，到10月，市值达430亿美元。

由于Roblox吸引的“Z世代”群体是未来消费者的主力，加上其本身具有元宇宙属性，那些有意试水元宇宙营销的企业，开始把注意力放在Roblox上。

2021年12月20日，曾于2019年一度申请破产，后在2020年2月被Authentic Brands等几家投资公司收购的快时尚零售品牌Forever 21，宣布将在Roblox上开设Forever 21 Shop City（虚拟购物城）——一个集品牌展示、用户游戏及用户社交社区于一身的虚拟品牌世界。

在这个品牌主题的购物城中，Roblox用户或时装网红可以开设各自的Forever 21小店。在运营游戏开始阶段，每位小店用户可以获得一个以落地玻璃橱窗为基调的基本店铺，然后用户可以通过获得点数来装修、扩展自己的店，比如个性化外饰、照明、建筑风格等。已经由Forever 21邀请入驻的网红包括KrystinPlays、Shaylo以及Sopo Squad。

既然是元宇宙，那虚拟小店必须尽量和真的一样。用户运营小店的工作包括库存管理、顾客协助、收银、聘请售货员、店铺装修等。虚拟商品种类也尽量和实体店同步，Forever 21 的 Roblox 购物城将把实体店的新款也上架到虚拟店，而访客则可以在小店给虚拟人物购买虚拟服饰，这个功能反映了对于“Z 世代”用户，在真实世界及虚拟世界自由切换已经是他们一个习以为常的技能。

当然，对于那些既有些兴趣来逛 Forever 21 购物城，又不想自己开店的用户，他们则可以在购物城提供的 4 个主题游乐区徜徉：娱乐、跨越障碍、小吃街及黄毯（与娱乐明星在实体世界中走的红毯对应）。在这些游乐区中，用户可以做角色扮演、与朋友相聚、交流、对话、建立社区。

可以想象，这样一个功能丰富的虚拟购物城，建设起来也不一定比建立线下的购物店容易，而且也不是 Forever 21 的本业。所以，这次元宇宙项目的实施，技术框架协助由 Virtual Brand Group——一家元宇宙建设公司完成。然而，在虚拟世界建设购物城最重要的技能不是钢筋水泥，而是创意与内容。故而 Forever 21 购物城的内容设计，邀请了在 Roblox 平台上一些知名的时装网红来操刀，比如 Sam Jordan、@ Beeism、@ OceanOrbsRBX、@ JazzyX3。

窦教授点评

元宇宙营销与内容营销相关何在？正如我在《内容营销：数字营销新时代》（窦文宇，2022）一书中所倡导的，内容的真谛是创意。正是独具一格、耳目一新的内容，才能激起消费者关注，给他们带来干货和情感价值，进而成为加深品牌链接，促进销售，打造品牌忠诚度的关键。

如果说在微信、微博时代的内容营销，形式及卖点主要是图文且从业者大多具有传媒学习工作背景，那么在（短）视频内容营销时代，内容则可能与故事性及编导能力、从业者影视背景相关。然而，进入元宇宙的内容营销时代，内容与游戏，体验已近融为一体，类似 Forever 21 这样的集品牌展示、游戏及社交型内容于一体的元宇宙营销活动日趋常见。这些内容创意的关键更多需要依赖设计感、空间感及社会心理，可能对具有艺术、设计背景的人士更有需求。当然，无论内容的形式怎么变化，对创意背景能力的侧重如何不同，营销专业在元宇宙营销中的重要性都不会改变——因为掌握顾客心理，因其而动是营销人员的强项。

案例 6

Clinique 关键词：品牌忠诚非同质化代币（NFT）活动型内容

把中国营销中大火的“私域流量”现象与国外营销中正火的 NFT 结合起来，可能会激发什么灵感？

非同质化代币（Non - Fungible Token，NFT）是一种区块链上的数据单位，每个代币可以代表一个独特的数码资料。如画作、声音、影片、游戏中的项目或其他形式的创意作品，NFT 通过区块链标记了用户对于特定资产的所有权，其价格反映了市场对于该 NFT 价值和稀缺性的认可。就像数字支付与电子商务的关系一样，NFT 与元宇宙的配合相得益彰，促进了元宇宙上虚拟经济及商业活动的开展。粗略一看，NFT 这个概念及工具，似乎和投资、IT 之类的行业联系比较紧密，那么，在女性色彩比较浓的美妆行业中，它也能找到营销运用吗？或许综合私域及 NFT 可以成就美妆品牌的营销创新。

2021 年 10 月 19 日，Clinique 成为 Estée Lauder 公司旗下首个发行 NFT 的美妆品牌。Clinique 将这次推出的 NFT 主题取名为 MetaOptimist（元宇宙中的乐观者），包括 3 幅画，每一幅画中展现的是不同颜色，抽象的字母 C 指代 Clinique 品牌。

不过，与一些其他品牌（如 NBA）采取的 NFT 营销手法不同，

Clinique 推出的 NFT 艺术画作不是用于拍卖（价高者得），而是将其作为抽奖礼物送给品牌的用户忠诚度计划 Smart Rewards 的会员。她们只需要在 Instagram、TikTok 或者 Twitter 上，以 MetaOptimist 加上 Clinique 和 Contest 为主题标签发帖，并围绕以下问题“How do you bring hope and optimism to the people around you，and who brings a smile to your face?”（你如何为周边的人带去希望及乐观？谁给你的生活带去笑容?）分享自己的故事与心得，就有机会参加抽奖，如果成为幸运儿，就会获得 Clinique 首发的 3 个 NFT 艺术作品之一。其实这个营销手法在目前的美妆领域算是比较前卫少有的，故而这 3 个品牌 NFT 的意义及收藏价值应该不菲。当然，这三位用户的幸运还不仅仅止于艺术，她们也将得到优先抢购卖断货的 Black Honey Almost 唇膏，以及连续 10 年每年获赠一个 Clinique 的产品包。

这次营销活动总体来看，如果只是给忠实用户产品礼包之类的优惠，和线下的做法也没有太大区别，正是 NFT 的使用堪称活动的点睛之笔。Clinique 线上全球高级副总裁 Carolyn Dawkins 指出，“在今日之元宇宙世界中，消费者追求的是刺激与愉悦，Clinique 的品牌 NFT 给传统的用户忠诚度计划注入了新的活力，如果说未来消费者愿意进入元宇宙，我们也会在那里等着她们，为她们带来精彩的品牌元宇宙体验”。

窦教授点评

品牌忠诚是企业营销的一个终极目标，而消费者通常不会自动到达这个阶段，采取有效的激励机制是个常见做法。如果说过去常见的激励机制主要靠实惠奖励及精神鼓舞（比如出名），Clinique 这次主题营销活动中 NFT 的使用，可以看作通过活动型内容（NFT 画作），将顾客激励提升到一个新高度。由于奖品（NFT 画作）不仅无限加密，独一无二，而且其稀缺性可能带来未来价值的攀升，因此拥有者除了得到物质收获，还可能得到诸如时代弄潮儿自我身份、炫耀资本、独有社交货币的精神收获。

Clinique 的这次 NFT 营销活动设计的巧妙之处，在于它与顾客忠诚度计划的精密配合。今天中国营销圈津津乐道的私域流量，其实就是传统 CRM（顾客关系管理）的数字版。在不少国内品牌都开展私域营销的背景下，如何让处于品牌私域中的用户保持活跃度，找到新鲜感，是个不小的挑战：只靠在群里不时发个红包，或是释放定时优惠的做法，只能维系顾客的利益忠诚度。只有给用户带来独一无二的情感体验，并上升到情感忠诚度，方是长期顾客忠诚的途径。

Clinique 的这次 NFT 营销活动，出发点不是实惠，而是品牌的情感属性（让用户讲述如何为自己及朋友带来快乐）。同时，NFT 奖品又兼具物质（稀缺）及情感（炫耀）价值，可作为私域营销提升用户吸引力的一个参考秘籍。

案例 7

Crown Royal 关键词：活动型内容

2020 年开始的全球新冠疫情，让不少过去完全依赖线下体验的活动，如演唱会、毕业典礼等，被动迁移到虚拟世界中，在客观上加速了元宇宙时代的到来。除了国外的互联网巨头如 Facebook，诸多中国头部互联网企业如百度、腾讯、字节跳动等也纷纷加入这个赛道。元宇宙虽然还只是处在其商业化发展的初级阶段，但在企业商业功能中最具创意，经常站在社会大潮风口浪尖进行营销，其显然不会缺席这场商业模式革新的盛宴。于是，元宇宙营销的第一批开拓者闪亮登场。

2021 年 9 月 23 日，为了推广即饮威士忌新品（ready - to - drink cocktails），加拿大知名威士忌品牌 Crown Royal 推出了一个以元宇宙为创意灵感，名为“A New World of Cocktails”（威士忌新世界）的主题营销攻势。

Crown Royal 起源于 1939 年对英国伊丽莎白女王首次巡游加拿大的献礼。其品牌精神为畅享皇家生活（living royally），也就是享受身边的朋友、美景及美妙的经历。故而这次营销攻势展现的是一些欧美街边的欢乐场景，栩栩如生地展现了诸如街头篮球赛、和朋友一起打游戏、公园烧烤、屋顶派对等经典画面。

本次营销中亮相的主要演员为来自多伦多的嘻哈歌手 DijahSB 及专业电竞选手、电竞组织 XSET 创始人 Erin Ashley Simon。采取元宇宙画风的广告制作步骤如下：首先，把主角 DijahSB 及 Erin 在全球不同地方，如乌克兰、西班牙、多伦多、洛杉矶街头的亮相活动，用 3D 扫描打印出来，人工上色组装后做成布景，当然 DijahSB 是说唱表演，Erin 则是打游戏。其次是预先 3D 打印制作好的物体模型，比如猫和狗等。再加上虚拟的由 Crown Royal 酒瓶组成的背景，形成一个完美的“威士忌新世界”，但它看起来却不是传统的实景真人广告，而是像 Roblox 这样的游戏世界里的元宇宙。于是拥有近百年历史的老牌威士忌 Crown Royal，围绕“威士忌新世界”的主题产生鲜活的活动内容，一举跃入了未来的互联网世界，给用户带来耳目一新的品牌体验，让用户充满期待。

窦教授点评

营销，在本质上是一个紧紧跟随用户的商业功能。每当社会出现新的潮流时（如技术潮流、元宇宙），必然会吸引用户（尤其是意见领袖用户，innovators）的注意。然而在注意力稀缺的时代，抓住前沿黑科技（如 AR、VR 等），就会抓住用户的注意力。从这个角度来看，虽然 Crown Royal 这次广告攻势不是直接在元宇宙中展开，仅仅是借用、模拟了元宇宙的表现形式，鲜活的活动内容就足以让它在其他老生常谈的内容形式中脱颖而出。

当然，元宇宙对内容营销的影响还有众多的无限可能。比如在Nintendo的Animal Crossing游戏中，参加者可以自行设计自己的游戏角色及小岛家园；如果他们在设计中加入自己喜爱的品牌，比如Gucci，这个游戏场景实际上就成了内容营销中的用户创造内容（user generated content）。在社交媒体时代，品牌对用户创造内容最多可以点赞、转发、评论，互动的形式还不够丰富，深度也有所欠缺。但在Animal Crossing营造的元宇宙中，品牌本身就可变身为一个角色，直接在其中与用户互动、交流，甚至一起活动。在这样的场景中，内容与体验的界限越来越模糊。

或许，未来的元宇宙营销，就是内容营销与体验营销的融合。但不管它叫什么，元宇宙营销依然离不开创意营养。毕竟，虚拟的元宇宙与真实的社会一样，“好看的皮囊千篇一律，有趣的灵魂万里挑一”。

2 总结

近一年来，在整个元宇宙生态尚未完全成形，元宇宙商业模式依然“摸着石头过河”的前提下，元宇宙营销也还处于探索及发展阶段——虽然有一些企业已经做出了有益的尝试，但整个元宇宙营销的战略方向依然不够清晰明确。

在总结分析了一系列国际前沿元宇宙营销案例的基础上，本文从内容营销的视角出发，提出了如图1所示的元宇宙营销框架。

这个分析框架的重点在于把内容营销的视角融入元宇宙营销，以虚拟内容营销作为元宇宙营销的重点。具体落实到内容战略，企业可以开发以品牌形象为中心的展示型内容，或是以愉悦参与为目的的游戏型内容，或是协助虚拟人物建立社交关系的社交型内容，或是以主题活动为基础的活动型内容。这些在前述案例中频繁出现的不同种类元宇宙内容，其主要目的还是给用户提供耳目一新的虚拟品牌体验。同时，鉴于虚拟品牌体验难以实体感受、存储，企业会借助NFT的力量把虚拟品牌体验固化及价值

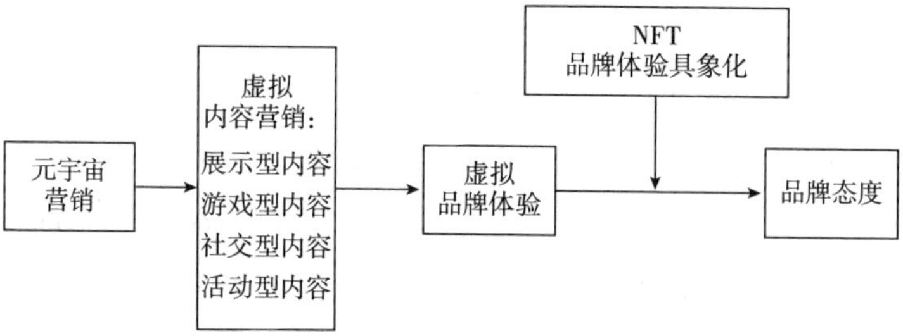

图 1　内容营销视角下的元宇宙营销

化，促进用户品牌价值体验转换为品牌态度，从而实现其元宇宙营销的目标。

参考文献

[1] Metaverse Marketing: what are the opportunities for Marketers? [EB/OL]. (2022-03-21) [2022-08-30]. https://www.asiapacdigital.com/digital-marketing-insight/metaverse-marketing-opportunities.

[2] BELK R. Possessions and the Extended Self [J]. Journal of consumer research, 1988, 15(2): 139-168.

[3] 普华永道．解读元宇宙营销与潜在价值[R/OL]. [2022-08-30]. https://www.pwccn.com/zh/industries/telecommunications-media-and-technology/publications/understanding-marketing-potential-value-meta-universe-apr2022.html.

[4] 窦文宇．内容营销：数字营销新时代[M]. 北京：北京大学出版社，2021.

马应龙：传统药企如何借力新媒体营销

王晶晶　杜　鹏　王春猛①

摘要： 互联网思维作为新媒体兴起带来的产物，成为当下最火热的词汇；它的到来在成就了许多企业的同时，也给传统企业带来了巨大的冲击。为了迎接挑战，传统企业纷纷向新媒体营销进发，这其中就包括很多医药企业。医药产品的网络营销为医药销售开辟了新渠道，面对激烈的竞争，医药网络营销也成了发展的趋势。在这其中，一个拥有400年历史的国药老字号——马应龙，因为老字号的光环，加上在推广渠道上偏重于传统媒体，其品牌在年轻人中渐渐失去了影响力。为了扭转这种局面，2010年，公司决定初步试水网络视频营销；近年来，又通过一系列内容营销打破大众对它的刻板印象，逐渐实现品牌“出圈”。本案例将全面深悉这一过程，阐述传统药企为何要利用新媒体营销，医药网络营销有何特点以及新媒体营销将如何落地，以形成线上线下闭环等一系列的问题。

关键词： 互联网思维；新媒体营销；医药网络营销；马应龙

① 王晶晶：中南财经政法大学工商管理学院硕士研究生。杜鹏：中南财经政法大学教授，中国市场学研究会新媒体营销专委会秘书长。王春猛：马应龙药业集团股份有限公司品牌总监。

1 引言

时间回溯到2010年，我国医改政策的出台可以说对医药行业进行了重新洗牌，同时给医药企业的发展带来了巨大的机遇，众多药企在利好政策下开始了企业扩张。然而，在机遇与挑战并存的特殊时期，拥有400多年历史的国药老字号——马应龙却发现自己的品牌在慢慢走向老化。公司进行的市场调研数据显示，就马应龙的核心产品——马应龙麝香痔疮膏而言，虽然年龄在35岁以上的人群对该产品有着相当高的认可度，但是年龄在18~35岁的青年群体几乎无人知晓这一产品。这种“青黄不接”的现象，对马应龙公司在未来的发展可以说极其不利。众所周知，企业需要向前发展，青年群体自然是企业未来发展的主要客户，有着巨大的市场潜力，企业要想赢得未来，必须牢牢抓住这部分群体。马应龙急需寻找一种快速有效的方法扭转品牌老化的局面，公司董事长陈平当即组织领导班子召开紧急会议，希望能拿出方案使品牌年轻化。经过激烈的讨论，公司决定尝试利用眼下青年群体热衷的互联网来进行品牌和产品信息的传播，并由公司的市场营销总监王春猛全权负责。但是，在决定进军互联网之后又衍生了一系列问题：在此之前还没有同行业的任何一家企业运用互联网进行有效的宣传，而且由于在互联网上可以选择以各式各样的形式进行信息的传递，马应龙该如何保证自己所选的切入点能够被大众接受？还有就是，选用新兴媒体对企业进行宣传，是否与马应龙百年老字号的地位相冲突？经过与公司高层的反复沟通，决策层给王春猛传达的意思是“愿意给他们试错的机会”。抱着试一试的心态，王春猛及其运营团队在综合考虑了企业自身和行业发展情况之后，决定放手去做。

2　衰退中的百年老字号

2.1　悠久的历史文化背景

公元1582年，马应龙药店诞生，马氏家族先人马景标在河北定州完成眼药创制，并以研制眼药膏而闻名。马氏眼药经过数代传承，在清朝末年，由马万兴启用其父马应龙之名作为字号名，并在清光绪元年从河北定州迁址到北京前门西河沿开设“北京马应龙眼药铺”，自此北京西河沿成了马应龙眼药传承和生产的中心。在经营期间，马应龙通过对药品质量的保障和研发药品技术的改进获得了一项项荣誉：民国五年5月，获得农商部奖三等奖；民国二十四年获得实业部优等奖状，同年获得铁道部全国铁路沿线出产货品展览会一等奖；民国二十五年，获得南京政府优等奖；民国二十六年获得美国旧金山巴拿马博览会奖章等。

20世纪初，随着环境变迁，马应龙药店向南迁移，落户在武汉。秉承“以真修心、以勤修为”的祖训，马应龙药店迅速拓开局面，形成了以武汉为中心的马应龙经营网络。在此基础上，马应龙立足国内、放眼全球，公司的产品已经远销东南亚，成为中国最早向海外出口药品的四大老字号药店之一。

中华人民共和国成立后，马应龙转变成为一家国有制药企业。针对痔疮疾病患者的需求，马应龙进行大量科研攻关，成功研制出“马应龙麝香痔疮膏”这一独特良方。该膏药面世以后，凭借着产品的药效和质量迅速成为马应龙药业发展的支柱。

1995年，马应龙迎来了一次重大的转机：实行国有企业产权改革。公司引入了大股东中国宝安集团，组建了以董事长陈平为核心的经营团队，马应龙从此快速发展起来。

2004年5月17日，马应龙在上海证券交易所上市。

经过漫长的历史文化沉淀，马应龙形成了“龙马精神”的企业文化。“龙”代表“天”，寓示着远大的理想、坚定的信念、执着的追求，发现规律进而驾驭规律，与时俱进，处理好人与自然、人与社会的关系。“马”代表“地”，寓示着脚踏实地，以包容的胸怀厚积德行，尊重规律同时顺应规律，真诚实在做人，勤劳踏实做事。龙马精神是追求龙的精神与马的德范相呼应，追求行为与理念、务实与务虚相统一。马应龙的“应”寓示着包容、虔诚的品德与踏实、奋发、向上的精神相结合，远大理想与踏实肯干相结合。在马应龙，“天”即客户，“地”即股东，“人”即员工，也就是追求客户、股东、员工以及社会、自然协调发展，追求天地人合一的境界。

图1　马应龙企业标识

2.2　营销发展困境

马应龙悠久的历史文化积淀使公司的发展有了一个稳固的根基，使得“质量过关、药到病除”的品牌形象轻而易举地在老一辈人的头脑中留下烙印。电视广告、报纸杂志等传统媒介已不能帮助马应龙企业发挥最大营销效益，同时时代孕育出一批具有“新潮”理念的年轻消费群体，他们喜欢冒险、热衷于对新事物尝试的需求无疑与马应龙的理念相违背。随着企业的发展，品牌老化的问题越来越严重，因此，马应龙开始逐渐借助新媒体营销工具，助力品牌向年轻化转型。

2.3 多元化转型陷入尴尬局面

历经400多年的持续健康发展，如今的马应龙已经成长为一家专业化医药类上市公司。马应龙深化实施品牌经营战略。为迎合消费者需求，马应龙也在积极朝多元化方向转型，逐渐涉足大健康、药妆领域，推出了不少产品。但在肛肠治痔领域，马应龙是当之无愧的第一品牌，占据着大部分市场份额，公司核心产品——马应龙麝香痔疮膏入选国家基本药物目录独家品种。

表1　马应龙主要产品一览

治痔系列	妇科系列	止咳系列	皮肤系列	药妆系列
麝香痔疮栓	甲硝唑栓	左羟丙哌嗪口服溶液	龙珠软膏	眼部护理
马应龙麝香痔疮膏	克霉唑栓	复方甘草口服溶液	红霉素软膏	祛痘系列
地奥司明片			复方倍氯米松樟脑乳香	母婴用品
痔炎消片				
金玄痔科熏洗散				
聚乙二醇4000散				

资料来源：马应龙药业集团官方网站。

除此之外，马应龙经营的产品还包括前列通栓、冬茸补肾胶囊、奇应内消膏、复方黄芪口服液、吡拉西坦口服溶液、对乙酰氨基酚栓、马应龙八宝眼膏、红霉素眼膏。代理品种有双氯芬酸钠凝胶复方醋酸地塞米、松乳膏、克霉唑乳膏、麝香祛痛搽剂、小儿氨酚黄那敏颗粒、利巴韦林。

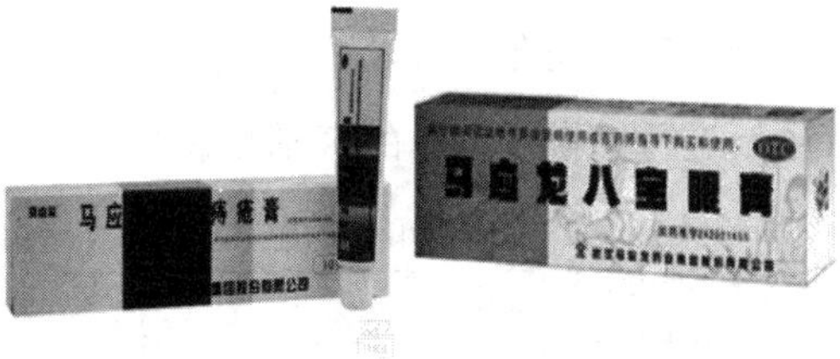

图2　马应龙主要产品

然而正是由于公司产品的特殊性，消费者在谈论马应龙的时候，纷纷

“谈痔色变”，这让马应龙进行广告宣传与推广新产品时无疑进入了一个尴尬的境遇。从产品的名称到用法、功效，似乎每一个部分都很难找到能向消费者进行信息传递的方式。若强行进行产品知识的灌输，很可能收到适得其反的效果。自身产品的特殊性对寻求品牌年轻化、产品多元化转型的马应龙药业来说是一个很大的考验。

3　饱受束缚的医药营销

由于药品的质量直接关乎使用者的生命安危，一直以来我国对于药品生产、宣传、销售等各个环节都通过出台各种政策法规实行严格的监管。

3.1　一半是海水，一半是火焰

我国在对处方药和非处方药的监管上，实行分类管理的政策。处方药（Rx）是指需在医生或其他医务人员的指导下使用的药品；非处方药（OTC）是指经国家药品监督管理局批准的，不需要医师处方，消费者按药品说明书可自行判断和使用的安全有效的药品。我国对于两种药品的监管政策有很大的不同，就处方药而言，国家规定其不能在大众媒体上进行广告宣传，只能在医学刊物等专业媒体上做广告；而非处方药在符合广告审查之后可以向大众进行宣传，所传递的信息必须真实可靠。政策上的不同，决定了两者在销售渠道以及销售方式上的差异：处方药主要以人员推销的方式在医院进行销售，而非处方药主要是通过社会化媒体宣传的方式在零售药店或者超市进行销售。具体的区别见表2。

表2　OTC和Rx营销差异

差异	OTC（非处方药）	Rx（处方药）
传播媒介	大众媒体	专业媒体或人员推销
营销对象	普通大众	医生

续表

差异	OTC（非处方药）	Rx（处方药）
销售渠道	零售药店及商超	医院
购买方式	自行判断购买	医生或药师购买

资料来源：约瑟夫·奈．巧实力：权力，个人、企业和国家［M］．李达飞，译．北京：中信出版社，2013：143.

就马应龙而言，企业的绝大部分药品属于非处方药，而且在国家政策的倾斜下，非处方的范围也逐渐扩大，这意味着非处方药的市场竞争将会越来越激烈。普通的消费者在购买非处方药时，由于缺乏专业的病理药理知识，很容易根据药品的品牌做出选择。这意味着，如果希望在 OTC 市场上占领市场份额并确保领导地位，那么争取顾客对于品牌的认可是首要的办法。鉴于马应龙目前面临的问题，品牌自然而然地需要整合现有资源，利用各种营销工具提高品牌知名度，扩大产品口碑效应。

3.2 戴着镣铐跳舞

从 1978 年 7 月国务院颁布《药政管理条例（试行）》规定开始，我国从未间断过发布与药品监管相关的政策和法律法规。同时，在执法程度上，相关执法部分对于药品抽检的频率和检测尺度也从未放松过。我国药品行业监管体系逐渐完善，表 3 截取了 2016—2020 年我国颁布的与药品广告相关的法律法规及规范性文件。

表 3　我国颁布的相关法律法规及规范性文件

年份	法律法规及规范性文件
2016	《“健康中国 2030”规划纲要》
2017	《互联网药品信息服务管理办法》
2018	《国家药品监督管理局关于药品信息化追溯体系建设的指导意见》
2018	《国家药品监督管理局关于进一步加强机构改革期间药品医疗器械化妆品监管工作的通知》
2019	市场监管总局《关于深入开展互联网广告整治工作的通知》
2019	《中华人民共和国药品管理法》

续表

年份	法律法规及规范性文件
2020	《药品检验机构资质认定条件与检验工作规范》

资料来源：国家食品药品监督管理总局。

一系列的政策法规，对药品广告的发布内容和审批等各个阶段都进行着全方位的监管，使不良企业无法钻空子，业内的广告也逐渐呈现规范化。除了在硬性的法律法规方面对药品广告有一定的限制之外，社会舆论的压力也不容小觑。社会大众要求医药企业承担社会责任，做良心企业，保证药品质量，杜绝传递虚假信息。硬性的法律管控和软性的道德约束，使得医药企业在进行品牌和产品宣传的时候就像是戴着镣铐跳舞一样：一方面药品宣传要严格遵守各种约束；另一方面又要与时俱进做出创新，保证传递信息的全面和有效性。

3.3 在夹缝中寻求创新

随着互联网的普及与应用，许多企业开始借助社会化媒体工具实现品牌转型，在医药行业领域，注意到新媒体优势的也不只有马应龙一家企业。目前在新媒体领域中做得比较好的有云南白药、广药集团、江中集团等。目前随着人民经济水平的提高，对健康的重视程度也越来越高。因此大健康产业市场前景巨大，加上国家政策导向，许多公司纷纷投入这个行业，医药企业只是其中一部分。马应龙涉足大健康行业时间较短，现阶段仍属于成长期，市场竞争非常激烈。

随着我国电子商务的迅速发展，“互联网＋”与各行业深度融合。2018 年，国家相继取消互联网药品 A 证、B 证、C 证的审批制度，改为监管制度，标志着我国网上销售药品的限制逐渐减少，医药电商的发展前景巨大。

据相关机构数据预估，2019 年中国医药电商市场规模将突破千亿元，达到 1020 亿元，2022 年中国医药电商市场规模将接近 1500 亿元，并预测在2023年中国医药电商市场规模将增长至1660亿元左右，2019—2023年年均复合增长率约为12.95%（见图3）。

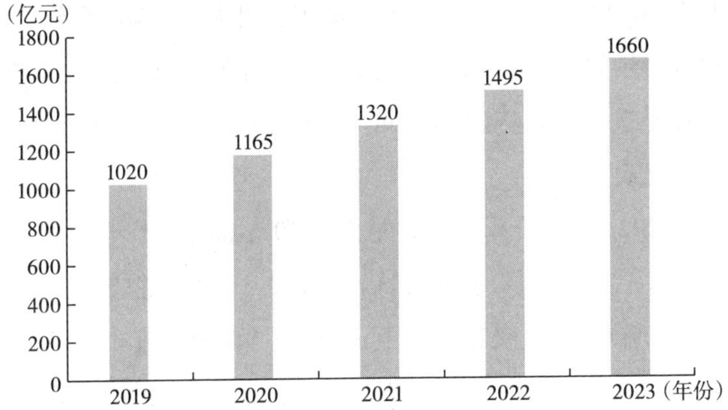

图3　2019—2023年中国医药电商市场规模

资料来源：https：//www. qianzhan. com/analyst/detail/220/190902 – c4597244. html.

线上销售渠道的拓展，降低了各个企业的销售成本，因此马应龙药企在布局新媒体营销战略时，需要考虑的竞争对手也越来越多。

同时，考虑到公司产品系列逐渐拓宽，公司新推出的产品多为日用品、化妆品及保健品类，因而产品的销售渠道和方式方法并不能完全相同，这对销售人员来说，无疑是更大的挑战。

4　马应龙的新媒体营销之路

4.1　创意视频开先河

在综合分析了企业内部环境、医药营销现状之后，马应龙药业上下全体员工一致认为：必须不怕风险，抢占先机进入医药互联网营销。企业的发展总是机会和风险并存，只有敢于承担风险才能使企业效益最大化。但是，如果借助互联网进行产品宣传，那具体应该怎样打造新媒体营销矩阵，又将怎样布局使其作为新媒体营销的切入点？这个问题无疑困扰着身为此次马应龙新媒体营销计划负责人的王春猛。通过大量的市场调查，王春猛及其团队找到了突破口——通过创意视频进行品牌推广。

早在2010年，马应龙便与叫兽易小星团队开启深度合作，打开了网络创意内容营销的第一步。这些营销广告获得了叫兽、白客（王大锤）、小爱、刘循子墨等今下新媒体名咖的参与，创意视频在网络的累计播放量早已突破1亿次。

截至2021年，合作双方共制作了30多部创意广告，包括19部病毒视频，其中代表作有《超倒霉特种部队》《关我屁事》《菊花的秘密》《战痘吧，骚年》，以及最近网上流传最广的《屁股欢乐颂》。纯正的播音腔、一本正经的台词、央视公益宣传片的励志感配合富有深意的镜头语言，打造出了一支支别具效果的创意广告，收获全网播放量接近1亿次。作为首批“鬼畜”式创意传播方法，马应龙式的创意传播短片至今被多方效仿。

除去推出幽默搞笑的病毒视频，马应龙也同样希望通过具有深度的内容，传递马应龙的品牌文化，唤起大众内心情感的共鸣。正是基于这一理念，马应龙与叫兽易小星团队又相继合作了4部品牌微电影：《漂》《大村姑》《老魔术师》《老斗士》。其中《大村姑》不仅被央视电影频道推荐免

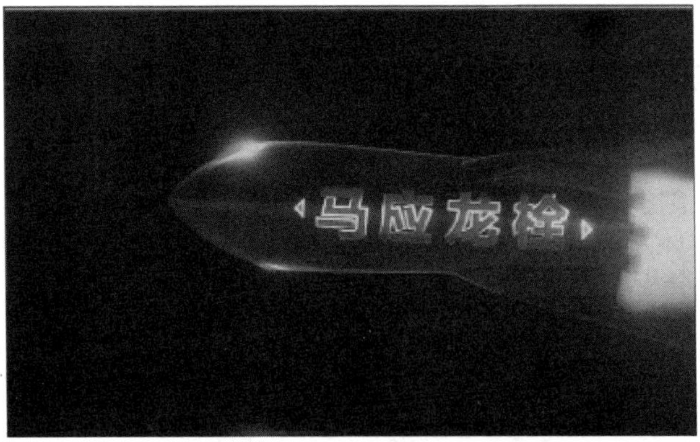

图4 《一颗子弹的使命》广告内容截图

费播出，影片和演员还入围多个电影节奖项提名，斩获了10多项大奖，成为叫兽迄今执导的所有微电影中获奖最多的一部。

进入2022年，马应龙继续发力，推出一部新的品牌广告片——《一颗子弹的使命》，该片使用持续的创意反转情节以及高燃的特效镜头，给观众留下了深刻印象。同时品牌以英雄的个人成长线为切入口，在故事的结尾与品牌“龙马精神”“勇于担当”的文化价值相呼应，融产品能力的体现和品牌文化价值为一体，不仅突出了产品功效，还讲述了一个出色的品牌文化故事。

4.2　打造新媒体平台矩阵

随着科技的不断发展，移动互联网技术的发展不断成熟，智能手机的大量使用让人们能够随时随地联网。新媒体技术的发展也让众多企业品牌有了良好的宣传推广机会。

微博、微信、抖音、小红书等平台的诞生，也为马应龙药业增添了新的宣传渠道。

首先，微博平台作为最早兴起的新媒体社交平台，拥有强大的用户基础。在考察了当时的市场竞争环境之后，马应龙药业开始打造属于自己的微博传播平台，借助这一大众化的平台拉近与顾客之间的距离。通过各类微博平台与大众消费者进行深度互动，了解消费者的舆论导向并及时进行反馈和沟通。马应龙相关微博矩阵如图5至图8所示。

从企业、产品到管理层和公司员工微博账号的设立，马应龙微博矩阵建立了一个比较完整的系统。针对后续的微博运营，马应龙形成了自己的一套口碑传播方式：官微定期发布话题，通过企业员工转发扩大影响力，再通过与企业机构的合作进一步扩大微博的传播范围，最终形成消费者自行参与传播的局面（具体的传播方式见图9）。

作为当前国内用户最多的社交通信软件，微信逐渐成为企业争相使用

图 5　马应龙官方微博

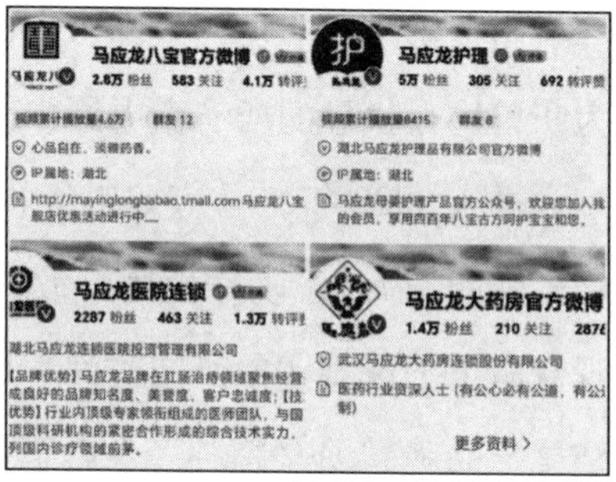

图 6　马应龙子公司官微

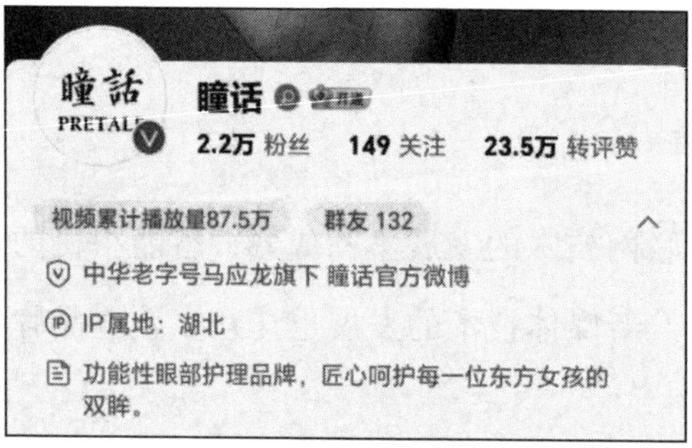

图 7　马应龙产品官微

图 8　马应龙管理层官微

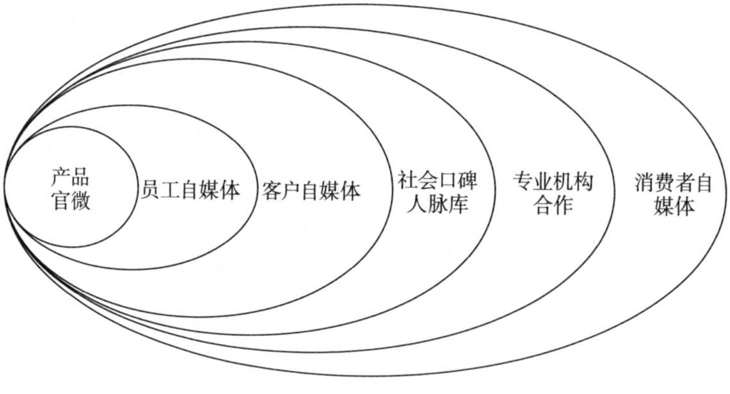

图 9　马应龙社会化口碑传播方式

的营销渠道，而对于早已在新媒体营销中迈开步伐的马应龙来说，微信是一个必不可少的机遇。通过微信不仅可以对用户进行点对点的精准营销，随时随地与用户进行沟通，还可以通过朋友圈的分享达到快速传播的目的，以此提升品牌的知名度。市场机会稍纵即逝，经过公司组织的多次会议讨论，马应龙的微信平台建设随即铺开（见图 10）。

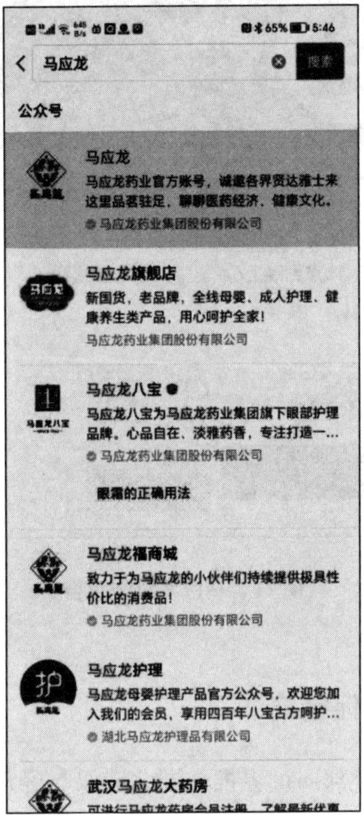

图 10　马应龙微信公众号平台

近年来，抖音等短视频平台的火热迅速积累了大量的用户，这类平台的兴起也让企业能以更低的成本促进销售。直播技术的发展也提高了企业的交易量与利润。马应龙自然也跟随潮流，创建了抖音平台账号，并在固定时间开设直播，为产品提供多样化销售渠道（见图 11）。

图 11　马应龙抖音平台

4.3　品牌联名促销售

2021 年 4 月，外交部向世界推介湖北武汉，经历新冠疫情后的荆楚大地万物复苏，朝气蓬勃。

作为一家总部位于武汉的中华老字号药企并代表中医走出国门的典型，这一次，马应龙联合湖北省博物馆一起推出马应龙八宝与湖北省博物馆联名妆奁礼盒——楚盒，向全球推荐荆楚大地，弘扬民族文化。

楚盒妆奁以湖北省博物馆国宝级文物车马出行图圆奁为原型，结合楚国青铜器纹饰元素设计而成。楚盒妆奁不仅将楚文化漆器的柔美与青铜器的威严完美结合，也将古人对美好的追求以现代科技呈现（见图 12）。

2022 年 5 月 18 日国际博物馆日的主题是“博物馆的力量”。值此之际，马应龙继续为这款国风联名礼盒造势。这款礼盒的发布也受到了各方媒体和网友的关注，全国各地40余家博物馆与马应龙共同发声，弘扬民族文化；湖北发布、湖北文旅之声、武汉发布、青春武汉等多家官方媒体共同发布。同时，马应龙还借助抖音短视频平台上线直播，大力宣传这一联名礼盒。

与楚盒妆奁同时推出的还有今年马应龙再次联合武汉地标黄鹤楼打造的荆楚联名系列礼盒——楚盒·鹤礼。搭配抖音自媒体平台的直播销售，再联合淘宝、天猫、京东等电子平台的销售终端也让马应龙的利润取得了不错的成绩。

图12　马应龙八宝与湖北省博物馆联名妆奁礼盒——楚盒

5　线上线下布局全链路

5.1　线下连锁药店保质量

好的营销手段终究是为产品的销售而服务，为了使在互联网上的营销活动得以落地，马应龙公司董事长陈平除狠抓营销手段之外，也在线下实体店的经营方面下了很大的功夫。区别于其他竞争对手的加盟店，公司以直营店的方式保证了各门店的服务质量；从药品的采购、运输、仓储等各个环节进行全方位的把控，在保证药品质量的情况下实施成本控制，减少不必要的浪费。同时，线下采取多种多样的促销策略，通过样板店、特色店的经营，逐步提高市场占有率；稳步推进医药连锁店的扩张，提升马应龙的品牌形象。在线下，公司确立了以马应龙大药房为主体的发展重点，推进在医院内药房经营领域的介入力度和深度；抓住国家医疗体制改革、医药分离进程带来的机遇，实现公司的快速发展。马应龙大药房以武汉为公司的根基，向湖北省内的各个市区进行扩张。

除药店外，马应龙还在医疗服务行业进行布局。2021 年，马应龙打造了 5 家专科医院，联合建设了 58 家肛肠诊疗中心（见图 13、图 14）。在互联网医疗领域，马应龙搭建了小马医疗线上服务平台。企业年报显示，2021 年，马应龙的诊疗产业收入规模同比增长 33. 77% 。

图 13　马应龙线下门店

图 14　马应龙肛肠医院

在销售方面，马应龙通过自建销售团队拓展线上线下市场，线下市场已经形成覆盖全国 8 个大区、42 家办事处，形成共 1000 多名自有销售人员的终端网络，负责对全国 256 家一级经销商、1953 家二级分销商等商业渠道进行维护，并推动产品在城市公立医院、大型战略连锁、县级及基层医疗机构、互联网终端等渠道的市场动销。

5.2 线上多渠道通力合作

电子商务平台的出现也为马应龙药业提供了发展机遇。在综合各项平台的优劣势后，马应龙分别在天猫、京东、抖音等平台入驻。通过自营店铺和平台店铺相结合的方式打造线上渠道终端网络（见图 15）。马应龙发布的企业年报显示：2021 年，马应龙的线上业务规模快速增长至 8 亿元，同比增长 56%。

图 15　马应龙天猫、京东店铺

除此之外，马应龙还通过与叮当快药达成战略合作，开启品牌在数字化营销领域的新探索。在马应龙品牌搭互联网快车、探索新媒体数字化营销的过程中，叮当快药的数字化营销起到了推动作用。依托叮当快药的大数据、云计算等技术，马应龙药企可以对用户群体实现精准画像并对购药决策进行深度解析，也为其全方位把控市场和精确地渗透用户提供机遇。

线上销售为马应龙带来了不错的业绩，企业年报显示：马应龙在 2021 年实现营业收入约 33. 85 亿元，同比增长 21. 26%；归属于上市公司股东的净利润为 4. 65 亿元，同比增长 10. 87%；归属于上市公司股东的扣非净利润约4.32亿元，同比增长31.96%（详见表4、图16）。

马应龙多年来的新媒体营销使得企业在市场中能够继续站稳脚跟，并有能力向着长远目标迈进。

表4　马应龙2014—2021年主要财务数据

年份	净利润（万元）	净利润同比增长率	营业收入（万元）	营业收入同比增长率
2014	18172.52	7.37%	162080.12	1.16%
2015	19266.79	6.02%	178368.24	10.05%
2016	21857.83	13.45%	210280.69	17.89%
2017	24541.14	12.28%	175059.24	-16.75%
2018	28412.16	15.77%	219750.75	25.53%
2019	32075.49	12.89%	270539.62	23.11%
2020	32712.84	1.99%	279159.19	3.19%
2021	43168.62	31.96%	338505.93	21.26%

资料来源：马应龙历年财务报表。

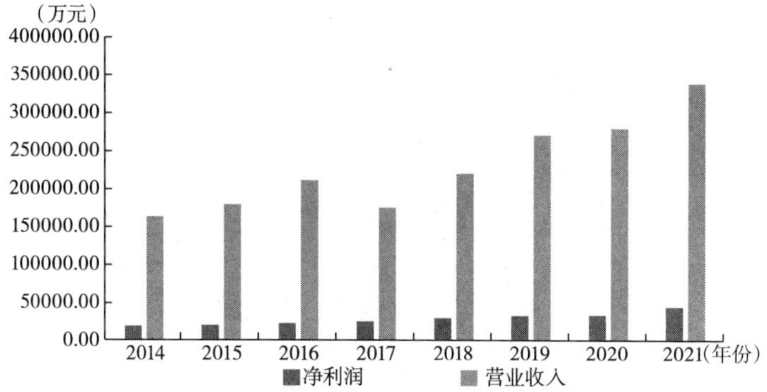

图16　马应龙2014—2021年经营状况

中国新媒体营销十大案例盘点

课题组[①]

业界案例的选择主要从以下几个方面考虑。①行业代表性。既覆盖了2C业务，也包含了2B业务领域；既考虑实体营销，也考虑了互联网和服务营销；既涉及快消品，也涉及耐用品；既关注了商业营销，也关注到公益营销和商业伦理等。②市场代表性。既有国内市场又有国际市场发生的案例。③企业代表性。案例企业在国内外具有一定知名度、影响力。④互联网影响力。所选案例（事件）在互联网上应产生较高关注度。⑤理论典型性。所选案例背后的理论解释具有一定普适性。

根据上述原则，本报告最终选择了10个典型案例（企业），分别是：蜜雪冰城网络神曲传播，鸿星尔克河南大水捐赠，北京冬奥吉祥物冰墩墩热销，五菱宏光敞篷车发布，飞书与罗永浩联合拍摄广告，小米科技企业换标，互联网多个虚拟偶像推出，网络主播漏税被查，钟薛高引发网络争议，原神游戏海外发行。

① 戴鑫：华中科技大学管理学院教授、博士生导师、副院长。朱立：云南财经大学经济研究院教授、博士生导师、院长。黄子业：华中科技大学管理学院硕士生。但昭杰：华中科技大学管理学院硕士生。张佳龙：华中科技大学管理学院硕士生。

1　蜜雪冰城：网络神曲与价值共创

1.1　案例回顾

2021 年 6 月 5 日晚，蜜雪冰城在各平台上线了主题曲 MV，MV 中“雪王”形象可爱、歌词“洗脑”、旋律经典，引起了网友的广泛关注。“我爱你，你爱我”在一夜之间传遍各大社群平台，各种模仿翻拍、翻唱层出不穷。蜜雪冰城借势推出“唱主题曲送冰激凌”活动，带动了许多网友线下打卡，一时间各个门店爆火。在互联网上，网友们拍摄的打卡视频又掀起了第二波风潮。截至 2021 年底，蜜雪冰城增长了 1 万家分店，营收达到 65 亿元。

1.2　案例点评

蜜雪冰城案例的初步成功，本质上是其品牌价值共创的体现。价值共创，是指以个体为中心，由消费者与企业共同创造价值。蜜雪冰城通过主题曲制造的营销热点，配合网友们的自发翻拍提升了知名度，又配合线下门店的促销策略加上网友们的打卡体验视频实现了品牌与消费者之间的价值共创。蜜雪冰城主题曲编曲经典、歌词“洗脑”，易于传播，适合粉丝进行二次创作。在粉丝乐在其中时，蜜雪冰城推出与主题曲相关的促销活动，与乐趣、实惠相结合，吸引了更多人了解、购买，实现了营收的提升，同时也提高了品牌知名度。在品牌与消费者的互动中，拉近了相互间的距离，并且通过良性的互动共同创造、提高了品牌的价值。

需要指出的是，在通过互联网平台与粉丝互动提升品牌价值的过程中，对于产品质量的把控不能放松。自主题曲爆火以来，多地出现对蜜雪冰城出售过期食品做出处罚决定的报道。作为品牌，在接受粉丝群体带来的信任与收益时，应该对自身的产品提出更高的要求，稳打稳扎做好品牌的质量声誉，而不能仅仅依靠互联网的一时火热去收获一时的暴利。

1.3　案例关键词

价值共创；顾客参与；用户生成内容

2　鸿星尔克：大灾有爱与赔本赚吆喝

2.1　案例回顾

2021 年 7 月 21 日，河南特大暴雨发生后的第二天，鸿星尔克在官方微博宣布捐赠 5000 万元物资驰援灾区，首批物资于当日下午送达。7 月 22 日晚，话题“鸿星尔克的微博评论好心酸”登上微博热榜，网友纷纷涌入鸿星尔克直播间下单购物。截至 2021 年 7 月 24 日上午 10 点，鸿星尔克抖音直播间的销售额突破 9000 万元。2021 年 7 月 29 日凌晨，鸿星尔克发布公告称，因大量订单涌入导致系统崩溃，以至于多款产品跟不上备货量需求，各地的仓库已售空，主生产线已超负荷生产。但在半个月后，鸿星尔克的关注人数开始下滑。2021 年 8 月 14 日至 20 日，鸿星尔克在抖音“直播涨粉”10.4 万，但同期“粉丝数量”却掉了 10.7 万人。此外，捐款并没有给鸿星尔克带来持续的经济效益。2022 年 7 月 30 日晚，鸿星尔克向福建省残疾人福利基金会捐赠 1 亿元款物，用于帮助困难残疾群体。第三方数据平台显示，鸿星尔克品牌官方旗舰店的抖音账号在 7 月 31 日至 8 月 1 日，迎来一波粉丝增长。但是从直播销售额看，鸿星尔克品牌官方旗舰店的抖音账号当周销售额最高的一天是 7 月 28 日，为 305 万元，而有大量网友涌入的 7 月 31 日至 8 月 1 日，则分别只有 146.5 万元和 169.8 万元的销售额。

2.2 案例点评

鸿星尔克捐赠事件引发的用户“野性消费”现象，可以用进化心理学中的赔本赚吆喝理论（costly signaling）解释。赔本赚吆喝理论指一个人通过无偿的利他行为向其他人展示自己是一个极好的合作对象。因为这些不菲的开支，可以向他人传递出一种可靠的信号，让别人看到他作为一个合作者的优秀潜质。

根据上述理论，在中国齐心抗疫和河南暴雨的社会大背景下，鸿星尔克作为处于净亏损状态的国货品牌，通过高额捐赠行为向公众展示了其乐施行善、具有社会责任感的企业形象，还在得到用户关注后劝导他们理智消费，因此后期很快就得到了社会的认可。但为什么鸿星尔克销量随后又出现了大幅下降？这提醒我们营销要回归初心——产品。如果只有互联网营销，没有好的产品保障，用户还是会选择其他品牌。

2.3 案例关键词

公益营销；情绪消费；共创型社会责任

3 冰墩墩：冬奥走红与浸入营销

3.1 案例回顾

冰墩墩是2022年北京冬季奥运会的吉祥物。2022年2月2日，日本NTV记者辻冈义堂在节目中亮出自己购买的大量冰墩墩周边产品，如T恤、玩偶、媒体证上挂满的徽章等，还给自己起了名字“义墩墩”。2月2日至4日，微博上关于日本记者买“冰墩墩”的相关阅读量达到了5.2亿次。2月4日冬奥会开幕，冰墩墩获得更多国民关注。2月5日，北京100

多家冬奥会特许商品零售店的冰墩墩供货紧俏，门店实行限购。不少市民在商场营业前便连夜排队等待。2 月 7 日上午，奥林匹克天猫官方旗舰店上的冰墩墩摆件开始分时段进行预售。2 月 7 日晚，央视新闻在新浪微博发布“冰墩墩 DIY 大赛”话题。2 月 20 日冬奥会闭幕，奥林匹克天猫官方旗舰店新上架的 200 多万件冬奥特许商品全部售罄。其中包含 100 万只冰墩墩。“冰墩墩售罄”再度登上微博热搜。截至 2 月 20 日，微博上关于冰墩墩的话题已吸引超 56 亿次总阅读、近 170 万次讨论。

3.2 案例点评

冰墩墩的走红可以用顾客浸入营销（customer immersion marketing）解释。顾客浸入营销，是指企业通过品牌对话、品牌体验和品牌社区运营，培养直接、持续的顾客卷入，使品牌成为消费者交谈和生活中有意义的一部分。

从品牌对话方面来看，冰墩墩成为顶流的过程中，冬奥官方有意识地设置众多故事来丰富冰墩墩的形象。比如冰墩墩抖雪动图、冰墩墩被门卡住等有趣行为，让网友们直呼“被它可爱到了”。从品牌社区来看，由于媒体报道了“日本记者辻岗义堂和冰墩墩的故事”，提升了冰墩墩国际知名度，同时吸引了更多国民的注意力，好奇一个外国人为什么如此喜欢冰墩墩。其通过社交媒体关注冰墩墩的故事，形成了关于冰墩墩的众多话题。从品牌体验来看，冬奥会的各国运动员、民众在社交平台上表达自己对冰墩墩的喜爱，晒出自己的冰墩墩。而众多没有冰墩墩的网友则自发参与到“冰墩墩”的创作中，形成全民都在追冰墩墩的气势。顾客浸入营销显著，使冰墩墩成为大众生活中的一部分。但不可否认的是，作为冬奥吉祥物的冰墩墩有一定的时效性。当冬奥会结束之后，冰墩墩的热度自然会降低。若想让冬奥会后冰墩墩“生生不息”，那就需要考虑依托中国的冰雪产业。

3.3 案例关键词

品牌对话；品牌体验；品牌社区

4 五菱宏光：敞篷青年与趣味营销

4.1 案例回顾

2021 年 4 月 19 日，五菱宏光在第十九届上海国际汽车工业展览会上发布五菱新能源的首款敞篷车——宏光 MINIEV CABRIO。这款汽车以马卡龙色、mini 车型、新能源、敞篷等特点一改五菱往日给大众留下的印象，同时以 5 万元左右的定价主打“给年轻人的敞篷车”。在 2022 年 9 月 1 日开放申购码抽签当天，已经有超过 6 万人进行了预约。

4.2 案例点评

五菱敞篷版新能源汽车事件是一则典型的趣味营销案例。趣味营销就是在营销的价值链中建立有趣的传播点，从产品名称、包装造型、价格体系、个性渠道或终端特征、促销品、广告语、公关活动等系统中，创造能够引发趣味笑话谈资的营销传播元素，并使其从传播资源转化为最终的销售动力。

宏光 MINIEV CABRIO 在设计方面为产品营造了许多有趣的传播点。敞篷、马卡龙色等设计与五菱宏光在大众心目中的刻板印象形成了鲜明对比，一方面满足了年轻人对于敞篷车的向往；另一方面，出乎意料的敞篷方式激发了年轻群体的好奇心理。在产品售价方面，五菱沿用 5 万元左右的定价，更是给予了大众讨论的话题。这些有趣的传播点引发了年轻群体的广泛讨论，进一步提高了产品在目标群体中的知名度。

但是，这种营销方式能否带来真正的大众接受度仍然存疑。从网络反馈来看，五菱敞篷新能源汽车虽然设计有趣，但是实际使用价值可能不高。敞篷设计舍弃了驾驶体验中的舒适性，5 万元的价格并不能像传统跑车一样起到彰显消费者身份地位的作用。当大众的好奇心理衰退，五菱需要新的理由来支持这款车的销售。

4.3 案例关键词

趣味营销；新能源汽车；年轻群体

5 飞书：2B 企业与痛点营销

5.1 案例回顾

2022 年 7 月 25 日，飞书发布与罗永浩联合拍摄的一则广告片，结合微博标签——#罗永浩新公司第一个决定#进行产品宣传。广告片中罗永浩试图开办公司，但难以找到“公司经营之道”。于是他分别向白发老者、灭绝师太、诸葛亮和唐僧询问。但这些人给罗永浩的答案缺乏实际意义。最后，一位头顶金光的“神人罗永浩”出现，点明了飞书可以解决企业管理之痛，并向用户展现了飞书的协作办公、业务管理、战略落地、组织管理等功能。截至 2022 年 8 月 31 日，#罗永浩新公司第一个决定#已经在微博收获了 4571.8 万次阅读。

5.2 案例点评

飞书的宣传片为众多小微企业的共性问题提供了解决方案，可描述为痛点营销。痛点是消费者在体验产品或服务过程中原本的期望没有得到满足而造成的心理落差或不满。痛点营销是基于用户痛点及其背后的真实需求，对产品或服务的针对性功能予以渲染，以消除或缓解用户痛点为主诉求点，以便直击消费者的软肋。

飞书宣传片对协同效率、办公软件与业务适配差以及战略无法落地和管理成本高等小微企业广泛存在的问题进行了汇总与戏剧化的展示，引导潜在用户发现、感知现阶段存在的痛点。飞书借罗永浩之口针对痛点介绍自家产品的功能，使消费者在短时间内能了解到飞书对自己企业的巨大价值，驱动潜在用户购买产品。

需要注意的是，企业在痛点营销时，针对痛点提出的方案一定要贴合实际，避免过度追求解决痛点而忽略了产品的基本功能，在产品设计上舍本逐末。此外，也不要过度夸大产品的效果以提高用户期望，导致期望越高失望越大的尴尬结果。

5.3 案例关键词

痛点营销；小微企业；2B 业务

6 小米科技：企业换标与品牌更新

6.1 案例回顾

2021 年 3 月 30 日，小米召开春季新品发布会，董事长兼 CEO 雷军宣布更换新 Logo。官方表示，国际著名设计师原研哉承担了本次小米 Logo 设计工作，他提出全新的设计理念，为小米品牌视觉融入东方哲学思考，设计收费 200 万元。然而这一款新 Logo 却引起网友群嘲，表示“200 万元把方磨成了圆”“小米人傻钱多”。4 月 6 日，雷军直播回应，小米作为成熟的品牌，Logo 只能小改，所以在网友眼中可能差异不太大。同时，雷军在发布会上官宣小米 11Pro 等多台旗舰机型，并宣布进军智能电动汽车领域。

6.2 案例点评

小米更换新 Logo 在战略上是一次品牌更新的动作。品牌更新，是指随着企业经营环境和消费者需求的变化，品牌内涵和表现形式的变更，一般包括形象更新、定位修正、产品换代和管理创新四类内容。①小米本次更新的形象包括品牌 Logo、“xiaomi”字母 Logo 以及 Logo 展示形式。这次 Logo 的更新展示了小米 Alive 理念，即科技与人均具有生命力。②换标也反映了其品牌战略的调整，表达了企业让品牌“更年轻、更有高级感”的意愿。小米从早期定位“为发烧而生”的发烧友手机，到如今搭载各种前沿技术的高端旗舰，一直在随着市场需求变化而不断升级定位。③发布会又一热点是小米宣布投入 100 亿元成立智能电动汽车子公司，这一战略是小米丰富其智能生活领域的重大举措，表明其产品品类的大更新。④随着品牌更新的进行，小米在 2021 年 7 月颁布股票激励计划，向工程师、技术专家等计划入选者直接授予小米股票，这一方式激励了大批优秀员工，稳定了未来 10 年的组织架构。不可忽视的是，品牌更新只有与产品品质挂钩，才能正向有用。对比小米集团第一季度和中期财报，2022 年均低于 2021 年，这是自 2018 年以来前所未有的，除外部环境因素以外，是否与小米过于强调营销有些许关系？

6.3 案例关键词

品牌更新；品牌理念；产品定位

7 虚拟偶像：数字形象与社会临场感营销

7.1 案例回顾

虚拟偶像，是由电脑图形化、AI、运动捕捉等技术制作，拥有完美形象、鲜明人设的数字化产品。它们大多是类似于真人明星的俊男靓女，唱歌、跳舞、直播都有模有样，别具魅力。2021 年 1 月 1 日，中国首位超写实虚拟关键意见领袖（KOL）——翎——以逼真的画风和具有中国特色的审美形象成为首位登上 *VogueMe* 封面的虚拟人物，和众多时尚品牌展开合作。2021 年 5 月，超写实数字人（Metahuman）AYAYI 在小红书亮相，填补了这一领域空白。相比其他虚拟偶像，她更贴近真人，一夜涨粉近 4 万。后续她和娇兰、Bose、保时捷、欧莱雅、天猫等众多品牌合作。2021 年 6 月，中国彩妆品牌花西子对外公布了同名品牌虚拟人物——“花西子”，这也是全球中国妆容和东方美的超写实虚拟形象。2022 年 1 月 1 日，湖南卫视《你好！星期六》虚拟主持人“小漾”亮相，成为国内首个常驻虚拟主持人。

7.2 案例点评

虚拟偶像代言人的受宠既涉及技术因素，也涉及社会因素，可以用社会临场感进行分析。社会临场感（social presence），又称社会存在、社会表露、社会呈现，是指在利用（新）媒体进行沟通的过程中，一个人被视为“真实的人”的程度及与他人联系的感知程度。社会临场感较高的媒体通常被认为是社交性的、热情的、人性化的，而社会临场感比较低的媒体则被认为非人性化。

从技术角度看，虚拟偶像样态随着技术的迭代，从最初以语音合成软件支撑的“纸片人”，演变为可动的 3D 形象，再到后来可以实时进行唱跳表演。目前企业能够利用 CGI 仿真技术合成具有和真人相近的质感，并且与用户的互动朝着更真实的拟人式交互转变，体现出虚拟偶像从低社会临场感向高社会临场感迁移。从社会角度看，以 KOL 翎为代表的国风类虚拟偶像，其外观元素取自知名中国演员的外观形象，声音则采集自京剧梅派第三代传人，打造了具有东方美感的时尚女性形象，让用户体验到更高的社会临场感，成为众多时尚品牌青睐的代言形象。

同真人代言相比，虚拟偶像代言人可以通过不同造型出现，更好地扮演“代言人”的角色。其代言的品牌也不用承担因真人明星代言“人设崩塌”带来的巨大风险。但是虚拟偶像代言仍存在挑战：一是虚拟偶像代言的关注人数有限，非二次元群体接受起来有一定障碍；二是该类代言人目前无法达到像真人偶像一样的社会临场感，在直播带货时存在表达生硬、缺乏感染力等问题。

7.3 案例关键词

社会临场感；数字人；虚拟偶像代言

8 直播漏税：流量变现与依法守规

8.1 案例回顾

直播带货是新冠疫情暴发以来，拉动消费、带动企业产品销售、促进地方经济发展的新兴新媒体营销手段。不少主播和明星参与到新兴模式中，获得了不菲的收益。但令人惋惜的是，2021—2022 年的税务稽查发现多名带货主播存在漏税行为。例如，2021 年 11 月，朱某慧、林某珊被查后补税罚款 6555 万元、2767 万元；2021 年 12 月，黄某被查补税罚款 13.41 亿元；2022 年 2 月，平某被查后补税罚款 6200 万元；2022 年 6 月，孙某煊、徐某豪、范某峰被查后分别补税罚款 1171.45 万元、1.08 亿元、649.5 万元。

8.2 案例点评

互联网上各大主播的漏税行为，反映出自媒体时代从业者守法意识薄弱、行业机制不成熟，以及自媒体平台对于直播乱象的放纵。2018 年 8 月 31 日全国人大常委会通过的《中华人民共和国电子商务法》第十一条规定：电子商务经营者应当依法履行纳税义务，并依法享受税收优惠。

直播带货的出现，将迅猛发展的自媒体行业与电商行业紧密联系在一起，不仅为自媒体行业提供了流量变现的渠道，也使电商行业迎来了新的春天。然而，在行业繁荣的背后，各大主播偷税漏税现象层出不穷，不仅数额巨大，而且社会影响严重。究其原因有三。其一，自媒体行业门槛低，从业者素质与品德参差不齐，对于依法经营缺少认知；其二，自媒体从业者往往以工作室的方式进行运营，以主播个人为中心展开运营，缺乏有效的治理机制；其三，自媒体平台由于利益上的绑定，对直播带货缺少足够的监督。这样势必导致一些主播在面对偷税漏税带来的巨大收益时铤而走险。各地税务部门对主播们违法行为的严厉处罚，体现了中国政府对直播带货行业监管的决心。

综合来说，自媒体从业者需要继续加强对自身的要求，提升守法意识，规范企业运作流程。作为承载各类自媒体内容的平台，应当肩负起更多的社会责任，对平台内容生产者起到更多的引导、规范作用。

8.3 案例关键词

直播带货；流量变现；商业伦理

9 钟薛高：新式国潮与精神意象

9.1 案例回顾

2018 年 5 月 20 日，钟薛高雪糕正式推出，主打“中式瓦片造型”“少添加”等卖点。钟薛高推出不久，便在 2018 年“双十一”中一举打败老牌巨头哈根达斯，登上了冰品类销售第一的位置。但钟薛高在热销的同时，也引发了不少非议。例如，创始人林盛在2018年6月15日的采访中针对市场关于高定价的质疑回应“爱买不买”，引发争议；2021年6月17日晚，钟薛高发布对于2019年曾两次受到市场监管部门的行政处罚的致歉信，曝出“特级红提”“不掺一滴水”均是虚假宣传；2022年7月6日，钟薛高的“雪糕刺客”行为，在互联网上引起热议，人民网评就此发布评价：“钟薛高惹争议，为什么总是我？”从而再次把钟薛高推向风口浪尖。

9.2 案例点评

钟薛高的新媒体营销紧扣大众对于传统文化的精神意象。精神意象是消费者脑海中象与意的结合，具体来讲就是消费者思想情感与具体物象的结合。例如，钟薛高雪糕的设计，化用传统瓦片的外形，向消费者讲述“回”形纹路的哲学含义。另外，在功能层面提出了“少添加”的宣传理念。通过一支特别设计的雪糕，极好地满足了消费者内心对于支持传统文化传承的想法与健康饮食的期待，成为消费者内心对于传统文化的精神意象，促使消费者为高价的雪糕埋单。

但是，大众对于传统文化的精神向往不应该成为消费者为企业高品牌溢价埋单的唯一理由。消费者对传统文化IP产品的追捧，一方面是出于自身的文化认同，以此收获满足感与价值感；另一方面则是对其产品品质的肯定。钟薛高对高定价“爱买不买”的解释，初衷或许是利用互联网语言出位拉流量，但在一定程度上伤害了消费者。此外，钟薛高在产品方面的表现也缺乏诚意。例如，其产品外形设计在4年内都没有进行更新，难免会让消费者审美疲劳；又如，产品质量曝出虚假宣传等。总之，消费者可以为企业在传统文化上的投入进行一定程度上的埋单，但传统文化不能成为企业一味提升价格的借口。

9.3 案例关键词

精神意象；传统文化；品牌溢价

10 原神云堇：文化出海与跨文化营销

10.1 案例回顾

原神是由上海米哈游网络科技股份有限公司制作发行的一款开放世界冒险游戏。玩家在游戏中扮演一个名为“旅行者”的神秘角色，在一个叫作“提瓦特”的虚幻世界里探索。据不完全统计，原神在2020年9月28日全球同步上市后，收入超过3.93亿美元。2021年1月6日，原神官方在各大视频平台上线了新角色“云堇”的预告PV——“神女劈观”。视频中，新角色身着传统戏曲服饰，以传统京剧唱腔，演绎新篇“神女劈观”，在海内外平台收获广泛关注。视频发布当天便在B站平台收获了900万播放量，在海外平台也收获了200万播放量。其在爆火的同时，也吸引了大量海内外创作者的二创风潮。国内外不少大师级艺术家对其进行了二创。例如，曾小敏老师将其改变成粤剧进行了演唱；胡晨韵老师用唢呐对乐曲进行了还原；在日本，大师级作曲家——吉田洁进也对其进行了钢琴改编。

10.2 案例点评

原神这次文化出海传播事件是一次成功的跨文化营销，是原神由产品文化营销向品牌文化营销转变的标志。跨文化营销，是指企业在两种或两种以上不同文化环境中进行的营销活动。这种营销活动强调对交易各方（企业与顾客、客户、分销商、供应商等）的文化背景差异进行管理。产品文化营销与品牌文化营销是跨文化营销中的两个层次。产品文化营销，是指在产品的研发至销售的各环节中，赋予一定的文化内涵以适应消费群体对更高层次的需求。品牌文化营销则是对产品文化营销的升级，是通过品牌使消费群体文化价值诉求得到满足，不断提升品牌形象，充实品牌资产。

原神作为游戏产品，在设计之初就包含了众多文明的文化因素，例如游戏中的七大国度便对应着现实中的七种地域文化。因此在游戏质量达标的情况下，世界各地的玩家都可以在游戏中寻找到相应的文化依托，进而很好地进入游戏世界观中，实现了产品文化营销的成功。在此基础上，开发团队结合“技术宅拯救世界”的理念，以“宅文化”引导游戏玩家进一步认同游戏世界观。在此之后，对于中国传统文化的宣传，会通过游戏转化为其他国家的玩家对品牌文化的了解与热爱，在潜移默化中传播中国传统文化。

不可否认的是，这种跨文化传播对游戏的热度十分依赖。众所周知，一款游戏流行期往往只有几年时间，超过这段火热的黄金期后，如何继续保持文化输出是后期需要探索的问题。

10.3 案例关键词

产品文化；品牌文化；国际传播

附录

中国新媒体营销政策盘点

课题组①

［1］**商务部等12部门．关于提振大宗消费重点消费促进释放农村消费潜力若干措施的通知**．2021－01－05．

以扩大县域乡镇消费为抓手带动农村消费。加强县域乡镇商贸设施和到村物流站点建设。打造县域电商产业集聚区，拓宽农产品进城渠道。引导农村商贸企业与电商深度融合，优化工业品下乡网络。发展县乡村共同配送，推动降低物流成本。鼓励大型商贸企业在乡镇布点，推动农商旅文消费集聚。强化农村电商主体培育，引导返乡入乡人员创业创新和农民就地创业创新。推动农产品供应链转型升级，完善农产品流通骨干网络。

［2］**中共中央，国务院．关于全面推进乡村振兴加快农业农村现代化的意见**．2021－01－04．

全面促进农村消费。加快完善县乡村三级农村物流体系，改造提升农村寄递物流基础设施，深入推进电子商务进农村和农产品出村进城，推动城乡生产与消费有效对接。促进农村居民耐用消费品更新换代。加快实施农产品仓储保鲜冷链物流设施建设工程，推进田头小型仓储保鲜冷链设施、产地低温直销配送中心、国家骨干冷链物流基地建设。完善农村生活

---

① 戴鑫：华中科技大学管理学院教授、博士生导师、副院长。朱立：云南财经大学经济研究院教授、博士生导师、院长。黄子业：华中科技大学管理学院硕士生。但昭杰：华中科技大学管理学院硕士生。

性服务业支持政策，发展线上线下相结合的服务网点，推动便利化、精细化、品质化发展，满足农村居民消费升级需要，吸引城市居民下乡消费。

[3] **商务部等17部门．关于加强县域商业体系建设促进农村消费的意见**．2021-06-10.

扩大农村电商覆盖面。强化县级电子商务公共服务中心统筹能力，为电商企业、家庭农场、农民合作社、专业运营公司等主体提供市场开拓、资源对接、业务指导等服务，提升农村电商应用水平。引导电商平台投放更多种类工业品下乡，弥补农村实体店供给不足短板。实施“数商兴农”，发展农村电商新基建。创新农产品电商销售机制和模式，提高农产品电商销售比例。深入推进“互联网+”农产品出村进城工程，建立健全适应农产品网络销售的供应链体系、运营服务体系和支撑保障体系。培育快递服务现代农业项目。加强部门协同、资源整合，鼓励农村电商服务站点、益农信息社、村邮站、供销社等多站合一、服务共享。

[4] **商务部，中央网信办，国家发展改革委．“十四五”电子商务发展规划**．2021-10-09.

培育农业农村产业新业态。推动电子商务与休闲农业、乡村旅游深度融合，深入发掘农业农村的生态涵养、休闲观光、文化体验、健康养老等多种功能和多重价值，发展乡村共享经济等新业态。提高农产品标准化、多元化、品牌化、可电商化水平，提升农产品附加值。鼓励运用短视频、直播等新载体，宣传推广乡村美好生态，创新发展网络众筹、预售、领养、定制等产销对接新方式。

推动农村电商与数字乡村衔接。统筹政府与社会资源，积极开展“数商兴农”，加强农村电商新型基础设施建设，发展订单农业，赋能赋智产业升级。支持利用电子商务大数据推动农业供给侧结构性改革，加快物联网、人工智能在农业生产经营管理中的运用，完善农产品安全追溯监管体系，促业电子商务平台面向重点行业、产业聚集区开展产业链供应链运行稳定度评价及监测，研制重点行业数字供应链运营服务全景图，为产业链稳定运行提供有力支撑。数字供应链能力建设行动。培育一批数字供应链平台和数字化解决方案优质服务商，分行业、分场景遴选一批最佳应用实践开展试点示范，建设体验和推广中心。支持第三方电子商务平台、解决方案服务商面向中小企业开放应用资源，组织中小企业开展联合采购、即时采购等数字化降本增效活动，带动中小企业深度融入供应链协同发展。研制数字供应链实施指南和标准规范，建立健全区域数字供应链发展评价体系，开展企业数字供应链能力诊断行动，指导地方依托区域特色产业集群打造数字供应链网络，促进数字农业发展。衔接农村普惠金融服务，推动互联网支付、移动支付、供应链金融的普及应用。

培育县域电子商务服务。大力发展县域电商服务业，引导电子商务服务企业建立县域服务机构，辐射带动乡村电子商务产业发展。创新农产品电商销售机制和模式，提高农产品电商销售比例。支持农村居民立足农副产品、手工制品、生态休闲旅游等农村特色产业，开展多种形式的电子商务创业就业，促进特色农产品电子商务发展。推进“互联网＋高效物流”，健全农村寄递物流体系，深入发展县乡村三级物流共同配送，打造农村电商快递协同发展示范区。创新物流支持农村特色产业品质化、品牌化发展模式，提升农村产业化水平。

…… ……

电子商务品质品牌促进行动。鼓励品牌建设，保护发展中华老字号，举办“老字号嘉年华”，发挥非遗传承手工艺品等特色产品的带动效应，促进国潮消费；培育“小而美”网络品牌，建设一批地方性、行业性电子商务公共品牌，打造公共品牌引领、企业品牌支撑的品牌互助新生态。推进建立实施电子商务与产品质量分级制度共融互促机制，引导、保护企业质量创新和质量提升的积极性，促进高质量供给。进一步发挥“双品网购节”的引导作用，顺应消费升级需求，带动品牌建设，提升商品品质。

…… ……

强化技术应用创新。引导电子商务企业加强创新基础能力建设，提升企业专利化、标准化、品牌化、体系化、专业化水平。通过自主创新、原始创新，提升企业核心竞争力，推动5G、大数据、物联网、人工智能、区块链、虚拟现实/增强现实等新一代信息技术在电子商务领域的集成创新和融合应用。加快电子商务技术产业化，优化创新成果快速转化机制，鼓励电商平台企业拓展产学研用融合通道，为数字技术提供丰富电子商务产品和应用。鼓励发展商业科技，探索构建商业科技全链路应用体系，支持电子商务企业加大商业科技研发投入，提高运营管理效率，创新用户场景，提升商贸领域网络化、数字化、智能化水平。

…… ……

完善电子商务法规标准体系。统筹推进电子商务相关法律法规制定修订，加快数据立法进程，探索建立数据产权制度，统筹数据利用和数据安全。加强新技术应用的规范和监管，完善市场准入规则，细化反垄断和反不正当竞争规则。强化知识产权保护，提高执法效能，探索建立新领域新业态知识产权保护制度和监管框架。积极推进电子商务新领域新业态标准化建设，进一步完善标准治理体系。推动建立覆盖全社会的信用体系，加强电子商务诚信体系建设，建立健全失信惩戒和守信激励机制，引导激励多方市场主体参与信用共建。强化消费者权益保护，在新型消费领域开展消费教育和消费警示，建立健全消费纠纷多元化解机制，加大行政执法和司法保护力度。

提升电子商务监管能力和水平。构建适应电子商务高质量发展要求的数字化监管机制，坚持包容审慎监管，以监管促规范、以规范促发展。转变监管理念，构建事前事中事后全链条监管框架，提升协同联动监管能力，支持电子商务企业与银行、保险、非银行支付机构、消费金融公司等金融机构开展合作，规范发展互联网贷款、供应链金融、消费金融等产品和业务，为中小微电商企业提供全方位、多层次的线上金融服务。鼓励金融机构与跨境电商配套服务企业开展合作，大力支持移动支付企业“走出去”与跨境电商协同发展，推动保险机构创新研发适应跨境电商的新型险种。线下一体化的跨部门、跨区域联合执法和跨境执法协作，强化监管及时性、有效性和威慑力。优化监管方式，探索线上闭环监管、非接触监管、信用监管等新型方式，强化政企联动，推动政企间数据合法有序共享机制建设。改革监管手段，推进防假打假技术创新迭代，实现对侵权违法行为的精准、快速打击。加强反垄断与反不正当竞争执法司法，防止资本无序扩张。推进在线争议解决机制的发展，进一步提高电子商务纠纷解决效率、降低维权成本。

［5］**国务院办公厅．关于进一步释放消费潜力促进消费持续恢复的意见**．2022－04－20.

创新消费业态和模式。适应常态化疫情防控需要，促进新型消费，加快线上线下消费有机融合，扩大升级信息消费，培育壮大智慧产品和智慧零售、智慧旅游、智慧广电、智慧养老、智慧家政、数字文化、智能体育、“互联网＋医疗健康”、“互联网＋托育”、“互联网＋家装”等消费新业态。加强商业、文化、旅游、体育、健康、交通等消费跨界融合，积极拓展沉浸式、体验式、互动式消费新场景。有序引导网络直播等规范发展。深入开展国家电子商务示范基地和示范企业创建。深化服务领域东西协作，大力实施消费帮扶，助力中西部地区特别是欠发达地区提升发展能力和消费水平。

积极推进实物消费提质升级。加强农业和制造业商品质量、品牌和标准建设，推动品种培优、品质提升、品牌打造和标准化生产。推进食用农产品承诺达标合格证制度。支持研发生产更多具有自主知识产权、引领科技和消费潮流、应用前景广阔的新产品新设备。畅通制造企业与互联网平台、商贸流通企业产销对接，鼓励发展反向定制（C2M）和个性化设计、柔性化生产。促进老字号创新发展，加强地理标志产品认定、管理和保护，培育更多本土特色品牌。

充分挖掘县乡消费潜力。建立完善县域统筹，以县城为中心、乡镇为重点、村为基础的县域商业体系。深入实施“数商兴农”“快递进村”和

“互联网+”农产品出村进城等工程，进一步盘活供销合作社系统资源，引导社会资源广泛参与，促进渠道和服务下沉。鼓励和引导大型商贸流通企业、电商平台和现代服务企业向农村延伸，推动品牌消费、品质消费进农村。以汽车、家电为重点，引导企业面向农村开展促销，鼓励有条件的地区开展新能源汽车和绿色智能家电下乡，推进充电桩（站）等配套设施建设。提升乡村旅游、休闲农业、文化体验、健康养老、民宿经济、户外运动等服务环境和品质。

[6] **商务部．关于茧丝绸行业“十四五”发展的指导意见**．2021－09－09.

大力推动丝绸电商平台建设，支持企业开展电视购物、直播营销、内容营销、社群营销，通过线上主动引流促进线下现场消费。鼓励有条件的地区举办丝绸展销会、丝绸购物节，创建场景式、品质化丝绸特色商圈。研究发布“中国丝绸流行趋势”，打造国际时尚前沿风向标，引导国内外高端丝绸消费。

[7] **商务部等7部门．关于促进老字号创新发展的意见**．2022－01－25.

活化老字号文化资源。加强老字号文化资源的挖掘整理，建设“老字号数字博物馆”，运用数字化技术保存展示老字号发展史料。鼓励有条件的老字号企业和社会组织建设体现行业特色、反映民俗文化、弘扬中华优秀传统文化的专题博物馆、展览馆，鼓励向公众免费开放。举办“老字号嘉年华”，聚焦中华民族传统节日，线上线下同步开展系列宣传推广和消费促进活动，支持各地结合地方特色民俗，开展形式多样的展览展销和文化体验活动。

…… ……

支持老字号跨界融合发展。引导老字号企业将传统经营方式与大数据、云计算等现代信息技术相结合，升级营销模式，发展新业态、新模式，营造消费新场景。推动电商平台设立老字号专区。鼓励有关旅游机构将符合条件的老字号企业纳入旅游路线进行重点推介。

[8] **商务部等7部门．商品市场优化升级专项行动计划**（2021—2025）．2021-05-11.

通过专项行动，将商品市场打造成为商品流通的重要平台、扩大内需的重要载体、优化供给的重要引擎，基本建成适应经济高质量发展、服务新发展格局的现代商品市场体系。到2025年，培育一批商品经营特色突出、产业链供应链服务功能强大、线上线下融合发展的全国商品市场示范基地，产销衔接机制更加稳定，产业辐射带动作用更加显著，商品流通效率有效提升。有条件的地方培育一批区域性示范基地。

…… ……

引导市场业态创新。鼓励农产品市场加强业务流程优化，建立供求信息传导机制，引导按需生产。鼓励工业消费品市场创新营销方式，通过设立消费体验馆、新品发布中心、创意设计坊、电商直播基地等，推动跨界融合发展。鼓励生产资料市场探索交易模式创新，依法合规发展电子交易。

[9] **国务院．“十四五”数字经济发展规划**．2021-12-12.

加快企业数字化转型升级。引导企业强化数字化思维，提升员工数字技能和数据管理能力，全面系统推动企业研发设计、生产加工、经营管理、销售服务等业务数字化转型。支持有条件的大型企业打造一体化数字平台，全面整合企业内部信息系统，强化全流程数据贯通，加快全价值链业务协同，形成数据驱动的智能决策能力，提升企业整体运行效率和产业链上下游协同效率。实施中小企业数字化赋能专项行动，支持中小企业从数字化转型需求迫切的环节入手，加快推进线上营销、远程协作、数字化办公、智能生产线等应用，由点及面向全业务全流程数字化转型延伸拓展。鼓励和支持互联网平台、行业龙头企业等立足自身优势，开放数字化资源和能力，帮助传统企业和中小企业实现数字化转型。推行普惠性“上云用数赋智”服务，推动企业上云、上平台，降低技术和资金壁垒，加快企业数字化转型。

[10] **工业和信息化部等5部门．数字化助力消费品工业“三品”行动方案（2022—2025年）**．2022-06-30.

借力数字技术打造知名品牌。推动企业创新生产服务和商业模式，通过线上线下融合实现全域营销，支持开展品牌价值评价和专业化服务。加快推进产品设计、文化创意、技术创新与品牌建设融合发展，将中华文化元素有效融入中国品牌，深度挖掘品牌文化价值内涵，探索开展企业品牌价值评价。鼓励优势企业整合国内外资源，支持跨境电商开展海外营销推广，巩固增强中国品牌国际竞争力。

[11] **国务院．扎实稳住经济一揽子政策措施**．2022-05-24.

促进平台经济规范健康发展。出台支持平台经济规范健康发展的具体措施，在防止资本无序扩张的前提下设立“红绿灯”，维护市场竞争秩序，以公平竞争促进平台经济规范健康发展。充分发挥平台经济的稳就业作用，稳定平台企业及其共生中小微企业的发展预期，以平台企业发展带动中小微企业纾困。引导平台企业在疫情防控中做好防疫物资和重要民生商品保供“最后一公里”的线上线下联动。鼓励平台企业加快人工智能、云计算、区块链、操作系统、处理器等领域技术研发突破。

[12] **国务院．关于开展营商环境创新试点工作的意见**．2021-10-31.

进一步加强和创新监管。坚持放管结合、并重，夯实监管责任，健全事前事中事后全链条全流程的监管机制。完善公开透明、简明易行的监管规则和标准，加强政策解读。在直接涉及公共安全和人民群众生命财产安全的领域，探索实行惩罚性赔偿等制度。深化“互联网+监管”，加快构建全国一体化在线监管平台，积极运用大数据、物联网、人工智能等技术为监管赋能，探索形成市场主体全生命周期监管链。推动“双随机、一公开”监管和信用监管深度融合，完善按风险分级分类管理模式。在医疗、教育、工程建设等领域探索建立完善执业诚信体系。对新产业新业态实行包容审慎监管，建立健全平台经济治理体系。推动行业协会商会等建立健全行业经营自律规范，更好发挥社会监督作用。

［13］**国家互联网信息办公室秘书局等4部门．关于印发常见类型移动互联网应用程序必要个人信息范围规定的通知**．2021－03－12.

智能终端上运行的App存在收集用户个人信息行为的，应当遵守本规定。App不得因为用户不同意提供非必要个人信息，而拒绝用户使用其基本功能服务。

［14］**国家互联网信息办公室．互联网用户公众账号信息服务管理规定**．2021－01－22.

公众账号信息服务平台应当加强对本平台公众账号信息服务活动的监督管理，及时发现和处置违法违规信息或者行为。

…… ……

公众账号信息服务平台和生产运营者应当自觉接受社会监督。

…… ……

各级网信部门会同有关主管部门建立健全协作监管等工作机制，监督指导公众账号信息服务平台和生产运营者依法依规从事相关信息服务活动。

［15］**国家互联网信息办公室等7部门．关于印发关于加强网络直播规范管理工作的指导意见的通知**．2021－02－09.

……坚持正确政治方向、舆论导向、价值取向，坚持依法办网、依法治网，准确把握网络直播行业特点规律和发展趋势，有效解决突出问题、难点问题、痛点问题，科学规范行业运行规则，构建良好产业生态，为广大网民特别是青少年营造积极健康、内容丰富、正能量充沛的网络直播空间。

［16］**第十三届全国人民代表大会常务委员会．中华人民共和国个人信息保护法**．2021－08－20.

任何组织、个人不得非法收集、使用、加工、传输他人个人信息，不得非法买卖、提供或者公开他人个人信息；不得从事危害国家安全、公共利益的个人信息处理活动。

国家建立健全个人信息保护制度，预防和惩治侵害个人信息权益的行为，加强个人信息保护宣传教育，推动形成政府、企业、相关社会组织、公众共同参与个人信息保护的良好环境。

[17] **第十三届全国人民代表大会常务委员会．中华人民共和国数据安全法**．2021－06－10.

数据安全，是指通过采取必要措施，确保数据处于有效保护和合法利用的状态，以及具备保障持续安全状态的能力。

开展数据处理活动，应当遵守法律、法规，尊重社会公德和伦理，遵守商业道德和职业道德，诚实守信，履行数据安全保护义务，承担社会责任，不得危害国家安全、公共利益，不得损害个人、组织的合法权益。